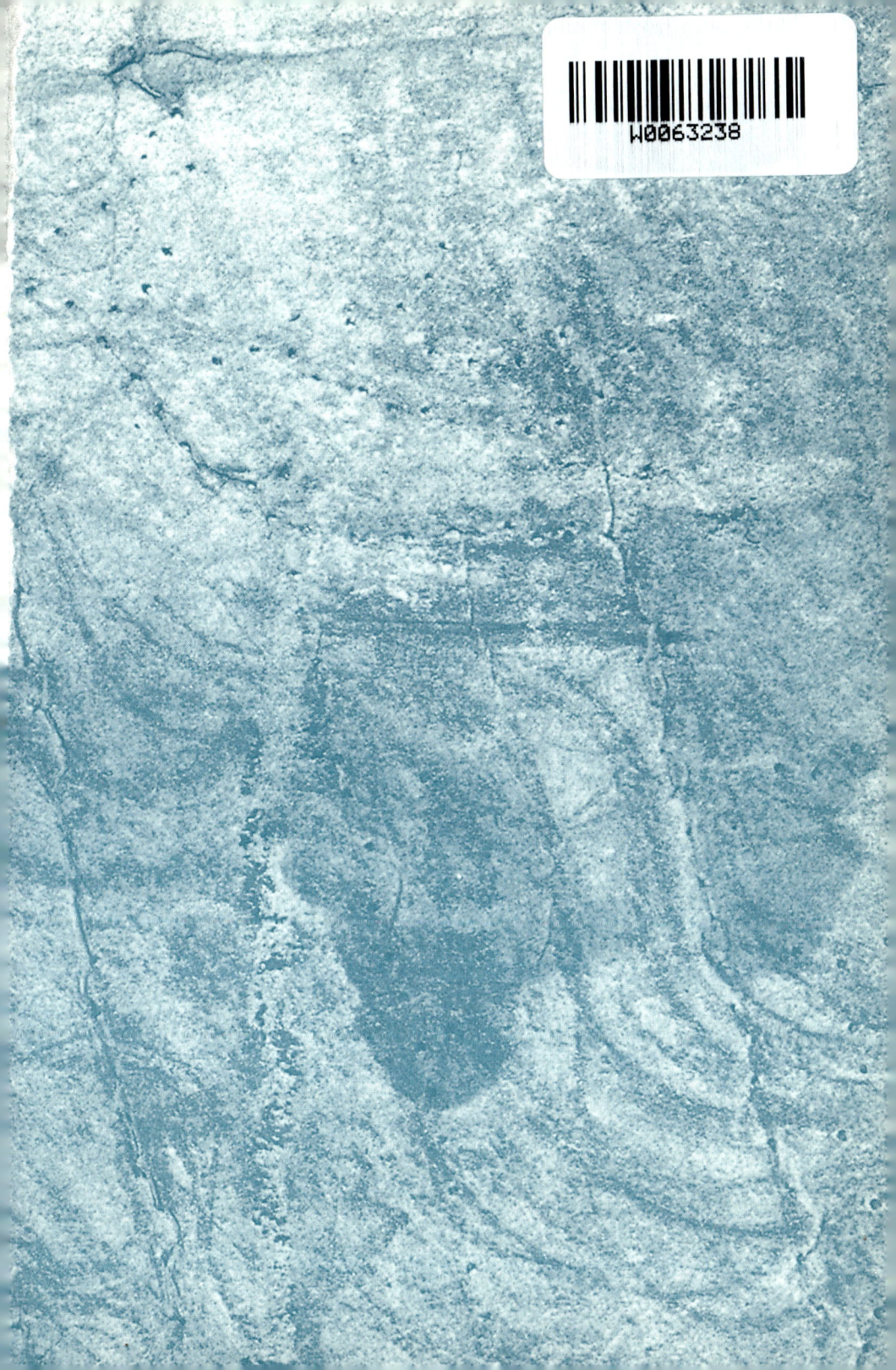

LYNN PICKNETT/CLIVE PRINCE

DIE
JESUS-FÄLSCHUNG

LEONARDO DA VINCI
UND DAS TURINER GRABTUCH

Aus dem Englischen von Xenia Osthelder

GUSTAV LÜBBE VERLAG

Copyright © 1994 by Lynn Picknett
and Clive Prince
Titel der englischen Buchausgabe:
Turin Shroud. In whose image?
The shocking truth unveiled
Originalverlag: Bloomsbury Publishing Ltd.,
2 Soho Square, London W1V 5DE
Aus dem Englischen von Xenia Osthelder

© 1995 für die deutschsprachige
Ausgabe bei Gustav Lübbe Verlag GmbH,
Bergisch Gladbach
Redaktionelle Bearbeitung:
Dr. Bernd Rullkötter
Umschlaggestaltung:
KOMBO KommunikationsDesign GmbH,
Köln, unter Verwendung einer Fotografie
von Bloomsbury Publishing Ltd., London
Satz: Bosbach & Siebel, Lindlar
Druck und Einband: Clausen & Bosse, Leck

Printed in Germany
ISBN 3-7857-0773-8

Für John

»Elende Sterbliche, öffnet die Augen.«
Leonardo da Vinci
(1452–1519)

INHALT

DANKSAGUNG

Wir möchten folgenden Personen danken:

Keith Prince, der unermüdlich Experimente wiederholte und uns stets mit Rat und Tat zur Seite stand;

Craig Oakley, unbeirrbar loyal, immer gutgelaunt und voll unorthodoxer Ideen;

Andy Haveland-Robinson, der für dieses Buch viele mühsame Stunden am Computer verbrachte. Seine scharfsinnige Analyse war entscheidend für die Entwicklung unserer Theorie;

Lavinia Trevor, unserer Agentin, die uns Mut gemacht und den Fortschritt des Buches gefördert hat;

Abigail Nevill, deren treffende Bemerkung über den Mann auf dem Grabtuch uns auf die richtige Fährte brachte. Kindermund tut Wahrheit kund ...;

Graham Hancock, dessen Arbeit so unschätzbare Hintergrundinformation lieferte;

Vida Adamoli, die voll Energie das umfangreiche italienische Material für uns übersetzte;

A. N. Wilson und Ysenda Maxtone Graham, deren Artikel im *London Evening Standard* uns erhebliche Publicity verschaffte;

Amanda Nevill von der Royal Photographic Society, die uns von Anfang an lebhaft unterstützt und beraten hat, für ihren Einfall, eine Abbildung des Grabtuches in der Ausstellung »The Unexplained« zu zeigen (und dafür, daß sie Abigails Mutter ist);

Michael Austen, dem ehemaligen Vorsitzenden der RPS, dessen Anregungen sich als sehr wichtig für unsere Arbeit erwiesen;

Ian Dickinson, der uns seiner eigenen Skepsis zum Trotz immer wieder gegen Anfeindungen, Vorurteile und Machenschaften verteidigt hat, obwohl sich dies für ihn oftmals sehr nachteilig auswirkte. Seine Mitteilungen waren von unschätzbarem Wert;

Mark Bennett für seine fachliche Unterstützung, seine Anmerkungen und Ratschläge – und auch für die seltenen Videoaufzeichnungen der in den Siebzigern gesendeten Programmreihe des italienischen Fernsehens über Leonardo;

Lillian und Jack Schwartz für ihre Anregungen und ihre Gastfreundschaft; Bill Homer, H. Rodney Sharp, Professor für Kunstgeschichte an der University of Delaware, und seiner Frau Christine für ihre Auskünfte über den Künstler Leonardo und ihr Interesse an unserer Arbeit;

Marcel Martineau, der uns so viel beibrachte und beispielloses Verständnis für unsere Schwierigkeiten mit den französischen Vokalen hatte – und für seine unvergleichliche Gastfreundschaft anläßlich der Weinprobe in der Nähe von Montségur;

Joe Nickell für seine schnellen Antworten auf unsere Briefe und seine nützlichen Angaben;

Clive Bull und Michael van Straten von LBC, die uns in den vergangenen Jahren so viel Sendezeit für dieses Thema zur Verfügung gestellt haben, und John Sugar vom BBC World Service für die Einladung, die vermutlich einen Stein ins Rollen gebracht hat, wenn auch unbeabsichtigt;

Sarah Litvinoff, die uns mit ihrem gesunden Menschenverstand, ihrer Freundschaft und ihrem guten Essen bei vielen Problemen half. Danke für die »Nestwärme«;

Mary Aver, die das alles kommen sah;

Mary Saxe-Falstein für ihre ungewöhnlichen Fertigkeiten, ihr Verständnis und ihre schier unermüdliche, durch Eleganz geprägte Gastfreundschaft;

Simon Gluckman, James Dew und Barry Grayson, die einander nicht kennen und in verschiedenen Teilen der Welt leben, aber alle drei durch ihren Glauben an unser Projekt zu seinem Gelingen beigetragen haben. Wenn die Hindernisse unüberwindlich schienen, halfen sie uns mit Gesprächen und ihrem Sinn fürs Absurde weiter;

Tony Pritchett für seine tatkräftige Hilfe;

den Mitarbeitern der Westminster Reference Library für ihre unermüdliche Hilfe bei der Jagd nach dem Flüchtigen und Esoterischen; Kathy Rooney von Bloomsbury, die uns so kurzentschlossen unter Vertrag genommen und ständig auf dem laufenden gehalten hat, und ihren Kolleginnen Becky Shaw, Deirdre Brown und Kate Quarry für die Geduld, mit der sie dieses oft schwierige Projekt bis zum Ende begleitet haben.

Sally »Morgana« Morgan für ihre »interessanten Energien«.

Und auch den folgenden Personen schulden wir Dank für Hilfe, Unterstützung und Förderung:

Sue Prince, Charles und Annette Fowkes, Dr. Chris French, Vicki Thomas, Steve Pear und Jacqueline McMullen, Alan Wills, Nicole Hartley, Joanne Dalton, Maria O'Donnell, Lesley Manuel, Jonathan Chernett, Barbara Cann, Steve Wilson und Caroline Wise, Peter Tilbury, Andrew Collins, Lionel Beer, Melvyn Willin, Guy Lyon Play- fair, Bob Rickard und Paul Sieveking von der *Fortean Times*, Alison Cochran, Anne Evans, Jane Garton, Penny Thornton, Kate Glass, Ken Seddington, Helen Scott, Trevor Poots, »Giovanni«, Will Fowler, Lorna Giles, Sheila und Eric Taylor, Amanda Harman, Frank Smyth, Jane Lyle, Jim Cochrane, Derek Newton, Barry Johnstone, Oscar Tipton, Ian Dougan, Barbara Russell, Dr. Carl Sargent, Henry Lincoln, Gareth Medway, Helen Moss, J. B. Nix Picasso und Ronnie Paris.

Und natürlich schulden wir Leonardo da Vinci Dank, dessen ru- heloses Genie auch für moderne Zeitgenossen noch ein paar Über- raschungen bereithält.

EINFÜHRUNG

Wir können uns noch ganz deutlich daran erinnern: Am 13. Oktober 1988 wurde öffentlich bekanntgegeben, man habe mit Hilfe der Radiokarbonmethode das Alter des Turiner Grabtuches bestimmt. Es sei keineswegs, wie in weiten Kreisen angenommen, zweitausend Jahre alt, sondern stamme aus der Periode von 1260 bis 1390. Sogar die BBC brachte die Neuigkeit in den Abendnachrichten als abschließende Meldung. Das Grabtuch schien also eine Fälschung zu sein, aber war damit wirklich das letzte Wort gesprochen?

Ganz gewiß nicht für die vielen Menschen, die nach wie vor an seine Echtheit glaubten und bereit waren, weiterhin dafür zu kämpfen, daß ihm eines Tages die ihm zustehende Ehre erwiesen wird. Für uns begann an jenem Tag eine merkwürdige Suche, die uns zu den erschütternden Ergebnissen führte, die wir in diesem Buch festgehalten haben.

Wir waren wirklich erschüttert. Hier handelte es sich nicht um eine Kleinigkeit, sondern um eine Sache, deren Auswirkungen so weitreichend sind, daß vieles, was uns allen lieb und teuer ist, davon betroffen wird. Noch bestürzender war allerdings die Erfahrung, wie wenig tolerant, anständig und ehrlich sich die Verteidiger des Grabtuches zeigten. Wir wurden von Menschen, die angeblich das Christentum auf ihre Fahnen geschrieben haben, an den Pranger gestellt, verleumdet und tätlich angegriffen.

Wir haben offenbar einige Leute aus der Ruhe gebracht; darauf sind wir nicht stolz, denn das war nicht unsere Absicht, und wir halten Bilderstürmerei um ihrer selbst willen nicht für erstrebenswert. Aber grundsätzlich gilt: Je größer die Angst, desto lauter der Protest. Unsere Gegner zittern davor, daß wir recht haben könnten. Wir selbst glauben fest daran.

Es ist unvermeidlich, daß einige Leser manches in diesem Buch als etwas weit hergeholt empfinden. Dafür haben wir volles Verständnis – uns ging es anfangs nicht anders. Doch wir sind der lebende Beweis dafür, daß die Wahrheit merkwürdiger sein kann als alle Dichtung und daß das Leben seine eigenen kleinen Überraschungen bereithält.

Nun, da dieses Buch fertiggestellt ist, blicken wir verwundert auf die vergangenen viereinhalb Jahre zurück.[1] Es ist merkwürdig, wie blaß das Grabtuch, mit dem alles begann, in unserer Erinnerung geworden ist. Es war nur die erste Etappe auf einer viel umfassenderen Entdeckungsreise: Wir haben den wahren Grund dafür gefunden, daß einige Geheimgesellschaften so lange unerkannt bleiben konnten. Man hat uns signalisiert, daß möglicherweise bald etliche der bestgehüteten Geheimnisse der Welt gelüftet werden; wir können nur hoffen, daß dies zutrifft.

Lynn Picknett und Clive Prince
21. April 1994

1 FRAGEN ÜBER FRAGEN

»Das Grablinnen in Turin ist entweder die ehrfurchtgebietendste und aussagereichste Reliquie, die von Jesus Christus existiert ..., oder es handelt sich um eines der geschicktesten und unglaublich ausgeklügelten menschlichen Falsifikate, die wir kennen. Es ist das eine *oder* das andere – ein Kompromiß ist ausgeschlossen.«

John Walsh, *Das Linnen* (1963)

Das moderne Turin ist eine weitläufige Industriestadt, ein steinerner Lobgesang auf den Verbrennungsmotor. Gleichzeitig ist Turin aber auch seit vielen Jahren ein Wallfahrtsort, denn hier befindet sich jener Gegenstand, der als die kostbarste, ergreifendste und ehrwürdigste aller christlichen Reliquien gilt: das heilige Grabtuch Jesu, das auf wundersame Weise einen Abdruck seines Körpers zeigt.

Die Pilger wallfahren seit vielen Jahren zur Turiner Johannes-Kathedrale, wo über dem Altar in der Königlichen Kapelle die heilige Reliquie hinter zwei verschlossenen Eisengittern verwahrt wird. Sie wird von drei Behältern geschützt: einer Holzkiste, einem asbestverkleideten Eisenkasten und einer mit Silber verzierten hölzernen Schatulle. Für das innere Gitter haben nur drei Personen einen Schlüssel.[1]

Die umfangreichen Sicherheitsmaßnahmen sind ohne Zweifel nötig, denn es wurde des öfteren versucht, das Grabtuch zu stehlen; außerdem sind in Italien die »Entführung« von Reliquien und ihre Herausgabe gegen ein ansehnliches Lösegeld eine verbreitete Praxis. Doch davon abgesehen, zeigt sich hier auch die typische Geheimniskrämerei der kirchlichen Behörden in bezug auf das Grabtuch. Ob das an der einzigartigen Heiligkeit des Gegenstandes liegt oder ob weniger löbliche Motive dafür verantwortlich sind, darüber muß sich jeder selbst ein Urteil bilden.

Das Grabtuch ist um einen mit Samt bezogenen Stab gerollt und in rote Seide eingeschlagen. Nachdem es 1532 bei einem Brand zu Schaden gekommen war, hat man seine Rückseite mit einem Futter aus ungebleichtem Leinen versehen.

So wird es seit 1694 aufbewahrt. Damals ließ das Haus Savoyen die Königliche Kapelle aus schwarzem Marmor für das Tuch errichten. Die Savoyer hatten es Mitte des fünfzehnten Jahrhunderts erworben, und es blieb bis 1983, als der im Exil lebende italienische König Umberto II. starb und es dem Vatikan vermachte, ihr Eigentum.

Sowohl in der Kathedrale als auch andernorts in Turin kann man Ausstellungen über das Grabtuch besuchen, das Original bekommt man jedoch nicht zu sehen. Es wird nur dann aus seiner Schatulle genommen, wenn es besonderen Besuchern gezeigt werden soll (wie zum Beispiel Papst Johannes Paul II. im April 1980). Öffentliche Ausstellungen sind auf etwa eine pro Generation beschränkt. In unserem Jahrhundert gab es nur drei: 1931 anläßlich der Eheschließung des Prinzen von Piemont (des zukünftigen Königs Umberto II.); 1933 zur Feier des Heiligen Jahres und 1978 zum vierhundertsten Jubiläum seiner Ankunft in Turin. 1973 wurde es im Fernsehen gezeigt. Im neunzehnten Jahrhundert war es fünfmal zu sehen.

Diese Darbietungen lösen – vielleicht aufgrund ihrer Seltenheit – unter den Gläubigen jedesmal eine große Aufregung aus. 1978 wurde das Grabtuch zweiundvierzig Tage lang ausgestellt, und mehr als drei Millionen Menschen zogen an dem Schaukasten aus Panzerglas vorbei. Aber worin genau liegt der große Reiz des Tuches? Was haben all diese Pilger gesehen? Was ist das Grabtuch von Turin?[2]

Es besteht aus einem Stück elfenbeinfarbenem Leinen von 4,36 Metern Länge und 1,10 Meter Breite sowie einem zusätzlichen Streifen von acht Zentimetern am linken Rand. Es weist noch einige Kniffe auf, weil man es früher gefaltet aufbewahrte; außerdem ist es an verschiedenen Stellen beschädigt. Am auffälligsten sind die Folgen des erwähnten Brandes aus dem Jahre 1532, bei dem eine Ecke gänzlich versengt wurde. Durch die Faltung sind mehrere Stellen in Mitleidenschaft gezogen worden, vor allem an den Schultern der abgebildeten Gestalt. Die Brandlöcher (vierzehn große und acht kleine) wurden mit Flicken von Altarlinnen ausgebessert, die angesengten schwarzen Ränder sind aber noch deutlich zu erkennen. Außerdem gibt es noch einzelne versengte Flecken, die von geschmolzenem Silber herrühren und bei demselben Brand entstanden sind.

Das Tuch weist noch an vier weiteren Stellen jeweils drei runde Brandlöcher auf, die aber vor 1531 entstanden sein müssen, weil sie auf Kopien zu sehen sind, die vor dem Brand angefertigt wurden. Man vermutet, daß sie von Schürhaken stammen. Sie liegen genau übereinander, wenn man das Linnen zusammenlegt; also müssen sie gleichzeitig entstanden sein, möglicherweise als man die Echtheit des Grabtuches mittels einer »Feuerprobe« feststellen wollte. Was mögen die Vandalen mit ihren Schürhaken gedacht haben, als das Tuch völlig normal verbrannte? Eine weniger melodramatische Erklärung für die Löcher wäre, daß sie von einer tropfenden Fackel verursacht wurden.[3]

Die Pilger kommen jedoch nicht wegen dieser Brandflecken, was immer ihre Ursache gewesen sein mag. Sie werden von dem Bild des Tuches gefesselt und erbaut. Denn handelt es sich nicht um das getreue Abbild unseres Herrn Jesus Christus?

Mitten auf dem Tuch sind die fast vier Meter lange Vorder- und Rückansicht eines wohlproportionierten Mannes zu sehen, die am Kopf zusammentreffen. Es wird für ein Leichentuch gehalten, was bedeuten würde, daß man den Körper mit dem Rücken auf die eine Hälfte gelegt und dann die Vorderseite mit der anderen Hälfte zugedeckt hat.

Der Mann trägt einen Bart, sein langes Haar reicht hinten bis auf die Mitte des Rückens, und vorn schließt es auf Schulterhöhe ab. Die Hände sind züchtig über den Lenden gekreuzt. Besonders auffällig ist eine Fußsohle der Rückansicht: Sie scheint dunkel von Blut zu sein.

Der Blick wird unbarmherzig von den dunklen Linien und Flecken auf dem Körper angezogen, die offensichtlich von dem Blut mehrerer entsetzlicher Wunden stammen: kleinen Stichwunden am Kopf und einer runden Verletzung an dem einen erkennbaren Handgelenk – als sei ein Nagel hindurchgeschlagen worden. Aus einer weiteren Wunde, die von einem Stich durch die Brust herzurühren scheint, ergießt sich Blut in die Nierengegend; schwache Blutspuren sind auf der Oberseite der Füße zu sehen, sehr starke auf der Sohle des einen Fußes. Das Gesicht wirkt geschwollen, als sei es voll von Prellungen, und man hat über hundert Geißelspuren auf dem Rücken gezählt. Ähnliche Verletzungen finden sich auf Brust, Bauch und Beinen.

Diese schrecklichen Wunden schienen dafür zu sprechen, daß der Mann auf dem Leichentuch Jesus Christus war.

Millionen Menschen halten noch immer an dem Glauben fest, daß der Mann auf dem Grabtuch Gottes Sohn sei. Angeführt werden sie von den Sindonologen (von griech. *sindón*, das Grabtuch), der weltweiten Gemeinschaft der Anhänger des Grabtuches, die im Englischen auch mehr oder weniger liebevoll als »Shroudies« bezeichnet werden.

Die meisten internationalen Organisationen, die sich dem Studium des Grabtuches widmen, sind deutlich religiösen Charakters, und ihr wichtigstes Anliegen ist die »Botschaft« des Tuches. Eine solche Organisation ist die Holy Shroud Guild der USA. Andere Organisationen verfolgen – angeblich – wissenschaftliche Ziele, wie zum Beispiel die Shroud of Turin Research Project Inc. (STURP) in den USA, das Centro Internazionale di Sindonologia in Turin selbst, CIELT in Frankreich (Centre International d'Etudes sur le Linceul de Turin) und die British Society for the Turin Shroud (BSTS) in Großbritannien.

Im Laufe der Jahre erschienen Dutzende von Büchern, Broschüren und Artikeln über das Grabtuch, und die oben genannten Organisationen treten regelmäßig mit Schriften an die Öffentlichkeit. Die bedeutendsten Zeitschriften sind *Sindon* (herausgegeben vom Centro Internazionale di Sindonologia) und *Shroud Spectrum International*, herausgegeben von Dorothy Crispino vom Indiana Centre for Shroud Studies in den USA.

Trotz der für das Haus Savoyen und die Kirche typischen Zurückhaltung gegenüber wissenschaftlichen Experimenten an dem Leichentuch wurde es für mehrere Untersuchungen freigegeben. Daran waren Experten aller Disziplinen beteiligt: Historiker, Textilfachleute, Physiker, Chemiker, Fotografen, Künstler, Kunsthistoriker, Anatomen, Chirurgen, Gerichtsmediziner und sogar Botaniker. Man hat unzählige Versuche mit Röntgenstrahlen, Infrarotlicht und ultraviolettem Licht durchgeführt, Mikroskopie, Ultraviolett-Spektrophotometrie, Infrarot-Spektroskopie und Röntgenfluoreszenzverfahren angewandt. Auch hat man Gewebeproben entnommen und sie einer Reihe chemischer Untersuchungen unterzogen.

Doch allen diesen Anstrengungen zum Trotz weigert sich das Grabtuch hartnäckig, sein Geheimnis preiszugeben; allerdings hat man einige neue Hinweise erhalten.

Wir dürfen nicht vergessen, daß man sich erst seit knapp einem Jahrhundert ernsthaft für das Grabtuch interessiert. In früheren Zeiten galt es eher als eine Kuriosität, denn das Bild ist so blaß, daß man Mühe hat, es mit bloßem Auge deutlich zu erkennen; der Körper erscheint unmöglich lang und dünn, und die Augen haben ein eulenhaftes Aussehen, als ob der Mensch auf dem Tuch eine dunkle Brille trüge.

Doch 1898 wurde der Anwalt und Stadtrat Secondo Pia aus Turin, ein begeisterter Amateurfotograf, damit beauftragt, die ersten Aufnahmen von dem Tuch zu machen. Man wollte das Grabtuch anläßlich des fünfzigsten Jahrestages der italienischen Staatsgründung ausstellen und hielt Fotos für einen angemessenen, einzigartigen Beitrag zu dem Festprogramm.[4]

Pia machte insgesamt zehn Aufnahmen (man war bis vor kurzem der Ansicht, es seien nur zwei gewesen)[5], und ohne Zweifel waren es die wichtigsten in seiner Laufbahn als Amateurfotograf. Zum erstenmal nämlich wurde der Abdruck auf dem Tuch plötzlich scharf: als Negativ. Statt der verschwommenen Umrisse eines bärtigen Mannes hatte man die detaillierten Aufnahmen eines auf grausame Weise verletzten, erschreckend realistisch wirkenden Körpers vor Augen.

Diese Bilder sind eine furchtbare Dokumentation über den Tod durch Kreuzigung; jede Nagelwunde, jeder Schlag der römischen Geißel läßt uns mitleiden. Wir halten einen grausamen Beweis menschlicher Bestialität in Händen – und doch setzen wir zuviel voraus, wenn wir sofort davon ausgehen, daß es sich tatsächlich um Jesus Christus handelt.

Am faszinierendsten ist das Gesicht des Mannes auf dem Grabtuch. Länglich, mager, bärtig, mit einer hervorstehenden langen Nase (die möglicherweise gebrochen ist), strahlt es eine strenge Würde aus. Für viele Menschen ist es von bewegender Schönheit und Gelassenheit, in der sich der Triumph über den schrecklichsten aller Tode spiegele.

Es überrascht nicht, daß Secondo Pia wie so viele andere, die das Grabtuch sahen, völlig in seinen Bann geriet. Bis zu jenem Zeitpunkt war er ein eher lascher Kirchgänger gewesen, nun glaubte er mit Inbrunst. Für ihn gab es keinen Zweifel, daß dieser gefolterte Mensch kein anderer als Jesus selbst war.

Nachdem man das fotografische Negativ gesehen hatte, war es aus verschiedenen Gründen nicht mehr möglich, das Bild des Tuches als eine plumpe mittelalterliche Fälschung abzutun.

Kein Künstler wäre in der Lage gewesen, ein Bild mit »Negativ-Charakter« zu malen (man hat verschiedene erfolglose Versuche mit Standardtechniken unternommen).[6] Und kein uns bekannter mittel-

alterlicher Künstler verfügte über die Technik oder die anatomischen
Kenntnisse, ein solches Bild herzustellen, ganz davon abgesehen,
daß eine naturalistische Darstellungsweise nicht zum künstlerischen
Kanon jener Zeit gehörte.[7]

Die Forscher mußten sich bis 1969 mit Pias Entdeckungen sowie
einem zweiten Satz Fotos begnügen, die 1931 von Giuseppe Enrie
gemacht worden waren.[8] Erst 1969 gestattete die Kirche direkte Untersuchungen am Tuch. Lange Jahre konnte man deshalb nichts weiter tun, als sich mit der Physiologie des Mannes auf dem Grabtuch zu
befassen und Vermutungen darüber anzustellen, wie der spekta-
kuläre Negativ-Charakter entstanden sein könnte.

Unter Enries Fotos – man ist allgemein der Ansicht, daß sie besser sind als Pias – befanden sich Nahaufnahmen verschiedener Stellen des Tuches, die so gut waren, daß sie vergrößert werden konnten. Anhand dieser Aufnahmen untersuchte man das Leintuch, den
Abdruck und die Blutflecken im Detail.

Herausragende Arbeit auf diesem Gebiet leistete der wohlhabende Pariser Biologe Paul Vignon, ein Freund des zukünftigen Papstes
Pius XI., mit seinen Versuchen, die Entstehung des Bildes nachzuvollziehen.[9] Ebenfalls richtungweisend waren die Experimente des
Pariser Anatomen und Chirurgen Pierre Barbet, der in den dreißiger
Jahren die Auswirkungen von Kreuzigungen an Leichen untersuchte.[10] Die Arbeiten dieser Gelehrten sind auch heute noch von Interesse, aber es ist keinem der beiden gelungen, das Geheimnis des
Grabtuches zu lüften.

1969 rief Kardinal Michele Pellegrino, Erzbischof von Turin, Fachleute verschiedener Disziplinen zusammen, die einen Bericht über
den Zustand des Grabtuches verfassen sollten. Dieses Team wurde
unter dem Namen »Turiner Kommission« bekannt.

1969 machten die Wissenschaftler nur Voruntersuchungen und
empfahlen weitere Versuche, die dann vier Jahre später, am 24. November 1973, durchgeführt wurden, einen Tag nachdem das Grabtuch
im Fernsehen gezeigt worden war. Damals entnahm der Schweizer
Kriminologe Dr. Max Frei seine inzwischen berühmt gewordenen
Pollenproben (siehe Kapitel 2), und man schnitt zum erstenmal Streifen von etwa vierzig auf zehn Millimeter von dem Hauptuch sowie
dem angenähten Seitenstreifen ab. Dem Bild sowie den bildlosen
Bereichen entnahm man fünfzehn einzelne Fäden.[11]

Es war auffällig, aber typisch, daß die Arbeiten der Kommission unter strengster Geheimhaltung erfolgten. Dafür scheint es keinen einleuchtenden Grund zu geben. Als Gerüchte über die Tests von 1973 laut wurden, schoben die kirchlichen Behörden Routineuntersuchungen vor. Erst 1976 gab man zu, daß genauere Untersuchungen durchgeführt worden seien, und veröffentlichte die Namen der Fachleute. Man hatte selbst König Umberto II., den rechtmäßigen Eigentümer des Grabtuches, nicht informiert.

In den siebziger Jahren belebte sich das Interesse am Grabtuch, besonders in den USA. 1977 kam es zur Gründung zweier wichtiger Organisationen: der BSTS in Großbritannien und im Anschluß an die sindonologische Konferenz in Albuquerque, Neu-Mexiko, der US-amerikanischen STURP. Die letztere führte 1978 die bisher umfassendsten Tests am Grabtuch durch.

1978 war ein wichtiges Jahr für die Sindonologen. Vom 26. August bis zum 20. Oktober wurde das Tuch ausgestellt, woraufhin gleich mehrere Bücher zu dem Thema erschienen. Vor allem Ian Wilsons Bestseller *Eine Spur von Jesus* wirkte bahnbrechend und machte das Grabtuch einer breiten Öffentlichkeit bekannt.[12] Im selben Jahr wurde der mit dem BAFTA-Preis ausgezeichnete Dokumentarfilm *The Silent Witness* von Henry Lincoln, nach einer Idee von Ian Wilson, ausgestrahlt.[13] Lincoln war später einer der Autoren von *Der Heilige Gral und seine Erben* (1984). Buch und Film trugen dazu bei, daß nicht nur bei Katholiken das Interesse wuchs. Die Christenheit diskutierte weltweit über das Grabtuch, und das Antlitz des Mannes auf dem Tuch blickte aus tausend Buchläden mit seiner bewegenden Ruhe direkt in Millionen Gesichter – und vielleicht heimlich auch in ebenso viele Herzen.

Man darf Wilsons sindonologische Leistungen nicht unterbewerten. Obwohl ihn eine innere Gewißheit leitete, daß das Grabtuch tatsächlich das Leichentuch Jesu sei, wird seine Position in *Eine Spur von Jesus* nur an wenigen Stellen deutlich; er argumentiert intelligent und geschickt – wenn auch nicht unbedingt überzeugend –, daß es auch andere Erklärungen für den Ursprung des Bildnisses geben könne. Bis auf den heutigen Tag sind seine Aussagen über das Grabtuch beispielhaft für Vernunft und Ausgewogenheit, und doch darf man sich durch seine scheinbare Objektivität nicht in Sicherheit wiegen lassen. Der ursprüngliche Titel von *The Silent Witness* lautete: *He Is*

Risen. The Story of the Holy Shroud of Christ (Er ist auferstanden. Die Geschichte des heiligen Grabtuches Jesu).[14]

Wer sich mehr aus wissenschaftlichen Gründen für das Leichentuch interessiert, findet ohne Zweifel die 1978 von der STURP in Zusammenarbeit mit einer kleinen Gruppe von italienischen Wissenschaftlern sowie Max Frei durchgeführten Untersuchungen am
aufschlußreichsten. Fünf Tage lang hatte die STURP im Anschluß
an die Ausstellung des Tuches im Oktober 1978 freien Zugang zu
dem Leinentuch und durfte sogar Gewebeproben für spätere Untersuchungen abschneiden.[15]

Die STURP wollte vor allem feststellen, woraus die Abbildung bestand, ob sie von menschlicher Hand gefertigt war oder nicht. Allen
Anstrengungen zum Trotz kam man jedoch wieder zu keinem Ergebnis.

Das Linnen wurde mit Hilfe von Röntgen- und Infrarotaufnahmen,
ultraviolettem Licht sowie auf konventionelle Weise unter dem Mikroskop untersucht. Man entnahm Proben, indem man Haftstreifen
auf das Gewebe drückte, und analysierte die Fadenreste, die sich
gelöst hatten. Die Mehrzahl dieser Versuche war auf den Nachweis
künstlicher Pigmente abgestellt. Insgesamt verwandte man mehr als
hunderttausend Stunden darauf, die Daten auszuwerten; und das
ganze Projekt kostete über fünf Millionen Dollar.

Die Arbeitsbedingungen waren alles andere als ideal. Die STURP
mußte eine komplette Laborausrüstung zum Grabtuch transportie-
ren, und dadurch, daß die Zeit streng begrenzt war, konnte man
keine Versuche wiederholen.

Nur ein Versuch, den die STURP den Vertretern der Kirche vorge-
schlagen hatte, war abgelehnt worden. Man hatte den Radiokarbontest durchführen wollen, der endgültig die Echtheit des Tuches bewiesen hätte. Die Kirche hatte Bedenken, daß große Teile des Tuches
vernichtet werden könnten. Die STURP erläuterte, daß »die 1973 ent-
nommenen Proben völlig ausreichend seien«. Die Kirche verlangte
die Proben zurück und schloß sie in der Turiner Kathedrale ein. Als
man sie der STURP 1979 wieder aushändigte, wurde die Anwendung
der Radiokarbonmethode vertraglich untersagt.[16]

Schließlich fand die Kirche jedoch keine Ausreden mehr und
mußte dem Druck nachgeben. Im Oktober 1986 erteilte Johannes
Paul II. nach einer Zusammenkunft mit den Vertretern von sieben

Laboratorien (in der Folge reduzierte man die Zahl auf drei, um die Gefahr für das Tuch zu verringern) und Mitarbeitern der Päpstlichen Akademie der Wissenschaften in Turin die Erlaubnis – wenn auch nicht unbedingt seinen Segen – zu den Versuchen.[17]

Die Radiokarbondatierung beruht darauf, daß in der Atmosphäre durch die einfallende kosmische Strahlung das radioaktive ^{14}C gebildet wird. Da Erzeugung und Zerfall im Gleichgewicht stehen, ist der ständig vorhandene Anteil an ^{14}C im gewöhnlichen Kohlenstoff der Atmosphäre immer konstant. Wird bei einem organischen Aufbauprozeß Kohlenstoff eingebaut, so befindet sich darunter ständig ein bestimmter, wenn auch kleiner Prozentsatz ^{14}C, der stetig zerfällt. Da kein ^{14}C aus der Luft nachgeliefert wird, nachdem der Organismus abgestorben ist, kann aus dem heute noch vorhandenen Anteil ^{14}C in einem solchen Objekt auf dessen Alter geschlossen werden. Man beauftragte drei Laboratorien, die University of Arizona in Tucson, das Oxford Research Laboratory und das Schweizer Bundesinstitut für Technologie in Zürich. Professor Teddy Hall aus Oxford wurde zum Koordinator ernannt.

Das Abschneiden der Gewebeproben war von der üblichen Geheimniskrämerei der Kirche begleitet. Offizieller Termin war der 23. April 1988; man verlegte ihn aber praktisch ohne Vorwarnung auf den 21. April, vier Uhr früh, weil an diesem Tag der italienische Präsident in Turin sein und die Aufmerksamkeit der Presse auf sich konzentrieren würde. Anwesend waren die Vertreter der drei Laboratorien sowie Teddy Hall. Die Leitung des Experiments oblag Michael Tite vom Forschungslabor des British Museum.

Man schnitt eine sieben Zentimeter große Gewebeprobe aus einer Ecke des Tuches, zerkleinerte sie in drei Teile, versiegelte ein jedes in einem speziellen Behälter und händigte diesen den Laboratoriumsvertretern zusammen mit Kontrollproben aus. Der ganze Vorgang wurde auf Videofilm aufgezeichnet.

Die offizielle Bekanntgabe des Ergebnisses erfolgte am 13. Oktober 1988, es war jedoch bereits vorher »durchgesickert«. Der Kustos des Grabtuches, Kardinal Anastasio Ballestrero, verkündete es in Turin, und später am selben Tag gab Professor Tite eine Pressekonferenz im British Museum.[18]

Die Untersuchung hatte ergeben, daß das Leinentuch mit 99,9prozentiger Wahrscheinlichkeit aus den Jahren 1000 bis 1500 stammte und daß man den Zeitraum mit fünfundneunzigprozentiger Wahrscheinlichkeit auf die Jahre 1260 bis 1390 eingrenzen konnte.

Somit war das Grabtuch von Turin eine Fälschung.

Die Gläubigen erlitten – vorsichtig ausgedrückt – einen entsetzlichen Schock; sie sahen sich mit der grausamen Realität konfrontiert. Für sie war das Grabtuch nicht nur irgendeine Reliquie, es war die einzige sichtbare Erinnerung an den Herrn und der absolute Beweis für seinen Erlösertod. Ein tödliches Schweigen breitete sich unter den Grabtuch-Anhängern aus, und Professor Halls gefühlloser Kommentar vor der Presse trug nicht dazu bei, den Schock zu lindern: »Da hat sich jemand ein Stück Leinwand beschafft, es gefälscht und dann verscheuert ... Ich glaube nicht, daß das Grabtuch von Turin noch länger von Interesse ist.«[19]

Die Kirche nahm zu diesem Ergebnis nicht offiziell Stellung, doch Professor Luigi Gonella, der wissenschaftliche Berater des Vatikans, zog sich mit einer typisch jesuitischen Argumentation aus der Affäre: »Die Versuche sind nicht von der Kirche in Auftrag gegeben worden, deshalb ist sie auch nicht an die Ergebnisse gebunden.«[20]

In kürzester Zeit tauchten die ersten Gerüchte über Verschwörungen unter den Wissenschaftlern auf, und die Wortführer der Grabtuch-Lobby, inklusive Ian Wilson, ergingen sich in Verlautbarungen, die unweigerlich mit den Worten begannen: »Wir haben zwar großen Respekt vor wissenschaftlichen Versuchen, aber ...« Man verwies darauf, daß es auch bei der Radiokarbondatierung zu Irrtümern – großen Irrtümern – kommen könne und daß die Untersuchung des Grabtuches ein solcher Fall sei.

Die Skeptiker jubelten, und die Gläubigen leckten ihre Wunden. Einige zogen einen Schlußstrich, andere waren zornig, weil man sie zum Narren gehalten und ihre religiösen Gefühle verletzt hatte – aber wen konnten sie anklagen, außer einem unbekannten mittelalterlichen Fälscher? Diejenigen, die unbedingt an die Echtheit des Tuches glauben wollten, egal um welchen Preis, verbündeten sich aufs neue.

Sie waren sich der Bedeutung der Versuchsergebnisse durchaus bewußt: Die Daten stimmten genau mit der Epoche überein, in der das Grabtuch unvermittelt aufgetaucht war. Dieser Zufall erschien vielen äußerst suspekt.

Für die Grabtuch-Lobby hatte sich die Welt nach der Bekanntgabe des Radiokarbontests verändert. Was sie am meisten traf, war der allgemeine Spott. Die Cartoonisten griffen das Thema auf, und im Fernsehen wurden Witze über das Grabtuch gerissen, so zum Beispiel in der respektlosen satirischen Sendereihe »Spitting Image«. Später zeigte man ein Transparent in Originalgröße anläßlich einer Ausstellung des British Museum mit dem Titel »Fake. The Art of Deception« (Fälschung. Die Kunst der Täuschung). Als Ian Wilson am 5. November 1988 vor dem Wrekin Trust sprach und man ihn mit den Worten vorstellte: »... berühmt durch sein Buch *Eine Spur von Jesus*«, brach das durchaus intelligente und ernstzunehmende Publikum in Gejohle aus. Er lächelte nur, aber es ist nicht allzu schwierig, seine wahren Gefühle zu erraten.

Genau an diesem Punkt beginnt unsere eigene Geschichte. Letztlich war es nämlich die Radiokarbondatierung, die uns unwiderstehlich herausforderte. Ich (Lynn) war von dem Grabtuch fasziniert gewesen, seit ich Ian Wilsons Buch gelesen hatte, vertrat allerdings den etwas verschwommenen Standpunkt, daß das Abbild zufällig durch irgendeine für immer unbekannte Energiefreisetzung auf das Leintuch gelangt sein könnte; dieses Phänomen beweise jedoch nicht automatisch, daß es sich bei dem Tuch um Jesu Leichentuch handele.

Clive interessierte sich ebenfalls für das Grabtuch, aber auch ihn faszinierten vor allem die rätselhaften Umstände. Für uns beide machte der Radiokarbontest das Tuch nur noch aufregender.

Kurioserweise gehörten wir zum Lager der Verteidiger. Wir fanden es ungeheuerlich, daß man das Grabtuch von einem Tag auf den anderen einfach als Fälschung abtun wollte. Es gab noch unzählige offene Fragen, gerade weil es sich um eine Fälschung handelte. Was war mit dem Negativ-Charakter? Wenn es doch ein Gemälde war, wie bei einer Fälschung zu vermuten, wo blieb dann die Farbe? Hatte man das Opfer auf dem Tuch tatsächlich gekreuzigt? Und wenn ja, wer war der arme Mann? Welcher mittelalterliche Fälscher verfügte über die Fertigkeit, den Verstand und den unverschämten Mut, die Nachwelt auf so tolldreiste Weise zum Narren zu halten?

Das Gefühl der Bestürzung war auch bei uns stärker als alle anderen Empfindungen, obwohl wir nicht in unserem Glauben verletzt worden waren. Das Grabtuch war keine wilde Kleckserei, kein weiterer Splitter vom »wahren Kreuz«, es gehörte nicht in die Kategorie der Tonnen von unechten Kreuzreliquien. Man konnte es im Grunde noch nicht einmal als Kunstwerk bezeichnen, denn niemand wußte, mit Hilfe welcher Technik es entstanden war.

Als Fälschung war das Grabtuch zur ketzerischen Reliquie par excellence geworden, mit einem unglaublichen Blick für das Detail und einer einmaligen Kunstfertigkeit geschaffen. Wenn man den tieferen Sinn verkraften konnte, mutete es wie ein Wunderwerk an.

Clive und ich waren dem Grabtuch verfallen.

An dieser Stelle muß ich – wenngleich sehr ungern – eine persönliche Bemerkung einfügen. Leider ist die Sache für dieses Buch von Bedeutung.

Als Ian Wilson bei seinem Vortrag ausgelacht wurde, befand ich mich im Publikum. Drei Wochen später begannen wir eine Beziehung, die – mit Unterbrechungen – zwei Jahre dauerte. Ich erwähne diese schmerzliche Episode nur, um zu zeigen, weshalb mein Interesse am Grabtuch im Jahr nach dem Test noch wuchs.

In der Vergangenheit hatte sich Wilson verschiedentlich für den Radiokarbontest stark gemacht. So schrieb er 1978 in seinem Bestseller *Eine Spur von Jesus*: »Wie jeder … weiß, gibt es einen … Test, der mit einem Schlag entscheiden könnte, ob das Grabtuch erst aus dem vierzehnten Jahrhundert stammt oder tatsächlich viel älter ist.«[21] Zwei Jahre vor der Durchführung des Tests sagte er: »Eine Datierung, die das Tuch auf das vierzehnte Jahrhundert festlegt, müßte ganz gewiß ausreichen, um diejenigen, die wie der Autor für die Echtheit des Grabtuches votieren, zu einem Überdenken ihrer Position zu veranlassen.«[22]

Drei Jahre nach dem Radiokarbontest zitiert er in *Holy Faces, Secret Places* Deuteronomium 6,16: »Ihr sollt den Herrn, euren Gott, nicht versuchen«, und fährt fort: »Sie [die Wissenschaftler, die den Versuch durchführten] wollten prüfen, ob Gott sich auf dem Grabtuch gezeigt habe. Gehe ich zu weit mit der Annahme, daß Gott sich gegen ein solches Ansinnen gewehrt haben könnte?«[23]

Wenn ein Mensch oder ein Traum stirbt, brauchen wir eine Zeit der Trauer, um den Verlust zu bewältigen. Aber die Grabtuch-Lobby hat nie zugegeben, daß sie überhaupt einen Verlust erlitten hat. Ist es angesichts dieser Tatsache erstaunlich, daß ihre Verbitterung und Angst in den Jahren nach der Radiokarbondatierung immer größer und sie selbst zu einer regelrechten Mafia wurden? Äußerst bezeichnend ist, daß alle Zweifel an der Methode erst nach den Versuchen laut wurden und nicht vorher.

Hören wir, was Rodney Hoare, der Vorsitzende von BSTS, vor dem Test sagte: »Die Radiokarbonmethode würde eine bis auf hundertfünfzig Jahre genaue Datierung ermöglichen …, die ablehnende Haltung der katholischen Kirche ist schwer verständlich.«[24] Hingegen schrieb er 1993 in einem persönlichen Brief an Clive: »Das Entstehungsdatum ist wohl eher zu spät als zu früh angesetzt, wenn man davon ausgeht, daß durch den Brand von 1532 Kontaminationen ›unter Druck‹ in die Fasern gelangt sein können …«[25] Im selben Jahr lud er zu einer ungewöhnlichen Jahreshauptversammlung ein, auf der er die Mitglieder aufforderte, über mögliche Schwächen des Radiokarbontests nachzudenken.

Die Einwände gegen die Methode sind aufschlußreich. Wie wir gesehen haben, war sofort von einer Verschwörung die Rede. Die Koryphäe der Zeitschrift *La Contre-Réforme Catholique au XXe Siècle*, Frère Bruno Bonnet-Eymard, behauptete, Dr. Michael Tite habe die Gewebeproben mit Stücken eines Pluviales (ein liturgisches Obergewand) aus dem späten dreizehnten Jahrhundert vertauscht.[26] Er verwies auch umgehend darauf, daß Tite Professor Halls Posten in Oxford erhalten habe, als dieser aus dem Amt schied. Das Pluviale wurde tatsächlich benutzt, jedoch nur zu Kontrollzwecken.

Wie könnten die Motive einer solchen Verschwörung ausgesehen haben? Bonnet-Eymard glaubt, die Wissenschaft wolle der christlichen Religion schaden. Der führende Sindonologe Professor Werner Bulst geht noch weiter; er sprach im deutschen Fernsehen von einer »antikatholischen Verschwörung der Freimaurer«[27]. Es fällt jedoch schwer, sich vorzustellen, was solche Verschwörungen bewirken sollten. Eine Diskreditierung des Leichentuches würde die meisten Christen kaum in ihrem Glauben erschüttern – besonders im vergangenen Jahrhundert war die Kirche sehr vorsichtig, was Stellungnahmen zu seiner Echtheit anbelangte. Allerdings würde der Beweis seiner Authentizität wahrscheinlich viele Menschen zum christlichen Glauben bekehren. Man kann sich mühelos eine Verschwörung ausmalen, die beweisen will, daß das Grabtuch aus dem ersten Jahrhundert stammt. Es ist wesentlich schwerer nachzuvollziehen, warum Wissenschaftler Ruf und Karriere aufs Spiel setzen sollten, um das Tuch als Fälschung hinzustellen.

Vor kurzem haben die deutschen Sindonologen Holger Kersten und Elmar R. Gruber in ihrem Buch *Das Jesus-Komplott. Die Wahrheit über das Turiner Grabtuch* (1992) eine neue, kühne Verschwörungstheorie entwickelt. Sie sind der Überzeugung, daß der Radiokarbontest in Abstimmung mit dem Vatikan gefälscht wurde.

Kerstens und Grubers Theorie basiert auf dem angeblichen Austausch der Pluvialeproben aus dem vierzehnten Jahrhundert gegen die Grabtuch-Proben. Er sei erfolgt, als Michael Tite die Behälter versiegelte, das heißt vor deren Übergabe an die Vertreter der drei Laboratorien, denn das sei (verdächtigerweise) der einzige Zeitpunkt gewesen, an dem keine Videoüberwachung stattgefunden habe.

Außerdem seien die Angaben über die Maße des Testmaterials in den wissenschaftlichen Berichten ungenau und widersprüchlich, und die Proben, die aus den Behältern entnommen wurden, entsprächen nicht denen, die vom Grabtuch abgeschnitten wurden.

Leider wurden die Leinenstücke bei dem Versuch zerstört, deshalb mußten sich Kersten und Gruber auf die Fotografien stützen, die in der Turiner Kathedrale gemacht wurden, als man die Versuchsproben vom Grabtuch abschnitt, sowie auf die in den Labors gemachten Aufnahmen. Sie behaupten, die Tuchstücke auf den beiden Fotoserien könnten unmöglich identisch sein. Solche Vergleiche sind jedoch nicht so einfach, wie es auf den ersten Blick scheint: Das ursprüngliche Stück wurde nämlich nicht nur in drei gleichgroße Teile zerschnitten; zudem entnahm man das Testmaterial aus der Mitte des Stückes, so daß Stoff übrigblieb.

Kerstens und Grubers zynische Rekonstruktion der Vorgänge wurde nicht ohne Widerspruch hingenommen. Zum Beispiel wies der Sindonologe Eberhard Lindner nach, daß man die Proben einander durchaus zuordnen könne.[28] Als wir dieses Buch schrieben, war die Debatte noch in vollem Gang, und es ist unwahrscheinlich, daß jemals schlüssige Beweise auftauchen werden.

Der unwahrscheinlichste Aspekt dieser Theorie ist das angebliche Bündnis zwischen den Wissenschaftlern – von denen einige, wie zum Beispiel Teddy Hall, ausgesprochene Atheisten sind – und dem Vatikan. Kersten und Gruber sind sich darüber im klaren, daß die von ihnen vertretene Verschwörungstheorie eine Kollaboration von Wissenschaft und Vatikan voraussetzt, denn Tite war nicht allein, als der angebliche Austausch stattfand.

Das der Kirche von Kersten und Gruber unterschobene Motiv ist sehr ausgeklügelt: Sie behaupten, die Kirche wolle das Grabtuch deshalb in Mißkredit bringen, weil es ein Beweis dafür sei, daß Christus lebend in die Gruft gelegt wurde und daß sich die Auferstehung – das wichtigste Glaubensdogma – nie ereignet hat. Die Kirche habe das Tuch deshalb seit langem in ihre Gewalt bekommen wollen. Doch erst als König Umberto II. das Grabtuch dem Vatikan vermachte, sei dieser in der Lage gewesen, das Tuch zu diskreditieren.

Der Gedanke ist keineswegs neu. Er wurde zum erstenmal in den sechziger Jahren von dem Sonderling Hans Naber vertreten. Naber hatte 1947 angeblich eine Vision, in der Jesus ihm mitteilte, daß die Auferstehung niemals stattgefunden habe, was eine Untersuchung des Grabtuches beweisen werde. Naber sah seine Mission darin, der Welt Jesu Botschaft zu verkünden.

Er wurde 1969 international bekannt, als er von der geheimen Untersuchungskommission in Turin erfuhr und behauptete, die Kirche wolle sich der Kommission bedienen, um das Tuch zu zerstören, damit dessen Geheimnis gewahrt bleibe. Später wurde Naber wegen Betruges der Prozeß gemacht.[29]

Auch der Vorsitzende der BSTS, Rodney Hoare, verfaßte verschiedene Bücher, in denen er eine ähnliche Theorie vertritt; sein jüngstes Werk trägt den Titel *The Turin Shroud Is Genuine* (1994). Auf seine Hypothesen gehen wir später ein.

Wie bereits Naber weisen auch Kersten und Gruber darauf hin, daß das Blut auf dem Leichentuch noch aus den Wunden zu strömen scheint. Deshalb meinen sie, daß Jesus noch lebte, als sein Abbild entstand. Ihre Theorie hat jedoch folgende Schwächen:

Erstens: Auch wenn die Kirche nicht die rechtmäßige Eigentümerin des Grabtuches war, so befand es sich doch in ihrem Besitz, und sie hätte seine Vernichtung leicht arrangieren können, zum Beispiel durch einen Brand. Auch hat es ja tatsächlich mehrere Diebstahlsversuche gegeben, die jedoch alle von den kirchlichen Bewachern vereitelt wurden. Ein Komplott mit den Wissenschaftlern wäre gar nicht nötig gewesen. Zweitens: Die Argumente gegen die Echtheit des Tuches bestehen nach wie vor. Kersten und Gruber haben sich Wilsons Mandylion-Theorie angeschlossen, derzufolge das Grabtuch das Mandylion von Edessa und das einstige Götzenbild der Templer sei. Drittens lassen die Autoren die Möglichkeit außer acht, daß jemand die Darstellung auf dem Tuch *absichtlich* geschaffen hat, um zu zeigen, daß Jesus nicht am Kreuze starb.

Angesichts der neuen Erkenntnisse durch die Radiokarbondatierung beschlossen wir, beim Tuch selbst anzusetzen und seine komplizierte Geschichte zu untersuchen, um den Urheber dieses außergewöhnlichen Schwindels zu entlarven.

Welche Tatsachen standen unumstößlich fest? Was hatten die bisherigen detaillierten wissenschaftlichen Untersuchungen eindeutig erbracht? Wir mußten uns wieder an den Anfang begeben.

Das Material ist reines, gebleichtes Leinen. Die Maße sind 4,36 Meter auf 1,10 Meter bei einer Dicke von 0,3 Millimetern. An der linken Seite ist ein Stück von acht Zentimetern Breite angesetzt. Dieser Streifen ist von der gleichen Stoffart und scheint angenäht worden zu sein, um das Bild genau in die Mitte zu rücken. Man vermutet deshalb, daß er erst angesetzt wurde, als das Tuch ausgestellt werden sollte.

Unter dem Mikroskop hat man Spuren von Baumwolle aus dem Nahen Osten gefunden, was darauf hinweist, daß das Tuch auf einem Webstuhl entstand, der auch für Baumwollstoffe benutzt wurde. Diese Tatsache und das Fehlen jeglicher Wollspuren legen nahe, daß es nicht europäischer Herkunft ist. Die Webart ist als Fischgratköper bekannt, eine aufwendige und kostspielige Bindung für ein so billiges Material wie Leinen. Es gibt keinen Aufschluß darüber, ob diese Webart für Leintücher aus dem Palästina des ersten Jahrhunderts typisch ist.

Die Grabtuch-Lobby argumentiert häufig mit den Pollenkörnern, die Dr. Max Frei, ein bekannter Schweizer Kriminologe und der einzige Nicht-Italiener bei der Turiner Kommission, dem Tuch 1973 mit Hilfe von Haftstreifen entnahm. Die an den Streifen klebenden Partikel untersuchte er unter dem Mikroskop.

Bei der Veröffentlichung seiner Ergebnisse 1976 behauptete Frei, er habe neben den zu erwartenden europäischen Pollenkörnern auch solche von ausschließlich in Palästina, in der Anatolischen Steppe und in der Türkei beheimateten Pflanzen nachweisen können.[30] Daraus schloß er, daß sich das Tuch für jeweils eine gewisse Zeit in diesen Gebieten befunden habe. Man kann Freis Untersuchung nicht zur Datierung des Tuches heranziehen, und seine Schlußfolgerun-

gen werfen ebenfalls Fragen auf (siehe Kapitel 2). Wir halten seine
Ergebnisse für – vorsichtig ausgedrückt – sehr selektiv. Eines seiner
Gutachten auf einem ganz anderen Gebiet sollte weitreichende Fol-
gen haben: Er bestätigte die Echtheit der »Hitler-Tagebücher«.[31]

Das Bild des Körpers auf dem Grabtuch ist sehr blaß; viele
Betrachter haben Mühe, ihn überhaupt zu erkennen. Alle fotografischen Wiedergaben – nicht nur die Negative – lassen das Bild deutlicher hervortreten, was zum Teil an der Verkleinerung und der damit
einhergehenden größeren Schärfe liegt und zum Teil daran, daß die
Emulsion den Kontrast verstärkt. Aus der Nähe oder unter dem Ver-
größerungsglas betrachtet, scheint das Bild ganz zu verschwinden.

Kein Experiment hat bisher den Nachweis erbracht, wie das Bild
überhaupt entstanden ist. Allerdings können wir inzwischen eine
Vielzahl von Möglichkeiten ausschließen. Man hat keine nennens-
werten Spuren von Pigmenten, Tinten oder Farbstoffen gefunden
(mit Ausnahme von Dr. Walter McCrone; siehe Kapitel 4). Die nach-
weisbaren minimalen Pigmentspuren sollen von den Bildern stammen, die man auf das Grabtuch zu legen pflegte, um sie zu »weihen«.

Unter dem Mikroskop zeigt sich, daß die Tönung des Bildes nicht
in die Fäden eingedrungen ist, wie es bei den meisten Farben der Fall
sein müßte (fehlende Kapillarwirkung). An den Fäden hängen keine
Fremdstoffe. Jene Teile des Bildes, die sich in unmittelbarer Nähe der
Brandstellen befinden, haben ihren Farbton nicht verändert; dasselbe gilt für die Bildteile mit Löschwasserrändern.

Das Bild scheint weniger dadurch entstanden zu sein, daß man
etwas auf das Gewebe aufgetragen, als vielmehr dadurch, daß man
einen Teil desselben entfernt hat: Das Leinen ist angegriffen. Unter
dem Mikroskop läßt sich erkennen, daß die Fasern an den Stellen,
wo sich das Bild befindet, beschädigt sind. Es sieht so aus, als seien
die Schäden von einer dünnen Säure verursacht worden.[32]

Die Farbe ist nicht in das Gewebe eingedrungen. Man kann sich
kaum vorstellen, daß es eine Maltechnik gibt, bei der ein nur 0,3 Millimeter dünnes Tuch nicht durchnäßt wird. Auch wenn man einzelne
Fäden untersucht, zeigt sich, daß sie nur an einer Seite verfärbt sind.
Die Tönung des Bildes ist völlig einheitlich. Der Eindruck von kon-
trastierenden Bereichen ist eine optische Täuschung, die dadurch
hervorgerufen wird, daß die Zahl der verfärbten Fäden pro Qua-
dratzentimeter variiert.

Der Negativ-Charakter ist die rätselhafteste und faszinierendste Eigenschaft des Grabtuches. Einem mittelalterlichen Fälscher wäre diese Erscheinung völlig fremd gewesen, und zudem hätte sie keinen Sinn gehabt, da man sie nie auf einem fotografischen Negativ hätte zeigen können.

Einer Hypothese zufolge ist das Bild positiv gemalt worden und mit dem Alter zu einem Negativ verblaßt – ein Vorgang, der an einem Fresko in der oberen Kirche in Assisi zu beobachten ist. Aber dafür hätte das Tuch ursprünglich dunkel sein müssen, um dann heller werden zu können, und die bildliche Darstellung hätte von Anfang an heller als das Tuch sein müssen.

Die Skeptiker finden es in der Tat problematisch, den Negativ-Charakter zu erklären, und werden eigentlich nur mit ihm fertig, indem sie ihn leugnen. Sie behaupten, er sei nur ein Nebenprodukt der Bemühungen des Künstlers, die Kontaktpunkte darzustellen – jene Punkte, an denen der Körper das Tuch berührt hat. Walter McCrone schrieb:»Meiner Ansicht nach entsprang der Negativ-Charakter des Bildes rein zufällig dem Verständnis des Künstlers von seinem Auftrag.«[33]

Die angeblich in der Darstellung vorhandenen 3-D-Informationen erschienen uns zunächst ähnlich faszinierend. Darunter sei zu verstehen, erfuhren wir von der STURP, daß eine direkte, meßbare Korrelation zwischen der Intensität des Bildes und der Entfernung des Tuches vom Körper bestehe.

Paul Vignon machte Anfang dieses Jahrhunderts als erster Forscher auf das Phänomen aufmerksam. Zwei Physikern der amerikanischen Luftwaffe, den frommen Katholiken John Jackson und Eric Jumper – beide sollten später eine wichtige Rolle bei der Gründung der STURP spielen –, gelang eine eindrucksvolle Demonstration mit dem Bildanalysator VP-8, der ursprünglich für die NASA entwickelt worden war und der dreidimensionale Bilder produzierte. Mit gewöhnlichen Gemälden ist dieser Effekt nicht erzielbar, weil der Bildanalysator aufgrund der unterschiedlichen Farbdichte nicht wirksam werden kann.[34]

Diese Dreidimensionalität galt als ganz typisches Merkmal des Bildnisses auf dem Grabtuch; niemand wußte allerdings, was genau sie bedeutete.

Gläubige sehen darin den Beweis, daß eine Art Strahlung vom

Körper Christi ausging. Unsere eigenen Untersuchungen brachten jedoch ganz andere Erkenntnisse über dieses Phänomen.

Schon die allerersten Studien zeigten, daß das Bild durch einen weitaus komplizierteren Prozeß als durch einfachen Körperkontakt entstanden sein mußte. So wies zum Beispiel Paul Vignon nach, daß das Bild grotesk verzerrt aussehen würde, wenn man das Tuch über einen mit Farbe bestrichenen Körper gelegt und dann ausgebreitet hätte.

Bestimmte Stellen zeigen ganz deutlich, daß der Körper das Tuch gar nicht berührt haben konnte: Die Nase hätte zum Beispiel eine Art »Zelt« über den Wangen gebildet; man sieht jedoch ganz deutlich die Nasenflügel sowie Teile der Wange. In seinem Buch *Le Linceul du Christ* (Das Grabtuch Christi, 1902) vertritt Paul Vignon die Auffassung, das Bild sei »das Ergebnis einer Fernwirkung« oder »eine Projektion«.

Am Schädel fällt vorn und hinten eine Anzahl kleiner Rinnsale – oder dunkler Flecken – ins Auge, die wie Blut aussehen und den Verletzungen durch die Dornenkrone zu entsprechen scheinen. Das Blut läuft außerdem die Arme hinunter und quillt offensichtlich aus einer Nagelwunde an dem einen erkennbaren Handgelenk. Ein großer Blutfleck auf der Brust könnte dem in der Bibel erwähnten Lanzenstich entsprechen. In der Nierengegend hat sich Blut gesammelt, vielleicht als der Körper flach auf das Grabtuch gelegt wurde. Auch aus den Wunden der Füße dringt Blut, besonders aus der einen Sohle.

Es gibt jedoch deutliche Unterschiede zwischen dem Farbton des Körpers und dem des Blutes. Bei künstlichem Licht scheinen sie nicht voneinander abzuweichen, aber bei Tageslicht wird erkennbar, daß das Blut von deutlich anderer Farbe ist – einem leuchtenden Rot oder Karmin. Die Blutflecken haben keinen Negativ-Charakter.

Unter dem Mikroskop kann man erkennen, daß die Fasern von dem nachträglich erfolgten Blutauftrag verklebt und verkrustet sind. Die »Blutflecken« durchdringen das Gewebe, und die Fasern haben das Blut aufgesogen (wenn auch nicht so sehr, wie es bei flüssigem Blut der Fall gewesen wäre).

Wichtig ist die sich daraus ergebende Schlußfolgerung: Da die beiden Bildbestandteile – die Abbildung des Körpers und das Blut – so sehr kontrastieren, müssen sie auch auf unterschiedliche Weise entstanden sein. Dem (unvoreingenommenen) Blick erscheint das Blut recht kunstlos aufgetragen, als habe man es einfach auf das Bildnis des Körpers gestrichen.[35]

Aber haben wir es wirklich mit Blut zu tun? Echtes Blut trocknet braun aus, nicht rot – und von der STURP durchgeführte Versuche sollen ergeben haben, daß es sich nicht um Blut handelt. Als jedoch italienische Wissenschaftler behaupteten, sie hätten die Blutgruppe bestimmt (AB), schloß sich die STURP ihrer Ansicht an. Zum gegenwärtigen Zeitpunkt herrscht die Meinung vor, daß die Flecken von Blut herrührten oder zumindest bluthaltig seien; doch ganz sicher ist niemand, und auch das Alter des Blutes ist ungewiß.[36]

Zahlreiche Anatomen und Gerichtsmediziner stimmen darin überein, daß das Abbild einem menschlichen Körper entspricht. Verschiedentlich wurde sogar die Meinung geäußert, es sei zu makellos, um von Künstlerhand zu stammen.

Man gibt die Größe des Mannes in der Regel mit 1,80 Meter an, er wird bisweilen aber auch auf nur 1,62 Meter geschätzt; diese Widersprüche seien durch die Faltung des Tuches bedingt. Ein Forscher errechnete sogar eine Größe von 2,03 Metern.

Der Körperbau wird generell als der eines gesunden, gut entwickelten Mannes, der nicht körperlich arbeiten mußte, beschrieben. Carleton S. Coon, ein Ethnologe der Harvard University, bezeichnet den Toten aufgrund seiner ethnischen Merkmale als sephardischen Juden oder Araber; eine genaue Bestimmung ist jedoch unmöglich. Coons Annahme wird durch den »Beweis« erhärtet, daß das lange Haar auf der Rückseite des Bildes dem »gelösten Zopf« eines jungen männlichen Juden aus dem ersten Jahrhundert entspricht.

Der Mann scheint zwischen vierzig und fünfzig Jahre alt zu sein, doch es gibt eine von der Mehrheitsmeinung abweichende Theorie, derzufolge Jesus zur Zeit seiner Kreuzigung die dreiunddreißig Jahre längst überschritten hatte.

Pierre Barbet wies mit Hilfe von frisch amputierten Armen nach, daß nur ein durch die Handgelenke festgenagelter Körper sein eigenes Gewicht tragen kann. Er entdeckte auch, daß der Nagel den Nervus medianus trifft, wodurch sich der Daumen zur Handfläche krümmt. Die Daumen des Mannes auf dem Grabtuch sind nicht sichtbar.[37]

Diese Erkenntnisse sind jedoch keineswegs neueren Datums.

Bereits die erste Arbeit über das Grabtuch – von Kardinal Gabrielle Paleotti, Erzbischof von Bologna – aus dem Jahre 1598 erwähnt die Nagelung. Sie sei »durch die Experimente bewiesen, die talentierte Bildhauer mit Hinblick auf die Anfertigung von Kunstwerken an Leichen durchgeführt haben«[38]. Die Gemälde von van Dyck (1599–1641) und Rubens (1577–1640) zeigen Jesus ebenfalls auf diese Weise gekreuzigt. In der Zeit vor der Renaissance, aus der die Fälschung stammen soll, verfügte man jedoch noch nicht über dergleichen anatomische Kenntnisse.

Eine Analyse der Richtung des Blutverlaufs auf den Armen hat ergeben, daß sich die Arme des Gekreuzigten über dem Kopf befanden, so daß sein Körper ein »Y« bildete und nicht das üblicherweise auf Gemälden abgebildete »T«. Das Blut fließt an den Armen entlang, gelegentlich fällt ein Tropfen nach unten – eine Folge der Schwerkraft. Die Blutspuren verlaufen in zwei von der Armlinie leicht abweichenden Winkeln, was der Realität genau entspricht.

Die Ansichten über die Todesursache bei einer Kreuzigung gehen auseinander. Pierre Barbet war der Meinung, daß der Tod in dieser Haltung durch Ersticken erfolge, es sei denn, die Beine würden unterstützt. Das Opfer könne nur Luft holen, indem es sich auf die Nägel in seinen Füßen stütze, was qualvoll sei und eine ständige Hebung und Senkung des Körpers bewirke. Laut Barbet sind die beiden Winkel des Blutflusses mit beiden Stellungen vereinbar. Dazu darf allerdings der untere Teil des Körpers nur von dem Nagel oder den Nägeln in den Füßen gehalten werden, und auf halber Höhe des Pfahles darf kein Holzklotz, das sogenannte *sedile*, vorhanden sein.[39]

Andere Sindonologen, zu denen der Vorsitzende von BSTS, Rodney Hoare, gehört[40], sind der Meinung, daß ein Sedile vorhanden gewesen und daß der Tod aus einem anderen Grund eingetreten sei. Solange das Opfer bei Bewußtsein sei, blieben die Arme unverändert, die Stellung würde sich jedoch ändern, sobald eine Ohnmacht eintrete und der Körper zur Seite rutsche. Auch die Vertreter dieser Theorie nehmen für sich in Anspruch, daß die Fließrichtung des Blutes ihre Auffassung bestätige.

Die Blutspuren wirken sehr realistisch. Der auffälligste Blutstrom, der eine »3« auf der Stirn bildet, entspricht genau der Art, in der das Blut aus einer Stichwunde quellen würde, und ändert sogar seine Richtung über den Furchen der Stirn. Man will selbst die Trennung

von Serum und Blut festgestellt haben – wobei es sich aber ebensogut um die Zersetzungsprodukte von künstlichem »Blut« handeln
könnte.

Für einige Sindonologen sind die helleren Stellen in der Brust-
wunde jenes »Blut und Wasser«, das in der Bibel erwähnt wird
(Johannes 19,34), und sie haben sogar medizinische Erklärungen
dafür gefunden. Man kann jedoch davon ausgehen, daß kein Fälscher dieses Detail des biblischen Berichtes ausgelassen hätte.

Die durch die Lanze hervorgerufene Verletzung ist auf der einen
Seite abgerundet, offenbar in Übereinstimmung mit den römischen
Lanzen, die im Evangelium des Johannes besonders erwähnt wer-
den. Obwohl man die Form der Verletzung häufig als Beleg für die
Echtheit des Grabtuches zitiert hat, ist auch sie kein hieb- und stich-
fester Beweis, denn niemand hat jemals nachgewiesen, daß die
Wunde nicht auch von einer späteren Waffe, etwa einer italienischen
Lanze der Renaissance, herrühren könnte. (Bereits ein flüchtiger
Blick in eine Waffengeschichte zeigt, daß die Lanzen aller Zeiten
einander sehr ähnlich sind – ihrer Formgebung sind naturgemäß
bestimmte Grenzen gesetzt.)

Über die Gesichtsverletzungen wird noch gestritten. Die meisten
Sindonologen räumen ein, daß Spuren von Gewalt sichtbar seien,
man ist jedoch unterschiedlicher Meinung darüber, wie schwer die
Verletzungen sind.

Secondo Pias Originalfotografien scheinen einen viel höheren
Grad an Prellungen und Schwellungen zu zeigen als spätere Fotografien. Giuseppe Enrie entdeckte jedoch, daß Pia das Tuch nicht
völlig flach hingelegt hatte, was zu Verzerrungen führte. Seiner Ansicht nach zeigt das Gesicht keinerlei Spuren von Gewaltanwen-
dung.[41] Das andere Extrem vertritt Dr. David Willis, ein britischer
Arzt und frommer Katholik, der den Gesichtsverletzungen eine Spe-
zialstudie widmete. Zu seiner schaurigen Liste gehören ge-
schwollene Augenbrauen und ein eingerissenes Augenlid – eine
buchstäblich unmögliche Verletzung, auch wenn das Opfer brutal
geschlagen wird.[42]

Über hundert Geißelspuren sind zu erkennen – hauptsächlich auf
dem Rücken. Gerichtsmediziner haben die Zahl und die Körpergröße
der Folterknechte sowie deren jeweilige Entfernung vom Opfer festgestellt. Man hat behauptet, die Verletzungen rührten von einem

römischen *flagrum* her, einer Peitsche mit hantelförmigen Metall-
enden. Es gibt jedoch keine Vergleichsstudien mit Geißeln anderer
Zeiten und Orte, obwohl bekannt ist, daß die Flagellanten während
der Pest des vierzehnten Jahrhunderts ähnliche Geißeln verwendeten, und vom fünfzehnten Jahrhundert an lieferten auch die maso-
chistischen Exzesse der »Florentiner Flagellanten« den Zuschauern
auf der Straße ein abwechslungsreiches Geißelprogramm.[43]

Man hat verschiedene Erklärungen dafür angeboten, wieso wir
die Sohle eines Fußes sehen können. Einige Sindonologen, wie zum
Beispiel Rodney Hoare[44], gehen davon aus, daß der Körper völlig
flach gelegen habe; sie vermuten, man habe das Tuch um die Füße
gewickelt, die gegen die Wand der Gruft drückten. Es könne auch
sein, daß der Körper einfach die Kreuzigungshaltung – mit leicht
angewinkelten Knien – beibehielt, so daß die Sohlen nach der Kreuzabnahme flach auf dem Boden auflagen.

Isabel Piczeck, eine in Ungarn geborene amerikanische Künstlerin, die auf sakrale Werke spezialisiert ist, hat die Anatomie des
Mannes auf dem Grabtuch studiert und sich dabei besonders auf
die deutliche zeichnerische Verkürzung konzentriert. Sie kommt
zu dem Schluß, daß der Körper – wahrscheinlich bedingt durch die
Todesstarre – noch die Haltung der Kreuzigung habe; nur die Arme
seien nachträglich mit Gewalt über dem Körper verschränkt worden.
Die Verkürzung sei so präzise, daß der Künstler mehr als nur durch-
schnittlich begabt gewesen sein müsse.[45]

John Jackson rief große Aufregung hervor, als er im Rahmen seines Nachweises der Dreidimensionalität mit Hilfe des Bildanalysators VP-8 behauptete, man könne kleine Münzen auf den Augen erkennen. Es dauerte nicht lange, da konnte ein eifriger Forscher
namens Francis Filas (ein Jesuit aus Chicago) die Inschriften am Rand
der Münzen lesen: vier Buchstaben, UCAI, die der mittlere Teil eines
gräzisierenden Genitivs von »Tiberius Caesar« (*Tiberíou kaîsaros*) sein
konnten.[46] Er war römischer Kaiser zur Zeit Jesu, und man kennt diese Inschrift von griechischen Kupfermünzen (*leptá*), die zur Zeit der
Statthalterschaft von Pontius Pilatus in Umlauf waren. Die meisten
anderen Forscher waren jedoch der Meinung, daß sich Filas die
Sache eingebildet habe, und als die STURP der Suche nach den Münzen eine besondere Studie widmete, waren sie unauffindbar.[47]

Mithin sahen wir uns einem verblüffenden Rätsel gegenüber. Laut

Radiokarbondatierung war das Tuch eine Fälschung; doch auch nachdem man die Reliquie für »tot« erklärt hatte, gab sie keine Ruhe.

Als wir uns an die Arbeit machten, waren wir, gelinde gesagt, von der Problematik überwältigt. Ohne die Radiokarbondatierung hätten wir uns vielleicht auf die Seite der Grabtuch-Lobby geschlagen, denn die Beweise – wir haben sie oben aufgeführt – schienen weiterhin für die Echtheit des Tuches zu sprechen. Und wenn es nicht zu den erstaunlichen Ereignissen der letzten Jahre gekommen wäre, würden wir noch immer zu jenem leicht verunsicherten Häuflein gehören, das allzu sorglos als die Ewiggestrigen abgetan wird.

Als erstes galt es nun, sich mit der dokumentierten Geschichte des Grabtuches zu befassen, diesem oft subjektiven und selektiven Bericht über den Ursprung der ehrwürdigsten Reliquie der Christenheit. Stammte sie wirklich aus einer kalten Gruft im Palästina des ersten Jahrhunderts – oder lag ihr Ursprung zeitlich und geographisch viel näher?

Woher kam das Grabtuch von Turin?

2 DAS URTEIL DER GESCHICHTE

»Die Beweislage [gegen die Echtheit des Grabtuches] ist so eindeutig, daß ... ein Fehlurteil äußerst unwahrscheinlich ist.«

Herbert Thurston, SJ, 1903[1]

Das größte Problem der Grabtuch-Lobby war schon immer, daß die Existenz des Grabtuches erst seit bestenfalls sechshundertfünfzig Jahren urkundlich belegt ist. Es erschien eines Tages in der zweiten Hälfte des vierzehnten Jahrhunderts völlig überraschend in Mittelfrankreich, und man weiß nicht, warum gerade dort. Sowohl die ungeklärte Herkunft als auch das plötzliche Auftauchen sprechen gegen seine Authentizität. Wenn es dennoch echt ist, erhebt sich die Frage: Wo war es während der dreizehnhundert Jahre seit der Kreuzigung? Und weshalb wurde die ehrwürdigste aller Reliquien, die für die Massen eine ungeheure Anziehungskraft hatte, nicht mit Fanfaren, Gebeten und Festen gefeiert?

Der Grabtuch-Lobby sind allerlei Begründungen dafür eingefallen, sie vertritt aber auch den Standpunkt, die historisch nicht belegten Jahre seien unwichtig, da die wissenschaftlichen Beweise die Echtheit ausreichend verbürgten. Doch seit der Radiokarbondatierung hat sich das Gleichgewicht verschoben, sie muß beweisen, daß das Leichentuch aus der Zeit vor 1260 stammt.

Man betont natürlich auch die angeblich große Unzuverlässigkeit der Radiokarbonmethode[2], und es gibt zugegebenermaßen tatsächlich zweifelhafte Fälle. Bekanntlich können Umwelteinflüsse problematisch sein (Zigarettenrauch zum Beispiel macht den Test wertlos), doch dieses Argument trifft nicht auf das Grabtuch zu.

Erstens kamen drei verschiedene Laboratorien zu identischen Ergebnissen. Zweitens muß eine Datierung, wenn sie mit den sonstigen Indizien übereinstimmt, akzeptiert werden – und das Alter entspricht genau dem ersten Auftauchen des Grabtuches. Das kann kein Zufall sein. Und nur die Verzweiflung dürfte aus einst lautstarken Befürwortern der Radiokarbonmethode ihre heftigsten Kritiker gemacht haben.

Die Echtheitslobby teilt die Historie des Leichentuches in zwei
Abschnitte: den in totale Dunkelheit gehüllten Zeitraum vom ersten
Jahrhundert bis zum Erscheinen in Frankreich und die dokumentier-
te Geschichte. Aber zunächst mußten wir uns mit den wichtigsten
Ereignissen der Überlieferung vertraut machen, vor allem mit dem
dramatischen Auftauchen des Grabtuches.[3]

Bis 1983 war das Leichentuch im Besitz des Hauses Savoyen, der spä-
teren italienischen Königsfamilie. Sie hatte es Mitte des fünfzehnten
Jahrhunderts von der zum französischen Kleinadel gehörenden
Familie de Charnay erworben, deren Eigentum es seit der zweiten
Hälfte des vierzehnten Jahrhunderts war. Die erste Urkunde stammt
aus dem Jahre 1383.
   Über die Zeit davor herrscht völlige Unklarheit – es ist nicht
belegt, wo und wie es in den Besitz der Familie gelangte.
   Wir messen jenem ersten Dokument große Bedeutung bei. Es
handelt sich dabei um ein Schreiben an Papst Clemens VII., in welchem Pierre d'Arcis, der Bischof von Troyes, das Grabtuch unmißver-
ständlich als unecht bezeichnet, als eine skrupellose Fälschung, mit
der arglose Pilger übervorteilt werden sollten.[4]
   Folgende Umstände hatten zu diesem bei den Sindonologen als
»d'Arcis' Memorandum« bekannten Brief geführt: In des Bischofs Di-
özese lag der unbedeutende Ort Lirey, Sitz der Familie de Charnay,
die dort eine kleine Kirche erbaut hatte. Die Stiftsherren begannen
eines Tages, mit Billigung des Familienoberhauptes Geoffroi de
Charnay, ein Tuch mit einem auf angeblich wunderbare Weise entstandenen Bild öffentlich auszustellen und zu behaupten, es sei das
Leichentuch Jesu. D'Arcis untersuchte die Angelegenheit, kam zu
dem Schluß, daß es sich um einen Schwindel handelte, und verlangte verärgert über die dreiste Ausbeutung der Pilger vom Papst ein
Verbot der Ausstellungen.
   Die letzteren waren ohne Zweifel sehr effektvoll inszeniert: Bei
Fackelschein hoben die Priester das Grabtuch auf einer eigens
errichteten Plattform weit über die Köpfe der Menschenmassen.
Später hielt Geoffroi das Tuch persönlich hoch, um zu demonstrie-
ren, daß er im Streit mit d'Arcis auf der Seite der Stiftsherren stand.
In seinem Brief faßte sich der Bischof sehr kurz: »[Es handelt sich um]
das doppelte Bildnis eines Mannes, das heißt die Vorder- und die

Rückansicht« – eine Beschreibung, die durchaus auf das heutige Turiner Grabtuch paßt.

D'Arcis prangerte das Leichentuch mit unzweideutigen Worten an, beschuldigte den Dekan von Lirey des Betruges, bezeichnete ihn als »vom Laster der Habsucht besessen« und warf ihm sogar vor, Pilger anzuheuern, die Wunderheilungen vortäuschten, wenn das Tuch erhoben wurde. Der Bischof war erbost, weil Geoffroi ihn übergangen und sich wegen der Erlaubnis für die Ausstellungen direkt an den päpstlichen Nuntius in Frankreich gewandt hatte. Auf die Drohung von d'Arcis, er werde den Dekan der Stiftskirche exkommunizieren, wandte sich Geoffroi an den französischen König Karl VI. – und wurde prompt in seinen Rechten bestätigt.

In den Augen der Historiker ist die Behauptung des Bischofs, bei dem Bild auf dem Linnen handele es sich um ein Gemälde, der gravierendste Beweis gegen die Echtheit des Tuches. Bereits einer der Vorgänger von d'Arcis, Henri de Poitiers, hatte sich mit dem Fall befaßt, und d'Arcis zufolge »entdeckte er die Fälschung und wie das genannte Tuch mit Schlauheit und List gemalt worden war, wofür die Wahrheit von dem Künstler, der es gemalt hatte, bestätigt wurde, nämlich daß es ein Werk menschlicher Kunst war und nicht durch Wunder bewirkt oder verliehen«.

Bischof d'Arcis hatte insofern Pech, als Papst Clemens mit den Charnays verwandt war – der Stiefvater Geoffrois II. war der Onkel des Papstes; statt seinen Bischof zu unterstützen, stellte Clemens sich auf die Seite der Charnays, befahl d'Arcis »ewiges Stillschweigen« und drohte ihm mit der Exkommunikation. In einem Punkt kam er seinem Bischof allerdings entgegen: Er verfügte, das Tuch dürfe nur unter der Bezeichnung »Abbildung oder Darstellung« des Leichentuches Christi ausgestellt werden.

Man könnte die ganze Episode als regionalen Streit über eine der vielen angeblich echten Reliquien abtun, die damals in Europa auftauchten – Federn von Engelsflügeln, zahllose Splitter vom wahren Kreuz und ein ganzer Kleiderschrank von Hemden der Heiligen Jungfrau –, wenn nicht die Wissenschaftler sechshundert Jahre später immer noch perplex vor anscheinend derselben Reliquie stünden.

Schon damals scheint es hinter den Kulissen um mehr als eine lukrative Reliquie oder einen Machtkampf zwischen Bischof und Lehnsherrn gegangen zu sein. Daß Geoffroi sich direkt an den Papst wandte, ist ungewöhnlich, wiewohl sie miteinander verwandt waren, und läßt vermuten, daß er etwas im Schilde führte. Der Exkommunikationsdrohung des Papstes haftet der üble Geruch der Erpressung an. Wie Ian Wilson in seinem ersten Buch schrieb: »Doch trotz der Überfülle von Dokumenten kann man sich nicht des Gefühls erwehren, daß da irgend etwas fehlt, daß etwas mehr an der Sache war, als man sehen kann.«[5]

Für die Skeptiker ist »d'Arcis' Memorandum« der Beweis dafür, daß das Grabtuch eine gemalte Fälschung ist. Die Verteidiger des Tuches kontern, man könne Henri de Poitiers so verstehen, daß er nicht *den* Künstler gefunden habe, der das Bild gemalt, sondern *einen* Künstler, der eine Kopie angefertigt habe.[6] Der lateinische Originaltext läßt diese Interpretation zwar zu, dennoch haben wir es mit einem Scheinargument zu tun: Wenn man den Kontext berücksichtigt, muß die gängige Auslegung die richtige sein.

Dazu kommt noch, daß d'Arcis mit seiner Behauptung nicht allein dastand. König Karl VI. entsandte den Landvogt von Troyes, das Grabtuch zu konfiszieren, bis der Fall entschieden sei. Auch aus dessen Bericht geht unzweideutig hervor, daß das Bild auf dem Tuch ein Gemälde ist.[7]

Das bischöfliche Schreiben erwähnt auch, daß die Ausstellungen des Leinentuches eine Wiederaufnahme früherer Darbietungen waren, die »vor etwa vierunddreißig Jahren« stattgefunden hätten, also gegen 1355. Damals habe Henri de Poitiers den schuldigen Künstler ausfindig gemacht und die Ausstellungen verboten. Wenn das zutrifft, wäre der ältere Geoffroi, ein zu seinen Lebzeiten berühmter Ritter und Kriegsheld Frankreichs, der erste Eigentümer des Grabtuches gewesen.

Dafür läßt sich nirgendwo eine Bestätigung finden; im Gegenteil, wir haben auch Grund, an den Ausstellungen im Jahre 1355 zu zweifeln. Der ältere Geoffroi stiftete die Kirche von Lirey im Jahre 1353; in den Schenkungsurkunden (die noch vorhanden sind) sind zwar Reliquien verzeichnet, jedoch kein Grabtuch.[8] Die Kirche wurde 1356 von Bischof Henri de Poitiers geweiht, und wieder schweigen die Urkunden über ein Grabtuch[9], was wenig einleuchtend wäre, wenn Henri nur ein Jahr zuvor die Kanoniker wegen Betruges gemaßregelt hätte. D'Arcis' Zeitangabe »vor etwa vierunddreißig Jahren« läßt einen gewissen Spielraum. Geoffroi I. fiel nur knapp vier Monate nach der Weihe seiner Kirche in der Schlacht von Poitiers, als er König Johann II. das Leben rettete, indem er mit dem eigenen Körper einen englischen Lanzenstoß abwehrte. Er hatte weder Zeit noch Gelegenheit, der Kirche das Grabtuch zu vermachen oder Pilgerfahrten zu organisieren. Man kam deshalb auf den Gedanken, daß nicht er, sondern seine Witwe Jeanne de Vergy das Grabtuch ausgestellt habe, um ihre leeren Schatztruhen zu füllen, obwohl Geoffroi I. persönlich den Besitz des Tuches geheimgehalten hatte. Damit beliefe sich das Datum der ersten Ausstellungen auf 1357 oder 1358.[10]

Diese Theorie scheint durch ein Pilgermedaillon, das 1855 in der Seine gefunden wurde und sich jetzt im Musée de Cluny in Paris befindet, untermauert zu werden. Es zeigt eine Abbildung, die an ein Grabtuch erinnert (sie ist aber leider zu klein, als daß man Details erkennen könnte).[11] Das Medaillon wurde noch nicht genau datiert, da es aber die Wappen der Familien de Charnay und de Vergy trägt, die erst durch die Heirat von Geoffroi I. und Jeanne zusammenkamen, vermutet man, daß das Medaillon einem der ersten Lirey-Pilger gehörte.

Doch während des ganzen Streits fällt kein Wort darüber, wie die Reliquie überhaupt in den Besitz der Charnays gekommen war. Wäre sie eine Kriegsbeute gewesen, hätte man sich ihrer gewiß gebrüstet. Selbst wenn die Familie sie gekauft oder im Glücksspiel gewonnen hätte, würde sie, stolz auf die eigene Gerissenheit, damit geprahlt haben. Und sogar wenn die Charnays besonders bescheiden gewesen wären – dafür gibt es aber keine Anzeichen –, so hätten sie sich doch nicht gefallen lassen, daß man sie des Betrugs bezichtigte. Dennoch herrscht tiefes Schweigen über die Herkunft des Grabtuches, als habe man es auf dem Dachboden gefunden, oder als verdanke man es der Geschicklichkeit eines skrupellosen Künstlers.

Nachdem der Papst den Bischof zum Schweigen gebracht hatte, setzte Geoffroi II. die Ausstellungen des Grabtuches in Lirey fort (wenngleich es fortan als »Abbildung oder Darstellung« bezeichnet wurde), bis er 1398 starb und es seiner Tochter Marguerite hinterließ. Diese hatte nach dem Tode ihres ersten Mannes – er war in Azincourt gefallen – den reichen Humbert de Villersexel (der unter anderem auch die Titel eines Seigneur de Saint-Hippolyte-sur-Doubs und eines Grafen de la Roche trug) geheiratet.

1418 entfernten Marguerite und Humbert das Grabtuch unter

dem Vorwand aus Lirey, daß sie es in den Wirren nach dem englischen Sieg bei Azincourt in Sicherheit bringen wollten, und die Stiftsherren beschuldigten sie daraufhin sogleich des Diebstahls. Bis 1449 wurde die Reliquie in einer Kapelle auf den Ländereien von Saint-Hippolyte-sur-Doubs in der Franche-Comté aufbewahrt, und dort stellte man sie auch einmal im Jahr aus.

Humbert starb 1438; elf Jahre später brachte Marguerite das Grabtuch nach Belgien, wo sie es 1449 in Lüttich zur Schau stellte. Der dortige Bischof beauftragte zwei Professoren, das Grabtuch auf seine Echtheit zu prüfen. Beide erklärten es für eine Fälschung.[12] Drei Jahre danach wurde es wieder in Frankreich ausgestellt, im Schloß von Germolles bei Mâcon. Man vermutet, daß Marguerite trotz ihres Alters – sie war siebzig und wahrscheinlich gebrechlich – herumreiste, weil sie die letzte ihres Geschlechts war und für den Schatz der Familie einen würdigen Hüter suchte. Aber das sind nur Spekulationen.

Schließlich schenkte sie irgendwann vor 1464 das Grabtuch dem reichen Herzogtum Savoyen, das damals unter der Herrschaft von Ludwig und Anne de Lusignan, Königin von Jerusalem, stand. Als vermutliche Gegenleistung erhielt sie ein Schloß mit Ländereien. Man hätte den Verkauf einer heiligen Reliquie als anstößig empfunden, und deshalb existiert keine Urkunde über diese Transaktion. (Die Ländereien können allerdings auch ein Geschenk gewesen sein, denn man weiß, daß Marguerites zweiter Mann eng mit dem Herrscherhaus von Savoyen befreundet war.)

Ging es Marguerite wirklich darum, daß die heiligste aller Reliquien in gute Hände kam? Oder wollte sie nur ihre alten Tage sichern? Wir werden es nie erfahren, auch wenn jede Handlung der Besitzer des heiligen Tuches immer wieder untersucht und völlig unterschiedlich interpretiert wurde, je nach der subjektiven Überzeugung. Für eine selektive Geschichtsdeutung fehlt es in diesem Fall nicht an Beispielen.

Die Apologeten des Tuches stellen Herzog Ludwig von Savoyen und seine Frau Anne in der Regel als außerordentlich religiös dar und rühmen besonders Annes beispielhafte Frömmigkeit. Sie kommen zu dieser unkritischen Meinung, weil bekannt ist, daß sich das Paar mit einem Gefolge von Mönchen und Priestern umgab. Die Historiker beurteilen sie jedoch weniger freundlich und weniger naiv; für sie ist Ludwig ein Schwächling, der ganz unter dem Pantoffel seiner herrschsüchtigen und ehrgeizigen Frau stand. Ein Gelehrter geht so weit, sie als den »bösen Geist« des Hauses Savoyen zu bezeichnen.[13] In der *Encyclopaedia Britannica* heißt es, der faule und unfähige Ludwig habe ganz unter dem Einfluß seiner Frau gestanden[14], und der Dichter und Diplomat Aeneas Sylvius nennt Anne »eine Frau, die nicht gehorchen kann, verheiratet mit einem Mann, der nicht befehlen kann«[15].

Seit dem frühen elften Jahrhundert waren Macht und Landbesitz des Hauses Savoyen ständig gewachsen, und zu Lebzeiten Marguerites de Charnay herrschten die Savoyer über weite Gebiete des einstigen Königreiches Burgund, das Teile des heutigen Frankreich, der Schweiz und Italiens umfaßte. Ludwigs Vater, Amadeus VIII., der 1449 starb und einer der bemerkenswertesten Männer seiner Zeit war, wurde die Herzogswürde verliehen (bis dahin waren die Savoyer nur Grafen gewesen). Er war ein typischer Fürst der Frührenaissance: Kunstmäzen, Krieger, Friedensstifter und in ganz Europa für seine Frömmigkeit berühmt. 1434 verzichtete er zugunsten seines Sohnes auf den Herzogstitel und zog sich in das Kloster Saint-Maurice in Capaille zurück. Fünf Jahre später kehrte er – nach reiflicher Überlegung – als Felix IV. wieder in die Welt zurück; man hatte ihn zum Papst gemacht, obwohl er nie die Priesterweihe empfangen hatte.

Ludwig stand sehr im Schatten seines Vaters, mit dessen Frömmigkeit er sich nicht messen konnte. Doch für aufstrebende adlige Familien gab es noch andere Statussymbole als Religiosität, so zum Beispiel eine möglichst seltene Reliquie. Und welche hätte sich mit dem heiligen Grabtuch vergleichen können?

Annes Intrigen, Ludwigs Schwäche und die ständigen Kriege mit Frankreich (oder Italien, denn Savoyen lag zwischen beiden) führten leider dazu, daß der Stern der Familie – und des Grabtuches – sank. Zwischen seinem Erwerb und seiner Ausstellung am Karfreitag 1494 in Vercelli scheint man es der Öffentlichkeit nicht mehr gezeigt zu haben, obwohl seine Wirkung auf die Massen der Familie aus ihren finanziellen Nöten hätte helfen können.

Vierzig Jahre lang war es sehr still um das Tuch. Man weiß nur, daß es im Besitz der Savoyer blieb, aber nicht, wo es aufbewahrt wurde. Völlig in Vergessenheit war es nicht geraten, denn zwischen 1471 und 1502 wurde seinetwegen sogar die Schloßkapelle von

Chambéry vergrößert. Oder war die renovierte Kapelle etwa für ein neueres, besseres Grabtuch bestimmt? Waren während der »ruhigen« Phase Vorbereitungen im Gange, der Welt eine noch eindrucksvollere Reliquie zu bescheren? Es steht fest, daß das Grablinnen, als es 1494 wieder auftauchte, eine völlig andere Stellung einnahm. Bis dahin war es offiziell nur eine »Abbildung« des Grabtuches Christi gewesen. Papst Sixtus IV. (Francesco della Rovere) erklärte es aber in seinem Buch *Das Blut Christi* (1464 geschrieben, jedoch erst nach seiner Papstwahl 1471 veröffentlicht) zum wahren Leichentuch Jesu; und nach seinem Amtsantritt gewährte er dem Klerus in Chambéry zahlreiche Privilegien. Für ihn war die erlösende Kraft des wahren Blutes Christi von außerordentlicher Bedeutung, und barg nicht das Grabtuch ebendiese Kraft?

Es ist jedoch unwahrscheinlich, daß Papst Sixtus das Tuch jemals mit eigenen Augen sah. Die höchste Ehre wurde der Reliquie schließlich zuteil, als Sixtus' Neffe Julius II. der Kirche in Chambéry den Titel »Sainte-Chapelle du Saint Suaire« verlieh und den 4. Mai zum Fest vom heiligen Grabtuch machte. Es wurden jährliche Ausstellungen veranstaltet, die noch viel mehr Pilger anlockten, als hundertfünfzig Jahre zuvor nach Lirey gekommen waren. Diese Veranstaltungen waren für die Herzöge von Savoyen und den Klerus von Chambéry ein äußerst lukratives Geschäft; die enormen Summen, die durch die Pilger in die Kassen flossen, sowie die Geschenke des europäischen Adels füllten die Schatztruhen des Hauses Savoyen. Nach fünfzig Jahren hatte die Investition Ludwigs schließlich Dividenden gebracht. Es ist nicht verwunderlich, daß das Grabtuch als der größte Schatz der Familie galt und zu ihrem Palladium avancierte.

Und doch wäre es fast zur Katastrophe gekommen. In der Nacht vom dritten auf den vierten Dezember 1532 brach in der Sainte-Chapelle von Chambéry eine Feuersbrunst aus. Das Grabtuch wurde in einer verschlossenen Schatulle aufbewahrt, die sich hinter einem ebenfalls verschlossenen Gitter befand. Ausgerechnet diese Sicherheitsmaßnahmen hätten beinahe die Zerstörung der Reliquie herbeigeführt. Das Feuer breitete sich nämlich so schnell aus, daß die entsetzten Nonnen die Schlüsselbewahrer nicht holen konnten. Durch einen glücklichen Zufall erreichte der Schmied des Ortes noch rechtzeitig die Kapelle und brach das Gitter mit Gewalt auf. Die kostbare Schatulle wurde von zwei Hofbeamten des Herzogs und zwei

Priestern in Sicherheit gebracht. In der intensiven Hitze war jedoch das Silber geschmolzen, und ein heißer Tropfen hatte das Tuch entzündet. Man löschte die Flammen sofort, aber die Brandlöcher und die Wasserflecken sind noch immer deutlich zu erkennen.

Das Feuer ist sehr wichtig, nicht nur weil es das Tuch beschädigte, sondern weil es auch immer wieder als Beweis für die eine oder andere Theorie über die Entstehung des Bildes herhalten muß. Eine davon besagt, daß der Abdruck auf dem Tuch einst ein Gemälde gewesen sei und das heutige Bild die Reaktion der Pigmente (oder eine sonstige Reaktion) auf das Feuer darstelle.[16] Vor kurzem wurde behauptet, daß die chemische Veränderung des Leinens das Tuch »jünger gemacht« und die Radiokarbondatierung verfälscht habe.[17]

Nach nur wenigen Wochen kursierten Gerüchte, das Grabtuch sei in dem Feuer vernichtet worden. Sie nahmen ein solches Ausmaß an, daß der Papst eine Untersuchungskommission nach Chambéry entsandte. Knapp anderthalb Jahre später wurde das Grabtuch wieder in die Sainte-Chapelle überführt – mit Flicken auf den Brandlöchern und einem neuen Futter aus Hollandtuch. Das Grabtuch war dem Feuer nicht zum Opfer gefallen. Bereits 1516 war die sogenannte Kopie von Lierre angefertigt worden; sie zeigt sowohl die Spuren der Schürhaken, die vor 1532 entstanden sein müssen, als auch noch ältere Beschädigungen.

1578 brachte man das Grabtuch in die Turiner Kathedrale, die Johannes dem Täufer geweiht ist, was, wie wir später herausfanden, außerordentlich bedeutsam ist. Turin war die neue Hauptstadt Savoyens; das Grabtuch sollte bis auf den heutigen Tag dort bleiben, mit Ausnahme der Jahre von 1939 bis 1946, als es wegen des Zweiten Weltkrieges in der Abtei Montevergine im süditalienischen Arellino in Sicherheit gebracht wurde.

Das Herzogtum Savoyen verlagerte seine Interessen allmählich nach Italien und wurde schließlich in der Mitte des siebzehnten Jahrhunderts zu einem selbständigen italienischen Staat. Anläßlich der Einigung Italiens fiel dem Haus Savoyen die Rolle der königlichen Familie zu. Das Grabtuch blieb ihr größter Schatz, auch als die Monarchie abgeschafft wurde und die Familie 1946 ins Exil ging. Der letzte König Italiens, Umberto II., lebte in Portugal, wurde aber stets zu Fragen der Aufbewahrung und Ausstellung des Tuches gehört; die Geistlichen der Kathedrale fungierten bis zu Umbertos Tod 1983, als er das Grabtuch dem Vatikan vermachte, als dessen Wächter. (Seine Witwe war, wie wir sehen werden, erheblich skeptischer und zögerte nicht, es als Fälschung zu bezeichnen.)

1694 wurde das Tuch in einer speziell dafür errichteten Kapelle untergebracht, die Guarino Guarini erbaut hatte. Anfangs stellte man es an seinem Festtag, dem 4. Mai, aus, später pflegte man es nur noch bei besonderen Anlässen zu zeigen, oftmals mit jahrzehntelangen Unterbrechungen.

Die Reise des Grabtuches durch die Geschichte verlief alles andere als glatt, und immer wieder erhoben sich skeptische Stimmen gegen seine Echtheit. Einer dieser Einwände lautet, daß es nicht im Neuen Testament erwähnt wird: weder im Auferstehungsbericht noch in der Apostelgeschichte, noch in den Apostelbriefen, obwohl diese jeden Beweis für die Göttlichkeit Jesu aufgreifen. Es sei doch mit Sicherheit anzunehmen, daß eine solche Reliquie eine zentrale Rolle in der christlichen Überlieferung gespielt hätte. Doch nirgendwo ist von einem Grabtuch die Rede. Man hat diesen Einwand aber auch zu einem Argument für die Echtheit des Tuches gemacht – ein eindeutig jesuitischer Sophismus: Ein mittelalterlicher Fälscher hätte keine Reliquie fabriziert, über die in den Evangelien kein Wort zu finden sei. Wie sich das zum Beispiel mit der Beliebtheit von Hemden Unserer Lieben Frau verträgt, wird nicht erläutert.[18]

Wie immer in solchen Fällen zog man die griechischen Originale der Evangelien zu Rate. Die synoptischen Evangelien – nach Matthäus, Markus und Lukas – beschreiben, wie Jesus in ein Tuch gehüllt wurde. Im Evangelium nach Johannes – wahrscheinlich der einzige Augenzeugenbericht des Begräbnisses Jesu[19] – heißt es, daß der Körper in verschiedene »Leinenbinden« (*òthónia*) eingewickelt und daß zusätzlich ein Schweißtuch (*soudárion*) auf das Haupt gelegt wurde. Niemand weiß, wie groß diese Binden waren und wozu genau sie dienten. Es ist jedoch unwahrscheinlich, daß eine Leinenbinde die Maße des heutigen Tuches von Turin gehabt haben könnte, das immerhin 4,36 Meter lang ist.

Einige Stimmen behaupten, das *soudárion* sei das gesuchte Grabtuch, andere sehen in ihm nur eine Art heiliges Gesichtstuch. Das Entscheidende ist unserer Ansicht nach, daß in den Evangelien nie von Blutflecken oder einem Wunder-Leichentuch die Rede ist. Doch haben wir deshalb bereits das Recht, das Grabtuch als Fälschung zu bezeichnen? Viele Skeptiker behaupten dies, doch wir möchten uns zunächst mit einigen anderen strittigen Punkten befassen.

Zum Beispiel wird darüber debattiert, ob die Aufbewahrung des Grabtuches mit den jüdischen Begräbnisriten des ersten Jahrhunderts vereinbar sei oder nicht. Es ist unwahrscheinlich, daß diese Diskussion je zu gesicherten Ergebnissen führen wird, da unsere Kenntnisse über dieses esoterische Gebiet begrenzt sind.

Die Skeptiker behaupten, die Jünger hätten Abscheu vor Jesu Grabtuch empfinden müssen, denn die Juden hätten jeden vom Grab verunreinigten Gegenstand abgelehnt. Die Apologeten sehen in dem abweichenden Verhalten der Jünger einen Beweis für die Besonderheit des Toten. Dagegen spricht, daß das Judentum ganz allgemein und zu allen Zeiten ein negatives Verhältnis zu Reliquien hatte. In der ganzen Bibel wird nur ein einziger heiliger Gegenstand erwähnt, und das ist die Bundeslade. Es gibt keine Veranlassung anzunehmen, daß die Anhänger Jesu mit der Tradition gebrochen hätten. Die frühen Christen kannten keine Reliquien – weshalb wir jede Reliquie, die eintausenddreihundert Jahre später im goldenen Zeitalter der Heiligtümer auftaucht, mit Skepsis betrachten sollten.

Ein weiteres Argument der Echtheitslobby ist, das Bild habe sich – vielleicht infolge einer ungewöhnlichen chemischen Reaktion des Körpers mit dem von Salbölen getränkten Tuch – erst im Laufe der Zeit »entwickelt« und sei deshalb monate- oder jahrelang unsichtbar gewesen. In diesem Fall stellt sich die Frage: Weshalb hätten die trauernden Jünger das Tuch dann überhaupt aufbewahren sollen? Der »Entwicklungsprozeß« kann kaum über hundert Jahre gedauert haben, was ungefähr der Entstehungszeit des Neuen Testaments entspräche. Ohne Zweifel wäre das Auftauchen eines wundersamen Bildnisses Jesu, und hätte es sich auch in allerletzter Minute vor Fertigstellung der Berichte ereignet, doch noch erwähnt worden.

Und selbst wenn das aus irgendeinem Grund nicht der Fall gewesen wäre, hätten sich in der wundersüchtigen Frühkirche nicht entsprechende Gerüchte verbreitet? Soweit wir wissen, geschah nichts dergleichen. Die Frühkirche kannte kein Grabtuch.

Des weiteren drängt sich die Frage auf, ob Jesus tatsächlich so aussah wie der Mann auf dem Turiner Grabtuch. Im Neuen Testament wird seine Erscheinung nirgends beschrieben. In den Apokryphen hat der Bibelforscher Robert Eisler Anhaltspunkte dafür gefunden, daß Jesus klein und möglicherweise bucklig war.[20] So stellen wir uns Jesus natürlich nicht vor. In jeder westlichen Kirche finden wir eine Vielzahl von Skulpturen, Schnitzereien, Buntglasfenstern und sonstigen Kunstwerken, die alle einen großen, kräftigen Mann mit attraktivem, schmalem Antlitz, geteiltem Bart und Mittelscheitel zeigen: ein Bild Jesu, das in unser kollektives Unbewußtes eingegangen ist, das aber mit großer Wahrscheinlichkeit zumindest teilweise das Turiner Grabtuch zum Vorbild hat. Die Tatsache, daß es nicht historisch belegt ist, spielt keine Rolle. Für die meisten Menschen sieht Jesus nun einmal so aus, und wer dieses Jesus-Bild in Frage stellt oder es gar durch einen bedauernswerten Buckligen ersetzt, untergräbt den emotionalen Halt der Christenheit. Wer immer das Turiner Grabtuch fälschte, schuf absichtlich oder zufällig eine Schablone für unsere Vorstellung von Jesus.

Das Grabtuch tauchte erst 1357 auf. Wenn es echt ist, wo war es bis dahin gewesen? Wie konnte die verehrungswürdigste und heiligste Reliquie der Christenheit über tausend Jahre lang unerkannt und unerwähnt bleiben?

Die Chroniken berichten zwischen dem sechsten und dem dreizehnten Jahrhundert von mehreren angeblichen Leichentüchern Christi. Reliquien des Gottessohnes waren äußerst gesucht. Da er aber in seiner menschlichen Gestalt zum Himmel aufgefahren war, mußten die Gläubigen mit Reliquien aus seiner unmittelbaren Umgebung vorliebnehmen, wie zum Beispiel mit Splittern vom heiligen Kreuz oder der Dornenkrone. Doch auch Teile seines Körpers, die Milchzähne und seine Vorhaut – alles in allem sogar sieben Vorhäute – machten die Runde.

Grabtuch-Stücke oder Mumienbänder wurden seit dem fünften Jahrhundert verehrt, als zum erstenmal eine solche Reliquie in Konstantinopel auftauchte; ein fränkischer Bischof sah eine weitere Leinentuchreliquie Mitte des siebten Jahrhunderts in Jerusalem. Andere gelangten mit den heimkehrenden Kreuzfahrern nach Europa, so zum Beispiel das Grabtuch von Cadouin (das vor kurzem als muselmanisches Tuch aus dem elften Jahrhundert identifiziert wurde). Dann gab es noch das Leichentuch von Compiègne in Frankreich, das von Karl dem Großen (742–814) gegen Ende des achten Jahrhunderts erworben und im Laufe der Französischen Revolution 1789 vernichtet wurde.

Natürlich hatten auch die beiden größten Reliquiensammlungen der Christenheit ihr obligatorisches »Grabtuch«. Der byzantinische Kaiser in Konstantinopel besaß eines aus dem späten elften Jahrhundert; Ludwig IX. der Fromme bewahrte seine Sammlung aus dem dreizehnten Jahrhundert, die ebenfalls ein Exemplar enthielt, in der Sainte-Chapelle in Paris auf. Insgesamt gab es mehr als vierzig Tücher, die den Titel »Heiliges Grabtuch« für sich beanspruchten; jedes einzelne wurde von den Historikern genauestens unter die Lupe genommen.[21] Doch man findet nur einen einzigen Vermerk aus dem Jahre 1203, der sich auf das Grabtuch von Lirey oder Turin beziehen könnte. In allen sonstigen Fällen sind die Maße der Tücher völlig andere, und, was das wichtigste ist, keine Quelle erwähnt ein Bildnis. Kurz gesagt, es herschte kein Mangel an Grabtüchern, aber bis auf eine Ausnahme waren es Tücher ohne Bild. Die Fälscher wußten natürlich nicht, daß sie ein *Bild* fabrizieren mußten, und sie konnten es deshalb nicht wissen, weil die Geschichte, daß Jesus ein Abbild hinterlassen habe, völlig unbekannt war.

Freilich stieß dieser Hinweis aus dem Jahre 1203, der sich möglicherweise auf das Grabtuch von Lirey oder Turin bezog, in den entsprechenden Kreisen auf großes Interesse.

Die größte mittelalterliche Reliquiensammlung befand sich nicht etwa in Rom, sondern in der Pharos-Kapelle im Park des byzantinischen Kaiserpalastes von Konstantinopel, dem Zentrum der östlichen Christenheit. 1204 plünderten die Kreuzfahrer des Vierten Kreuzzuges die Stadt, und wenig später ergoß sich ein Strom geraubter Reliquien über Europa. Der französische Ritter Robert de Clari berichtet, er habe kurz vor der Plünderung in der Blachernen-Kirche » ...das *sydoine*, in das der Herr gehüllt worden war, und das jeden Freitag senkrecht stand, so daß man den Abdruck (*figure*) unseres Herrn deutlich darauf erkennen konnte«, gesehen.[22]

Sechs Monate später, nach der Plünderung, sei das *sydoine* verschwunden. War es bei den Kämpfen vernichtet worden, oder hatte es ein Ritter seiner Beute einverleibt?

Die Erinnerungen Roberts de Clari stehen bei der Grabtuch-Lobby hoch im Kurs, weil sie angeblich beweisen, daß bereits lange vor Geoffroi de Charnay ein Leichentuch mit Bild existierte. Hier gibt es jedoch gewisse Schwierigkeiten.

Bei den Historikern steht Robert de Clari im Ruf eines unzuver-
lässigen Berichterstatters. Sie ziehen die Darstellung Geoffrois de
Villehardouin vor, da dieser nicht nur ein scharfer Beobachter, sondern auch ein altgedienter Diplomat war und im Dienst der Kreuz-
zugsführer stand. Er erwähnt ein solches *sydoine* an keiner Stelle. De
Clari spricht zwar von einem Bild, er geht aber nicht auf Einzelheiten
ein, so daß man keinen sinnvollen Vergleich mit dem heutigen
Turiner Grabtuch vornehmen kann. Ungewiß ist auch, ob das alt-
französische *figure* für eine Ganzkörperdarstellung steht oder, wie
im modernen Französisch, nur Gesicht bedeutet. (Man ist allerdings
überwiegend der Meinung, daß *figure* hier Körper heißt.) Es ist auch
nicht klar, ob de Clari sagen will, er habe das Tuch mit eigenen Augen
gesehen; er schreibt nur, er habe die Kirche besucht, »in der es ausgestellt wurde« – es ist durchaus möglich, daß man ihm von dem
Tuch berichtet hat. Gleichzeitig ist ein Grabtuch ohne Abdruck im
Reliquienverzeichnis der Pharos-Kapelle aufgeführt, und es befand
sich eindeutig seit 1090 dort. Die Sache wird noch unklarer durch die
Behauptung Geoffrois de Villehardouin[23], daß die Blachernen-Kirche
von der Plünderung verschont geblieben sei. So quälend die Un-
sicherheit auch sein mag, der Bericht Roberts de Clari ist kein Beweis
für die Existenz des Grabtuches vor Geoffroi de Charnay.

Doch die Grabtuch-Fanatiker lassen sich nicht so leicht abschrecken. Bei allen Rekonstruktionsversuchen finden wir nach wie
vor den Bericht des Ritters Robert de Clari. Wie kam aber das Grabtuch aus dem Palästina des ersten Jahrhunderts ins Konstantinopel
von 1203 und von dort ins französische Lirey des vierzehnten Jahrhunderts – und das, obwohl es offiziell (das heißt laut der Bibel) gar
nicht existierte? Hier soll die berühmte Mandylion-Hypothese Ian
Wilsons weiterhelfen, die er aus dem Werk des Paters Maurus Green
herleitet. In seinem Bestseller *Eine Spur von Jesus* (1980) behauptet
Wilson, das Grabtuch sei tatsächlich während des Frühchristentums
aufgetaucht, jedoch unter dem Namen Heiliges Mandylion von
Edessa.[24] (In Henry Lincolns Film *The Silent Witness*, der auf einer Idee
Ian Wilsons basiert, wird dieselbe Behauptung aufgestellt.)

Das als Mandylion bekannte Bild von Edessa in Nord-Mesopota-
mien ist das berühmteste Beispiel der Acheiropoieta, der »nicht von
Menschenhand gemachten Bilder«; es ist ein Tuch, auf das Jesus durch
Berührung sein Antlitz eingeprägt haben soll. Wie beim Turiner

Grabtuch ist nur ein Teil seiner Geschichte historisch belegt, während der Rest Legende ist. In der zweiten Hälfte des sechsten Jahrhunderts genoß es höchste Verehrung, und es blieb bis 944 in Edessa. Dann wurde es gegen den Willen der einheimischen Gläubigen nach Konstantinopel gebracht und der umfangreichen kaiserlichen Reliquiensammlung in der Pharos-Kapelle einverleibt. Dort blieb es bis zur Plünderung von 1204, als auch das *sydoine* des Robert de Clari verschwand. Zumindest auf den ersten Blick sieht es so aus, als könnten das Mandylion und das Turiner Grabtuch identisch sein. Immerhin galten beide als »nicht von Menschenhand gemacht«, und beide waren gleichzeitig verschollen. (Doch auch hier liegt die Schwäche der Theorie auf der Hand: Ob sie tatsächlich *acheiropoiéta* [nicht von Menschenhand gemacht] sind, ist eine Glaubensfrage; und wer die Identität eines verschollenen Gegenstandes mit einem anderen verschollenen Gegenstand nachzuweisen versucht, klammert sich an Strohhalme.)

Man kann natürlich sofort einwenden, daß auf dem Mandylion nur Jesu Antlitz zu sehen war – *mandýlion* bedeutet soviel wie Taschentuch. Es wurde für ein Gesichtstuch gehalten, dem Jesus zu Lebzeiten sein Gesicht aufprägte (im Gegensatz zum Grabtuch, das erst nach seinem Tode entstand und den Abdruck seines gesamten Körpers trug). Bevor wir auf Wilsons Gegenargumente eingehen, zunächst einige Erläuterungen zur Vorgeschichte.

Die Reliquien des Nahen Ostens hatten eine völlig andere Funktion als in Europa. Hier wurden sie offiziell verehrt und brachten dadurch der Kirche enorme Summen ein. Im Nahen Osten repräsentierten sie politischen Status und politische Macht; oft wurden ihnen darüber hinaus die Eigenschaften eines Talismans zugeschrieben, das heißt, sie galten als Beschützer der Orte, zu denen sie gehörten, weil sie angeblich Krieg und Naturkatastrophen von ihnen fernhielten. Jede Stadt hatte ein solches heiliges Prophylaktikum, ein sogenanntes *palladium*, und Edessa besaß das Mandylion – die angemessene Auszeichnung für die erste christliche Stadt des Byzantinischen Reiches.

Das Mandylion wird zum erstenmal zwischen 590 und 600 von dem Kirchenhistoriker Evagrius Scholasticus erwähnt; er beschreibt, wie es etwa fünfzig Jahre zuvor dank seiner wundertätigen Kraft den Angriff der persischen Armee abgewehrt habe.[25] Was die Zeit vor

Evagrius angeht, sind wir auf die Legenden über König Abgar V., einen Zeitgenossen Jesu, angewiesen.

Sie berichten, wie Abgar Jesus in einem Brief bat, nach Edessa zu kommen, um ihn von einer schrecklichen Krankheit zu heilen. Jesu Antwortschreiben wurde in Edessa als heiligste Reliquie verehrt, bis das Mandylion auftauchte. Kurz nach der Kreuzigung begab sich nämlich der Apostel Thaddäus dorthin, heilte den König und bekehrte ihn zum Christentum.

Allerdings schrieb man die Legenden, als das Mandylion gegen Ende des sechsten Jahrhunderts zur wichtigsten Reliquie Edessas geworden war, so um, daß eine Verbindung zu König Abgar entstand. Es gibt zwei Versionen: Der einen zufolge ließ Jesus ein Abbild seines Antlitzes auf einem Tuch erscheinen, mit dem er sich das Gesicht getrocknet hatte, und fügte dieses Tuch seinem Brief an Abgar bei. Laut einer anderen Fassung war das Bild im Garten von Gethsemane entstanden, als Jesus mit der Todesangst rang, und Thaddäus brachte es später nach Edessa. In beiden Versionen war es ein wundertätiges Tuch, das den König heilte und seine Bekehrung bewirkte. Als Abgars Nachfolger sich jedoch wieder vom Christentum abwandten, mauerte man das Mandylion über einem Stadttor ein. Hier blieb es fast fünfhundert Jahre, bis es wiederentdeckt wurde und der Stadt gegen die Perser half.

Auf dem Mandylion war nur ein Gesicht, kein ganzer Körper zu erkennen; Ian Wilson behauptete deshalb, man habe das Tuch, bevor es versteckt wurde, so gefaltet, daß nur das Antlitz sichtbar blieb. Wenn man das Turiner Grabtuch viermal faltet, befindet sich das Gesicht tatsächlich genau obenauf. Hätte man das Tuch in diesem Zustand auf einem Brett befestigt und mit einem metallenen Zierrahmen eingefaßt – was beim Mandylion der Fall gewesen zu sein scheint –, so wären die Besitzer vielleicht jahrhundertelang über die wahren Maße des Tuches in Unkenntnis geblieben.

Diese Theorie wird von den *Acta Thaddei* aus dem späten sechsten Jahrhundert gestützt.[26] Dort heißt es, Jesus habe sich das Gesicht mit einem *tetrádiplon* abgetrocknet. Dieses Wort kommt nur an dieser Stelle in der griechischen Literatur vor, und wegen des Kontextes wird es gewöhnlich als »Handtuch« übersetzt. Seine wörtliche Bedeutung ist »vier-zweifältig« ... Könnte Wilson doch recht haben?

Wilson meint, die späteren Abgar-Legenden hätten einen wahren

Kern; das Grabtuch sei nach der Kreuzigung nach Edessa gebracht
worden, wo es fünfhundert Jahre, in einem Stadttor eingemauert,
verborgen geblieben sei. Er glaubt, daß man es bei Wiederaufbau-
arbeiten nach der großen Flut des Jahres 525 wiedergefunden habe
und daß die Stadtväter die Entdeckung bis zum persischen Angriff
neunzehn Jahre später geheimgehalten hätten.

Während sich das Mandylion in Edessa befand, habe niemand gewußt, daß es sich in Wirklichkeit um ein größeres Tuch handelte,
doch in Konstantinopel habe man – laut Wilson – entdeckt, daß es
ein Grabtuch war, diese Tatsache allerdings nicht bekanntgegeben.
Es sei dann zu dem *sydoine* geworden, das Robert de Clari 1203 sah.
Im folgenden Jahr sei es von Kreuzfahrern geraubt und nach Westeuropa gebracht worden, wo es schließlich um die Mitte des vierzehnten Jahrhunderts in die Hände Geoffrois de Charnay gelangte.

In Edessa habe es als zu heilig gegolten, um kopiert oder öffentlich ausgestellt zu werden, deshalb gebe es keine Augenzeugen-
berichte. Selbst in Konstantinopel hätten es nur der Kaiser und seine
Ehrengäste zu Gesicht bekommen. Da man keine Kopien aus erster
Hand habe, könne man sein wirkliches Aussehen nicht mehr rekon-
struieren.

Wilsons Theorie steht und fällt mit der historischen Zuverlässig-
keit des Evagrius, und laut Professor Averil Cameron von der Abteilung für Alte Geschichte am King's College in London haben wir allen
Grund, diesem Chronisten zu mißtrauen.[27] Evagrius behauptet, die
Perser seien mit Hilfe des Mandylions abgewehrt worden, doch er
machte seine Aufzeichnungen erst fünfzig Jahre nach dem Angriff.
Prokopios hingegen verfaßte seine Chronik nur fünf oder sechs Jahre
nach der persischen Bedrohung und erwähnt das Mandylion mit
keinem Wort. Noch gravierender ist, daß sich Evagrius auf den
Bericht des Prokopios stützt. Möglicherweise erfand Evagrius den
Vorfall, um der Reliquie Edessas im Vergleich mit denen rivalisieren-
der Städte mehr Ansehen zu verschaffen. Deshalb beweist seine
Erwähnung des Mandylions nicht, daß es im Jahre 544 wirklich
existierte.

Auch andere Städte hatten ihre Acheiropoieten: Zum Beispiel gab
es um 570 eines in Memphis (Ägypten) und um 560 ein weiteres in
Kamulia (Kappadokien). Hätte man das Mandylion tatsächlich 544
entdeckt, könnte es sich bei ihm sehr wohl um das Original handeln,

das allen anderen Acheiropoieta zugrunde lag, doch das Datum 590 läßt es nur als eine von vielen ähnlichen Reliquien erscheinen. Und wenn die Geschichte erfunden wurde, besteht auch keine Verbindung zwischen König Abgar und Jesus.

Der Begriff *acheiropoieton* scheint auf eine geheimnisvolle Eigenschaft des Bildes hinzuweisen; man muß sich aber klarmachen, daß auch ganz offensichtlich von Menschenhand gefertigte Bilder als Acheiropoieta galten. Wir haben es hier mit einer etwas wunderlichen Gepflogenheit der mittelalterlichen Kirche zu tun. In der Kapelle des Lateran-Palastes in Rom gibt es zum Beispiel das Bild eines thronenden Christus, das unter dem Namen Acheropita [imago] (eine Latinisierung von *acheiropoieton [eidos]*) bekannt ist; auch ein Mosaik trägt diese Bezeichnung. Wir haben es hier offenkundig mit einem Fachbegriff der sakralen Kunst zu tun, und dessen Anwendung auf das Mandylion ist kein Beweis für Authentizität.

Wilsons Argumentation zur Bedeutung des Wortes *tetrádiplon* in der Thaddäus-Geschichte ist ebenfalls nicht schlüssig. Wenn bei der Niederschrift des Vorfalls im sechsten Jahrhundert niemand wußte, daß das Mandylion das gefaltete Grablinnen war, wieso bezeichnete man es dann als *tetrádiplon* (»vier-zweifältig«)? Wenn der Autor jedoch wußte, daß das Mandylion in Wirklichkeit ein sehr viel größeres Tuch war, warum hatte dann kein anderer diese Kenntnis? Und warum verwendet er das Wort an einer Stelle, wo es um ein Handtuch geht? Das Turiner Grabtuch ist knapp fünf Quadratmeter groß – für ein Gesichtstuch wäre es doch wohl etwas unhandlich gewesen.

Doch es gibt noch weitere Widersprüche in Wilsons Theorie. Er behauptet, man habe irgendwann festgestellt, daß das Mandylion in Wirklichkeit ein Grabtuch mit dem Abbild Christi sei, und daraufhin sei es zum *sydoine* geworden, das Robert de Clari in der Blachernen-Kirche sah. Aber im Reliquienverzeichnis der Pharos-Kapelle sind das Mandylion *und* ein Grabtuch ohne Bild aufgeführt – also kann das *sydoine* nicht das Mandylion gewesen sein.[78] De Clari bezieht sich in einem früheren Abschnitt über die Pharos-Kapelle sogar auf das Mandylion.[29] Wilson erwidert auf diesen Einwand, daß man nach der Entdeckung des Körpers das Mandylion zum *sydoine* gemacht und das alte Mandylion durch eine Fälschung ersetzt habe; doch welchem Zweck hätte ein so umständlicher Tüchertausch gedient?

Wilson meint außerdem, nur das Antlitz auf dem Grabtuch sei

von 1204 bis zu seinem Wiederauftauchen um 1350 in Lirey verehrt
worden; es sei das berüchtigte Götzenbild gewesen, das die Tempelritter angebetet hätten. Unseren eigenen Forschungen zufolge
wäre jedoch ein Abdruck Jesu auf seinem Grabtuch das Letzte gewesen, was die Templer angebetet hätten.

Eine weitere Episode deutet darauf hin, daß das Mandylion nur
ein gemaltes Bild war. Die Obrigkeit von Edessa verpfändete es im
achten Jahrhundert dem Monophysiten Athanasius, um eine Steuer-
schuld zu begleichen. Als die orthodoxen Christen es wieder aus-
lösen wollten, übergab er ihnen eine Kopie und behielt das Original
für die monophysitische Taufkapelle.[30] Die Edessener ließen sich
täuschen. Kann man daraus schließen, daß es sich bei dem ursprünglichen Tuch also auch um ein Gemälde gehandelt hatte? Hervorragende zeitgenössische Künstler haben vergeblich versucht, eine
treue Kopie des Bildes auf dem Grabtuch herzustellen; jede gemalte
Kopie unterschied sich sehr auffällig vom Original.

Philip McNair, ein Romanist, der sich auch für das Grabtuch interessiert, ist der Ansicht, daß eine Ausstellung des Hauptes ohne den
Körper zu einer Verfärbung des Stoffes und einer Verblassung des
Bildes hätte führen müssen.[31] Tatsächlich ist das Tuch aber völlig
gleichmäßig getönt, und das Haupt selbst ist dunkler als der Körper.

Gibt es denn wirklich keine Methode, die Geschichte des Grabtuches einwandfrei zu belegen? Unsere Gesprächspartner machten
uns immer wieder auf die Arbeit des Kriminologen Dr. Max Frei aus
dem Jahre 1976 aufmerksam, die den endgültigen Echtheitsnachweis
des Tuches erbracht haben soll. (Wir haben sogar eine Zeitlang
spaßeshalber den Satz »Und was ist mit den Pollen?« als Titel für dieses Buch in Erwägung gezogen.) Freis Arbeit ist jedoch, wie wir zu
zeigen hoffen, vom wissenschaftlichen Standpunkt aus sehr anfechtbar.

Frei wies nach, daß Pollenkörner, die an den Fasern des Grabtuches hingen, von Pflanzenarten aus Palästina, den nordmesopo-
tamischen Steppen um Edessa (das moderne Urfa) und aus der Umgebung von Konstantinopel stammten. Dieses Ergebnis schien zu
bestätigen, daß das Grabtuch im Laufe seiner Geschichte tatsächlich
in genau jene drei Gegenden verschlagen worden war, die in Wilsons
Theorie eine Rolle spielen. Aber das war kein Zufall.

Wenn man Freis Bericht liest, entsteht der Eindruck, er habe die

Pollen dem Grabtuch entnommen und die dazugehörigen Pflanzen anhand eines weltweiten Pollenkataloges identifiziert. Dann habe er die identifizierten Proben mit ihren bekannten Standorten verglichen und sei unabhängig zu demselben Schluß wie Wilson gekommen. So hat sich die Sache jedoch nicht abgespielt.

Bevor sich Frei an die Arbeit machte, gab es keine Pollensystematik. Deshalb mußte er selbst die Daten sammeln, die er zum Vergleich mit seinen Proben benötigte. Eines der wichtigsten Kriterien bei wissenschaftlichen Untersuchungen – die Überprüfbarkeit – war in diesem Fall nicht gewährleistet.

Auch fehlte es an Kontrolluntersuchungen, mit denen man seine Ergebnisse hätte vergleichen können. Freis Arbeit gründete darauf, daß Getreidepollen buchstäblich unzerstörbar sind; sie können Jahrtausende überleben und dabei weite Entfernungen zurücklegen. An jedem alten Stück Tuch haften möglicherweise vereinzelte Pollenkörner aus vielen verschiedenen Regionen der Erde. Das Vorhandensein von Pollen beispielsweise aus Urfa ist erst dann signifikant, wenn ihre Zahl eindeutig über jener liegt, mit der man aufgrund zufälligen Pollenfluges ohnedies rechnen muß.

Niemand weiß, wo das Tuch gewoben wurde. Es ist jedoch wahrscheinlich, daß es aus dem Nahen Osten stammt. Wir wissen auch nicht, wo man es aufbewahrte, bevor es mit dem Bild versehen wurde. Es könnte sich also theoretisch an einem Ort befunden haben, an dem ein ständiger Wind aus Richtung Urfa wehte.

Es gibt auch ein paar Indizien dafür, weshalb Freis Ergebnisse Wilsons Rekonstruktion so präzise untermauern. Es scheint, als sei Frei nach der Pollenentnahme 1973 in finanzielle Schwierigkeiten geraten und habe seine Arbeit unterbrechen müssen. 1976 nahm der Produzent David Rolfe die Dreharbeiten zu dem Film *The Silent Witness* auf; das Script war von Ian Wilson, und es ging um die Mandylion-Theorie. Auf ihrer Suche nach geeigneten Drehorten bereisten Rolfe und Wilson verschiedene unwirtliche Gegenden des Nahen Ostens. Frei begleitete die beiden auf Rolfes Kosten und brachte mit den Pollenproben, die er auf dieser Reise sammelte, seine Arbeit zum Abschluß.[32]

Es stimmt zwar, daß Frei Pollen des Grabtuches mit den Pollen der Pflanzen verglich, die in den von Ian Wilson in seiner Theorie erwähnten Gegenden heimisch sind, aber er beschränkte seine Untersuchungen auf diese drei Regionen. Die Mandylion-Theorie besagt, daß das Grabtuch an diesen drei Örtlichkeiten zu finden gewesen sei – und zwar ausschließlich dort. Wenn es beispielsweise Hinweise darauf gäbe, daß es auch in Toledo war, wäre die Theorie widerlegt. Vielleicht ist auch australischer Pollen auf dem Grabtuch, aber wir wissen es nicht, denn Frei hat gar nicht danach gesucht. Wilson und Rolfe müssen mit seiner Arbeit jedoch zufrieden gewesen sein, womit sich Freis Reisekosten bezahlt gemacht hatten. Andererseits hätten sich Wilson und Rolfe wohl nicht so sehr um Freis Hilfe gerissen, wenn sie geahnt hätten, daß er einige Jahre später die »Hitler-Tagebücher« für echt erklären würde.

Andere Fachleute haben Frei zu selektive Untersuchungsmethoden vorgeworfen.[33] Sogar die STURP hielt sich zurück, denn sie habe nur »geringe Pollenmengen« auf den eigenen Gewebeproben feststellen können.[34]

Das Grabtuch ist also kein neu erstandenes Mandylion. Wo war es jedoch von 1204 bis zu seinem plötzlichen Auftauchen in den späten 1350ern in Lirey? Auch auf diese Frage fand Ian Wilson eine Antwort. Er glaubt, das Grabtuch sei von den Kreuzfahrern, die Konstantinopel geplündert hatten, nach Frankreich gebracht worden. Um die anschließende rätselhafte Stille zu dem Thema zu erklären, bemüht er den geheimnisvollen Kriegerorden der Tempelritter.

Die Historiker stöhnen, daß diese Organisation für jede geschichtliche Lücke herhalten müsse; und sie ist dafür wirklich geradezu prädestiniert, denn wir wissen sehr wenig über sie.

Die Templer waren, zumindest dem Anschein nach, ein Orden von Kriegermönchen, der im frühen zwölften Jahrhundert gegründet wurde, um die Pilger auf der Reise ins Heilige Land zu beschützen. Er gewann schnell an Reichtum und Einfluß und war in den meisten europäischen Ländern vertreten; doch in dem Maße, wie sich seine Macht vergrößerte, nahmen auch die Intrigen gegen ihn zu.[35]

Man hat die Templer mit unterschiedlichen Graden von Plausibilität und Verrücktheit zu Hütern des Heiligen Grals, zu den Begründern der Freimaurerei und zu Beschützern der Nachfolge Jesu erklärt. In neuester Zeit werden sie auch überzeugend mit der Suche nach der verschollenen Bundeslade in Verbindung gebracht.

Die »Arme Ritterschaft Christi vom Salomonischen Tempel« – um den Templern ihren vollen Titel zu geben – wurde 1118 kurz nach dem Ersten Kreuzzug von nur neun Rittern in Jerusalem gegründet. Der Orden trat während des zwölften und dreizehnten Jahrhunderts wie ein unabhängiger europäischer Staat auf. Er war eine Mischung aus Krieger- oder Ritter- und Mönchsorden. Seine Mitglieder mußten Treue, persönliche Armut und Keuschheit geloben; gleichzeitig waren die Templer die professionellste und am meisten gefürchtete Militärstreitmacht ihrer Zeit.

Der stolze Orden schuldete nur dem Papst Gehorsam; er besaß Ländereien und Zitadellen in ganz Europa und war der Begründer des europäischen Bankwesens. Doch am Freitag, dem 13. Oktober 1307, wurden alle Templer in Frankreich auf Befehl Philipps IV. unter der sensationellen Beschuldigung der Ketzerei und Ausübung satanischer Praktiken verhaftet. Man folterte die Tempelherren und erpreßte Geständnisse, welche die Anklage bestätigten.

In den folgenden Monaten kam es auf Befehl Papst Clemens' V. auch in den anderen europäischen Staaten zu einer Verfolgung der Templer, 1312 wurde der Orden aufgelöst, und nach dem Urteil der meisten Historiker war dies sein Ende. Die Obrigkeiten der anderen Länder waren jedoch nachsichtiger als der französische König; sie ließen die inhaftierten Ritter frei, sofern sie ihrem Orden abschworen und ihre »Verbrechen« bereuten. Diejenigen, die weiterhin ihre Unschuld beteuerten, wurden verbrannt. Zu ihnen gehörte der Großmeister des Ordens, Jacques de Molay.

Es heißt, Philipp habe nur den Schatz der Templer an sich bringen wollen. Waren also die Anklagen völlig aus der Luft gegriffen? Es ist verdächtig, daß so viele Ritter – auch wenn man die schauerlichen Umstände ihrer Geständnisse berücksichtigt – bis ins Detail identische Angaben machten. Die schlimmsten Beschuldigungen waren, daß sie die Gottheit Jesu leugneten, das Kreuz anspuckten, es mit Füßen träten, eine ritualisierte Homosexualität praktizierten und ein geheimnisvolles Götzenbild namens »Baphomet« anbeteten (dessen genaue Gestalt in den Geständnissen variierte, von dem man jedoch allgemein glaubt, daß es ein dämonisches Haupt war).[36]

Ian Wilsons Theorie baut darauf auf, daß einer der ranghöchsten Templer – ihr normannischer Präzeptor, der zusammen mit Jacques de Molay hingerichtet wurde – den Namen Geoffroi de Charnay trug.[37] So hieß auch der vierzig Jahre später urkundlich erwähnte Besitzer des Grabtuches von Lirey. Wilsons ursprüngliche Spekulation über die Verwandtschaft der beiden Geoffrois beruhte nur auf der Namensgleichheit. Doch 1987 stellte Noel Currer-Briggs, Genealoge und Mitglied von BSTS, die Verwandtschaft zwischen den beiden historischen Persönlichkeiten fest: Der Tempelritter Geoffroi de Charnay war der Onkel jenes Geoffroi, der in Lirey zu Berühmtheit gelangte.[38] In diesem Punkt hatte Wilson also recht.

Aus Wilsons Sicht erklärt diese Verwandtschaft den Aufenthaltsort des Mandylion/Grabtuches zwischen 1204 und den 1350ern. Wenn es im Besitz der Templer war, dann lag die Erklärung dafür, daß niemand sonst etwas von seiner Existenz ahnte, auf der Hand: Der Orden war vom Geheimhaltungswahn besessen. Und nach seiner Zerschlagung ging das Tuch in das Eigentum der Charnays über, die sich deshalb in Schweigen hüllten, weil sie die Verbindung zu den in Ungnade gefallenen Templern vertuschen wollten.

Ein Einwand drängt sich hier geradezu auf. In seinem Eifer, das Vorhandensein des Grabtuches vor 1350 nachzuweisen, scheint Wilson es mit Baphomet, dem Götzenbild der Templer, gleichzusetzen. Wir werden später auf unser eigenes Verständnis des Templerordens und seines Glaubens eingehen, doch daß der Katholik Ian Wilson diese Gleichsetzung für möglich hält, ist erstaunlich.

Fragen wir uns zunächst einmal, wie das Grabtuch nach der Plünderung Konstantinopels im Jahre 1204 nach Frankreich kam. Die Templer hatten am Vierten Kreuzzug nicht teilgenommen. Currer-Briggs greift Wilsons Theorie auf und äußert die Vermutung, daß es seinen Weg nach Europa mit Hilfe Maria-Margaretas von Ungarn, der einstigen Kaiserin von Konstantinopel, gefunden habe.[39]

Sie entstammte einer fränkischen Adelsfamilie, war mit einigen Führern des Kreuzzuges verwandt und die Witwe des gestürzten byzantinischen Kaisers Isaak II. Sein Sturz führte (aus Gründen, die hier nicht relevant sind) direkt zur Plünderung Konstantinopels. Einen Monat nach der Zerstörung der Stadt heiratete Maria-Margarete Boniface de Montferrat, einen der Heerführer des Kreuzzuges. Sie begleitete ihn nach Griechenland und zog nach seinem Tod mit einem weiteren Ehemann nach Ungarn. Currer-Briggs meint, daß diese byzantinische Elizabeth Taylor das Grabtuch/Mandylion aus der geplünderten Stadt mitgenommen und es möglicherweise den Templern als Sicherheit für ein Darlehen übergeben habe.

Eine geniale Rekonstruktion – doch wir haben es mit einem Gegenstand zu tun, der vielleicht gar nicht existierte oder der absichtlich versteckt wurde. Zudem muß man sich angesichts dieser ausgeklügelten Theorien immer wieder vor Augen halten, daß das Mandylion nicht das Grabtuch gewesen sein kann – die Radiokarbonmethode hat es bewiesen.

Da es keine hieb- und stichfesten historischen Belege für die Existenz des Grabtuches vor den Ausstellungen in Lirey gibt, haben sich einige Forscher der indirekten Beweisführung zugewandt.

Sie behaupten etwa, das Grabtuch müsse deshalb echt sein, weil das Gesicht des Mannes auf dem Leichentuch eine verblüffende Ähnlichkeit mit den Christus-Darstellungen aus der Zeit vor dem vierzehnten Jahrhundert habe. Es trifft zu, daß diese Darstellungen bis zum sechsten Jahrhundert sehr variierten – so war Jesus zum Beispiel manchmal bartlos –, doch die plötzliche Vereinheitlichung beweist nicht, daß das Grabtuch aufgetaucht war und allen Ikonenmalern als Vorlage diente. Weshalb sollte sich der Maler des Grabtuches, falls es sich um eine Fälschung handelt, nicht im Rahmen der künstlerischen Tradition bewegen, vor allem, wenn er einen scharfen Blick hatte und ein Meister seines Faches war?

Einige Forscher erklären, das Bild auf dem Grabtuch zeige Eigentümlichkeiten, die bewiesen, daß es bereits vor seinen Ausstellungen in Lirey Einfluß auf die Malerei genommen habe. Der Franzose Paul Vignon, ein berühmter Sindonologe, will bemerkt haben, daß sich einige Kennzeichen des Grabtuches bereits auf byzantinischen Darstellungen Jesu wiederfinden lassen; diese Charakteristika wurden als Vignons Merkmalkatalog bekannt.[40] Das berühmteste ist das große »V« zwischen den Augen; nach Ansicht Vignons entspricht es genau der frühen Christus-Ikonographie, die Christus mit einem deutlichen Stirnrunzeln zeigt. Vignon erstellte eine Liste von zwanzig derartigen Merkmalen und verglich sie mit frühchristlichen Ikonen. Er fand keine Ikone, die alle aufwies – auf einem sizilianischen Gemälde aus dem zwölften Jahrhundert zählte er allerdings vierzehn –, doch Vignon war aufgrund seiner Funde davon überzeugt, daß das Grabtuch mindestens seit dem achten Jahrhundert bekannt gewesen sein müsse.

Hier stellt sich jedoch die berühmte Frage nach der Henne und dem

Ei. Warum sollte nicht auch unser hypothetischer Meisterfälscher seine Beobachtungsgabe eingesetzt – genau wie Paul Vignon – und ein Grabtuch komplett mit einem V zwischen den Augen fabriziert haben? Doch das konnte er natürlich gar nicht, es sei denn, er hätte eine Kamera besessen. Bis 1898 konnten die Pilger nur sehr wenige Einzelheiten erkennen und mit Sicherheit kein »V« zwischen den Augenbrauen. Erst auf den fotografischen Negativen wird dieses Detail überhaupt sichtbar. Wie sollen es dann die Ikonenmaler des sechsten Jahrhunderts kopiert haben?[41]

Die minutiösen Untersuchungen des Grabtuches gingen weiter: Auf Vignon folgte Alan Whanger, Professor für Psychiatrie an der Duke University, North Carolina. Er arbeitete mit zwei Diaprojektoren, mit denen er zwei Bilder genau übereinanderlegen konnte, und verglich so das Gesicht des Mannes auf dem Tuch mit verschiedenen Darstellungen Jesu aus der Zeit vor dem dreizehnten Jahrhundert. Whanger kam zu dem Schluß, daß sie dem Abbild auf dem Grabtuch so genau entsprachen, daß sie nur von ihm kopiert sein konnten.[42] Er setzte bei »übereinstimmenden Punkten« an, in Anlehnung an die Vorgehensweise der US-amerikanischen Polizei, wenn sie feststellen will, ob zwei Bilder dieselbe Person wiedergeben. Er behauptete, auf einigen seiner Beispiele fänden sich mehr Übereinstimmungen, als Polizei und FBI bei Identitätsnachweisen verlangten. Die Problematik dieser Methode ist ihre Subjektivität – wie wir am eigenen Leibe erfahren sollten –, und dadurch wird sie rasch zu einer Art Rorschach-Test. Das zweite Problem ist, daß jedes etwas kleinere Detail in das Gewebe des Tuches übergeht (auch hier sprechen wir aus Erfahrung). Und als drittes gilt wieder, daß alle Beobachtungen nur dann von Wert sind, wenn man sie mit dem bloßen Auge machen kann.

Damit sind wir jedoch nicht am Ende der Schwierigkeiten: Keiner ist blinder als der, der nicht sehen will, und auf niemanden trifft das mehr zu als auf die Grabtuch-Lobby. Sie begrüßte Vignons Arbeit aufgeregt als einen weiteren Beweis für die Echtheit des Grabtuches, doch eine objektive Bewertung zeigt, daß Vignon keineswegs schlüssig argumentiert. Er geht zwar auf Ähnlichkeiten wie die hochgezogene Augenbraue – und natürlich das »V« – ein, läßt jedoch Details, in denen sich die frühchristlichen Ikonen deutlich vom Grabtuch unterscheiden, außer acht. So hat zum Beispiel Jesu Gesicht in der frühen Malerei eine Vielzahl von Formen: von lang und schmal (wie auf dem Grabtuch) bis zu voll und rund.

Auch in Whangers Arbeit feiert die Subjektivität Triumphe. Am genauesten stimmt seiner Ansicht nach das Bild auf dem Grabtuch mit einem Konterfei Jesu auf einer byzantinischen Münze des Kaisers Justinian überein. Whanger hat nicht weniger als hundertfünfundvierzig Entsprechungen festgestellt – gewiß eine übermenschliche Leistung, wenn man bedenkt, daß die Abbildung auf der Münze nur ganze neun Millimeter groß ist (kleiner als die Fünf auf einem Fünfmarkstück). Aber selbst wenn Whanger über paranormale Beobachtungsfähigkeiten verfügt, wie steht es mit jenen byzantinischen Kopisten, die sich ohne Elektronenmikroskop und superstarke Kontaktlinsen abquälen mußten? Und angenommen, der unbekannte Fälscher hätte wirklich über die nötige Geschicklichkeit verfügt, warum hätte er sich so ins Zeug legen sollen, wenn eine viel weniger genaue Kopie ebenso gute Dienste geleistet hätte?

Erwartungsgemäß stehen die objektiveren Sindonologen den Behauptungen Whangers mit einer gewissen Skepsis gegenüber, was Ian Wilson in einem Vortrag vor der BSTS im April 1991 mit der scherzhaften Bemerkung »Und all das von einem Psychiater!« zum Ausdruck brachte.

Andere Forscher argumentieren aber genau entgegengesetzt. Sie halten Ausschau nach Abweichungen von der künstlerischen Tradition, weil sie darin den Beweis sehen, daß das Bild des Grabtuches die Wirklichkeit wiedergibt. Solche Abweichungen sind die Nacktheit und die unnatürliche Art, in der die Hände übereinanderliegen. Wilson unterstreicht diese Besonderheiten durch Beispiele: Auf der Illumination eines Manuskriptes in Budapest und auf einem Gobelin des Papstes Cölestin II. aus derselben Zeit sind Jesu Hände wie auf dem Grabtuch gekreuzt, die Illumination zeigt ihn zudem völlig nackt.[43]

Diese Argumentationsweise ist deshalb problematisch, weil es auch Darstellungen von anderen Personen mit diesen Besonderheiten gibt. In einer Kirche in Berzé-la-Ville im Südosten Frankreichs findet sich eine Wandmalerei aus dem Jahre 1110 mit einem nackten St. Vinzenz in exakt der Pose des Mannes auf dem Grabtuch.[44] Dadurch wird belegt – wenn man sich die Logik der Grabtuch-Lobby zu eigen macht –, daß der Mann auf dem Grabtuch in Wirklichkeit St. Vinzenz ist.

Vor kurzem hat auch Ian Dickinson, ein aktives Mitglied der
BSTS, nachzuweisen versucht, daß das Grabtuch nicht erst seit 1260,
der frühesten Zeitangabe der Radiokarbondatierung, existiert. Dazu
bedient er sich der fehlenden Stücke des Seitenstreifens. Dieser acht
Zentimeter breite Streifen, der nicht zu dem eigentlichen Grabtuch
gehört, ist an beiden Enden jeweils fünf Zentimeter zu kurz, was in
der Vergangenheit meist nur ein Schulterzucken auslöste. Dickinson
ist jedoch der Ansicht, daß die fehlenden Stücke absichtlich abgeschnitten wurden – vielleicht als Geschenk für eine hohe Persönlichkeit –, und die Radiokarbondatierung sei angreifbar, wenn man den
Aufbewahrungsort der fehlenden Stücke aufspüren und nachweisen
könne, daß sie sich bereits vor 1260 dort befanden.[45]

Er glaubt, ein Endstück des Seitenstreifens in der spanischen Kathedrale von Pamplona entdeckt zu haben. Leider wird es in einem
versiegelten Reliquiar aufbewahrt, und die Verantwortlichen müssen
noch dazu bewegt werden, es im Interesse der Wissenschaft zu öffnen. Man weiß, daß das Reliquiar und sein Inhalt bereits vor 1260 in
Pamplona waren. Doch selbst wenn das Stück Stoff eines der fehlenden Enden des Seitenstreifens sein sollte, was wäre damit bewiesen?
Doch nur, daß der Streifen älter ist als das Tuch, aber er stammt
ja ohnehin von einem anderen Stück Stoff. Sein Alter und seine
Herkunft haben nichts mit dem eigentlichen Grabtuch zu tun.

Das alles ist reine Spekulation, besonders vor dem Hintergrund
der Radiokarbondatierung. Bisher läßt sich nicht belegen, daß das
sogenannte Turiner Grabtuch vor seinem Auftauchen um die Mitte
des vierzehnten Jahrhunderts existierte.

Vielleicht gab es ja eine ganze Reihe »heiliger Grabtücher«. Vielleicht ist das heutige Grabtuch nur eines von vielen … Aber vor welchem Hintergrund auch immer diese Fälschung erschien (und darauf
werden wir gleich eingehen), es besteht kein Zweifel, daß die Zeit
reif dafür war.

Uns liegen keine Berichte darüber vor, daß man vor Lirey jemals
irgendwo ein Grabtuch ausstellte, doch wir wissen von einer anderen alten Tradition: den Tüchern mit dem Konterfei Jesu. Neben dem
Mandylion gab es auch noch das Schweißtuch der Veronika.

Die Geschichte des Schweißtuches ist ein Teil der frühchristlichen Überlieferung, auch wenn sie bezeichnenderweise nicht im
Neuen Testament zu finden ist, und sie wurde in den katholischen

Kreuzweg aufgenommen. Eine mitleidige Frau namens Veronika sei zu Jesus geeilt, als dieser unter der Last des Kreuzes zusammenbrach, und habe ihm mit einem Tuch den Schweiß vom Gesicht gewischt. Danach sei sein Anlitz auf dem Tuch sichtbar geworden.

In Rom bewahrt man seit dem zwölften Jahrhundert ein Tuch auf, welches ebendieses Schweißtuch der Veronika sein soll. Es wurde der Öffentlichkeit nur sehr selten gezeigt; doch im Heiligen Jahr 1350, kurz bevor das Grabtuch von Lirey auftauchte, wurde es einer verzückten Pilgerschar dargeboten. Ganz Europa sprach davon.[46]

Dabei war auf dem Tuch nur Jesu Antlitz zu sehen. Man male sich die Reaktion der gutgläubigen Christenheit auf ein Ganzkörperbild aus – ein Bild, das ihn gekreuzigt und auf dem Weg zur Göttlichkeit durch seine glorreiche Auferstehung zeigte. Wie konnten die Skrupellosen und Habgierigen einer solchen Versuchung widerstehen? Alle Indizien deuten darauf hin, daß man eine solche Fälschung – oder mehrere Fälschungen dieser Art – vornahm.

Trotzdem ist das Turiner Grabtuch ein Rätsel. Wenn man von der historischen Beweislage ausgeht, dürfte niemand mehr auch nur den leisesten Zweifel daran haben, daß es sich um eine Fälschung aus dem vierzehnten Jahrhundert handelt. Und doch ist – vom wissenschaftlichen Standpunkt aus gesehen – das Bild auf dem Grabtuch, zumindest auf den ersten Blick, wahrhaft seltsam und unerklärlich. Welche Theorien gibt es über seine Entstehung? Und wenn es nicht das Grabtuch Jesu ist, wie gelangte dann das Bild auf das Tuch?

3 THEORIEN

»Die Schwierigkeit besteht nicht darin, daß wir uns zwischen verschiedenen Entstehungsmethoden entscheiden müßten, sondern darin, daß man bisher noch keinen technologisch plausiblen Prozeß gefunden hat, der alle Eigenschaften des Bildes zufriedenstellend erklären würde.«

Lawrence Schwalbe und Ray Rogers, Wissenschaftler der STURP, 1982[1]

Wenn das Grabtuch von Turin authentisch ist, wie mag das Bild dann entstanden sein? Und umgekehrt, wenn es eine Fälschung ist, welche Technik könnte ihr zugrunde liegen? Seit sich 1898 herausstellte, wie detailliert die Darstellung auf dem Leichentuch ist, beschäftigen sich unzählige Menschen mit diesen Fragen.

Überraschenderweise halten nur wenige das Bild für ein Wunder. Sämtliche wissenschaftlichen Untersuchungen wären natürlich auch sinnlos, wenn es auf übernatürliche Weise entstanden wäre, denn Wunder fallen definitionsgemäß nicht in den Bereich der Wissenschaft. Wenn es nur des göttlichen Willens bedürfte, um irgend etwas zu bewirken, hätte Gott auch das Bild des gekreuzigten Jesus spontan auf einem Stück mittelalterlichen französischen Leinens erscheinen lassen können. Oder er hätte das echte Grabtuch in einer Zeitschleife aus dem Jerusalem des ersten Jahrhunderts in das Lirey des vierzehnten Jahrhunderts verpflanzen und somit dreizehnhundert Jahre überspringen und die Radiokarbondatierung verzerren können.

Die heiligste Reliquie der mexikanischen Katholiken ist das Bild Unserer Heiligen Jungfrau von Guadalupe. Dieses Stück Tuch mit dem Bild der Jungfrau Maria soll auf dem Umhang eines Eingeborenen erschienen sein, dem die Gottesmutter 1531 begegnete (wobei es sehr nützlich für die Kirche war, daß sie die Physiognomie und die Kleidung der Eingeborenen besaß und sie drängte, sich zu der Religion ihrer neuen Herren zu bekehren). Man weiß, daß es übermalt wurde, doch das darunter befindliche Bild ist noch immer von einem Geheimnis umgeben (in den USA gibt es das Image of Guadalupe Research Project). Die Argumente für die Echtheit des Bildes würden den Rahmen dieses Buches sprengen, aber vieles deutet tatsächlich darauf hin, daß wir es mit einem Wunder zu tun haben. Und wenn jenes Bild übernatürlichen Ursprungs ist, warum nicht auch das Grabtuch von Turin? Allerdings hat es bisher noch niemand für nötig gehalten, das mexikanische Bild bis zum Leben der Heiligen Jungfrau zurückzuverfolgen.

Für viele Menschen ist das Grabtuch deshalb so reizvoll, weil es eine Mittelstellung zwischen einem wunderbaren und einem ganz alltäglichen Gegenstand einnimmt. Es ist ein von Jesus hinterlassenes Souvenir, das wir jetzt mit Hilfe der Wissenschaft des zwanzigsten Jahrhunderts untersuchen können. Verschiedentlich wird die Auffassung vertreten, Gott wolle unsere atheistische Wissenschaftsgesellschaft durch dieses Rätsel wieder auf den rechten Pfad bringen. Warum, so fragt man, hat das Grabtuch Eigenschaften, mit denen nur unser technisches Zeitalter, das die Fotografie und die Computer-Bildanalyse kennt, etwas anfangen kann? Ein führender Sindonologe, der ansonsten für einen streng wissenschaftlichen Ansatz plädiert, glaubt, das Grabtuch sei zu ebendiesem Zweck so lange von Gott geschützt worden.[2]

Vielleicht erklären diejenigen, denen die Radiokarbondatierung nicht paßt, das Grabtuch deshalb zum »Wunder«, weil sie eine Art Rückversicherung brauchen – oder einen Ausweg suchen. Wer sich an die Naturgesetze gebunden fühlt, dem ist dieser Weg versperrt.

Gelegentlich gilt der Ursprung des Bildes auf dem Grabtuch auch als paranormal und nicht als göttlich. So könnten wir es laut dem mexikanischen Parapsychologen César Tort mit einem »Denkbild« zu tun haben. Menschen mit übernatürlichen Kräften sollen allein durch ihre Gedanken Bilder auf Filmen erscheinen lassen können – die Indizien sind umstritten, können aber nicht so ohne weiteres abgetan werden. Am bekanntesten ist der Fall des Alkoholikers Ted Serios aus Chicago, mit dessen übernatürlichen Fähigkeiten sich Jule Eisenbud in den sechziger Jahren befaßte. Sofern es sie gibt, ist die Fähigkeit des Gehirns, hochsensible Filmemulsionen zu beeinflussen, eine Variante der Psychokinese (PK) – die Veränderung eines Gegenstandes durch ausschließlich mentale Kräfte –, als deren berühmtester Vertreter Uri Geller gilt.[3]

Tort verweist auf ein verwandtes Phänomen: das spontane Erscheinen von Bildern auf den Wänden und Fußböden von Gebäuden.[4] Er zitiert ein gut dokumentiertes Vorkommnis aus den zwanziger Jahren. Damals erschien das Bild des verstorbenen Dekans John

Liddell auf einer Wand der Kathedrale von Oxford. In der Regel
werden besonders heilige Menschen abgebildet, aber es gibt auch
einen abweichenden Fall in Bélmez de la Moraleda in Spanien,
der von Professor Hans Bender, dem Veteranen der Parapsychologie
und früheren Lehrer Elmar Grubers – eines der Autoren von *Das
Jesus-Komplott* – untersucht wurde. Dort waren anzüglich grinsende,
dämonische Fratzen mehr als zwanzig Jahre lang regelmäßig auf den
Wänden und Böden eines Hauses sichtbar.

César Tort setzte bei dem erwähnten Widerspruch zwischen den
historischen und den wissenschaftlichen Beweisen an: Das Bild auf
dem Grabtuch erinnere eher an eine authentische Kreuzigung
(aus dem ersten Jahrhundert) als an eine mittelalterliche Fälschung,
aber die Radiokarbondatierung und die historischen Urkunden
ließen keinen Zweifel daran, daß das Grablinnen aus dem Mittelalter
stamme. Wie, fragte sich Tort, ist ein Bild aus dem ersten auf ein
Tuch des vierzehnten Jahrhunderts gelangt? Er vermutet, daß wir es
mit einem »Gedankenbild« zu tun haben; es sei dem kollektiven
Unbewußten der Pilger entsprungen, die vor dem ursprünglich bildlosen Linnen beteten, das ihrer Ansicht nach ihren auferstandenen
Herrn umhüllte.

Tort war sich des Hauptproblems seiner Theorie bewußt: Selbst
wenn wir die Problematik der »Gedankenbilder« als solche ausklam-
mern, würden wir ein Bild im Einklang mit den Vorstellungen derjenigen erwarten, die es unbewußt geschaffen haben. Für einen mittelalterlichen Menschen befänden sich die Nägel in den Handflächen
(nicht in den Handgelenken); Jesus wäre jünger und ganz gewiß nicht
nackt. Um diese Widersprüche aufzulösen, muß Tort auf die Retrokognition zurückgreifen, eine weitere paranormale Erscheinung, mit
deren Hilfe man die Vergangenheit psychisch wahrnehmen kann.

Wir wollen diese Phänomene hier nicht im einzelnen erörtern.
Unseres Wissens ist jedoch noch niemals eine der beiden Kräfte in
dem Ausmaß wirksam geworden, wie es nötig gewesen wäre, um
das Bild auf dem Grabtuch zu schaffen. Und das gleichzeitige Wirken
von Gedankenbild und Retrokognition vorauszusetzen ist doch wohl
ein bißchen zuviel des Guten. Dieser Entstehungsprozeß ließe
außerdem offen, weshalb das Bild ein Negativ ist oder weshalb sich
die Blutflecken so sehr vom Rest abheben. Tort versucht mutig und
unkonventionell, die Widersprüche des Grabtuches zu erklären,

doch letztlich wirft seine Hypothese mehr Fragen auf, als sie beantwortet.

Eine der Lieblingstheorien der Sindonologen ist der sogenannte thermonukleare Lichtblitz. Sie besagt, daß zwar das Bild selbst kein Wunder, daß es jedoch das Nebenprodukt eines Wunders – der Auferstehung – sei. Ein prominenter Vertreter dieser Theorie, die sich großer Beliebtheit erfreut, ist John Jackson, Physiker der US Airforce und Mitbegründer der STURP.[5] Das wie versengt wirkende Bild sei durch die nur einen Sekundenbruchteil währende Strahlung Jesu zum Zeitpunkt seiner Auferstehung verursacht worden. Seit der Radiokarbondatierung stürzen sich die Grabtuch-Gläubigen geradezu auf diese Theorie: Sie behaupten, der ^{14}C-Anteil müsse sich vermehrt haben, wenn das Grabtuch einer Strahlung ausgesetzt gewesen sei, und deshalb scheine es viel jünger zu sein, als es tatsächlich ist.

Wir haben keinen Vertreter der Grabtuch-Lobby kennengelernt, der nicht an irgendeine Variante dieser Theorie glaubte. Es verblüfft uns, daß ein moderner Physiker eine solche Theorie allen Ernstes vertritt und dazu noch von anderen Wissenschaftlern unterstützt wird. Jeder, der auch nur die elementarsten Kenntnisse über Strahlung hat, weiß, daß diese Hypothese den physikalischen Gesetzen zuwiderläuft.[6]

Die bei einem Atomblitz freigesetzte Energie wäre so groß gewesen, daß sie nicht nur das Leintuch selbst, sondern auch einen großen Teil Jerusalems zerstört hätte. Aber selbst wenn wir akzeptieren, daß das Phänomen irgendwie Gottes Kontrolle unterlag, bleiben fundamentale Einwände bestehen. Ein Atomblitz hätte niemals ein Bild in der Art hervorbringen können, wie wir es auf dem Turiner Grabtuch sehen. Jede Strahlung – ob atomar, thermisch oder magnetisch – breitet sich gleichmäßig in alle Richtungen aus, deshalb hätte sie das ganze Tuch versengen müssen. Selbst wenn das Leinen den Körper berührt hätte, könnten wir allenfalls eine monochrome Silhouette, aber keineswegs ein so detailliertes und deutlich erkennbares Bild erwarten. Und wäre der Körper ganz eingehüllt gewesen, müßten wir auch den Kopf von der Seite und von oben sehen können. Das ist aber nicht der Fall.

Niemand käme auf den Gedanken, daß er das Bild einer Glühbirne erhalten würde, wenn er einen Planfilm ein paar Zentimeter vor eine Birne hielte. Der Film würde gleichmäßig belichtet, und das

Ergebnis wäre gleichmäßiger Nebel. Jede Lichtquelle streut das Licht, das heißt, die Strahlen breiten sich in alle Richtungen aus. Ohne einen Mechanismus, der das Licht bündelt – so daß sich die Strahlen auf einen bestimmten Punkt hin bewegen –, kann kein Bild eingefangen werden. Wir können die Birne sehen, weil das Auge eine Linse hat, und auch Kameras haben Linsen. Diese Gesetze gelten für jede Art von Strahlung.

Um das Bild auf dem Grabtuch hervorzurufen, hätte die Strahlung geradewegs nach oben sowie – für die Rückansicht – senkrecht nach unten gerichtet sein müssen. Das widerspricht den physikalischen Gesetzen. Doch selbst wenn sich die Strahlung anders verhalten hätte, wäre nie ein Bild mit so feinen Einzelheiten entstanden. Strahlung kann nur zu einem Bild führen, wenn sie durch irgend etwas blockiert wird und dadurch ein Schatten entsteht. Je nach Art der Strahlung bedarf es anderer undurchdringlicher Materialien: Das sichtbare Licht wird von der Oberfläche des menschlichen Körpers reflektiert, wohingegen Röntgenstrahlen zwar die Haut und die inneren Organe durchdringen, nicht aber die Knochen. Wenn die Atomblitz-»Theorie« zuträfe, erhielten wir eine Röntgenaufnahme: ein Skelett und nicht die detaillierte Ansicht eines Körpers. Anhänger dieser Theorie haben auf das skeletthafte Aussehen der Finger verwiesen, doch wieso erscheint der übrige Körper völlig natürlich? Das knochige Aussehen der Hände könnte darauf zurückzuführen sein, daß sie blutleer waren.

In einigen Büchern über das Grabtuch finden sich Fotografien von Bildern, die infolge des Atombombenabwurfs in Hiroshima entstanden waren – zum Beispiel vom »Schatten« des Handrades eines Absperrhahnes, der sich in die Wand eines dahinterstehenden Gasbehälters eingeprägt hat –, und man versucht, Parallelen zum Bild des Grabtuches zu ziehen.[7] Aber es gibt keine Parallele. Jene Bilder sind echte Schatten – das Handrad befand sich zwischen der Lichtquelle und der Wand, es stand den Strahlen im Weg. Bei der Entstehung des Bildes auf dem Leichentuch soll die Strahlungsquelle jedoch im Körper Jesu gewesen sei. Wir sollen allen Ernstes glauben, daß die Strahlen nur von der Haut und den Haaren blockiert wurden, die dann auch noch getreulich auf dem Tuch abgebildet wurden.

Ein dreidimensionaler Körper ergibt nur dann ein erkennbares Bild, wenn das Licht von seiner Oberfläche reflektiert wird, und nicht, wenn es durch ihn hindurchgeht. Die Strahlungsquelle muß sich außerhalb des Körpers befinden. Dazu ein Beispiel: Stellen Sie sich einen menschlichen Kopf aus Glas vor, in dem innen eine Glühbirne angebracht ist. Was sehen Sie, wenn Sie das Licht anschalten? Nur den Umriß des Kopfes, die Gesichtszüge sind nicht erkennbar. Nun stellen Sie sich eine massive Büste vor, die von außen angestrahlt wird und das Licht reflektiert. Jede Einzelheit ist deutlich sichtbar. Wir können sie aber nur erkennen, weil unsere Augen die Lichtstrahlen bündeln; ein mit lichtempfindlichen Chemikalien getränktes Tuch, das vor der Büste aufgehängt würde, könnte ihr Bild nicht einfangen.

Abschließend sei der Einwand Peter Freelands erwähnt, eines Mitgliedes der BSTS, der darauf aufmerksam machte, daß alle Blutspuren auf dem Leinentuch durch die Strahlung verbrannt oder mindestens verhärtet worden wären.

Die so häufig zitierte Theorie vom thermonuklearen Strahlenblitz ist also die fragwürdigste von allen, und sie verdient weniger ernst genommen zu werden als die Gedankenbild-Hypothese César Torts. Trotzdem erfreut sie sich in Grabtuch-Kreisen großer Beliebtheit. Auch auf dem Symposion in Rom 1993 wurde ein Referat darüber gehalten. Viele nicht wissenschaftlich veranlagte Grabtuch-Anhänger halten den Atomblitz wenn nicht für die wahrscheinlichste, so doch für eine sehr plausible Erklärung. Aber auch die wissenschaftlich geschulten Grabtuch-Apologeten klammern sich an diese Theorie. Das zeigt, daß ihr Wunsch, an das Grabtuch zu glauben, eindeutig größer ist als ihr Vertrauen in die Gesetze der Natur. Die Atomblitz-Theorie hat so viele Löcher, wie sie das Grabtuch hätte, wenn es diesem Prozeß ausgesetzt gewesen wäre.

Es gibt eine zweite Gruppe von Theorien über die Entstehung des Bildes auf dem Grabtuch: Seltene, aber natürliche chemische Reaktionen zwischen Jesu Körper und dem Linnen seien verantwortlich.

Paul Vignon vertrat Anfang des Jahrhunderts als erster die These von der »Vapographie«.[8] Da das Tuch mit ätherischen Ölen getränkt gewesen sei, die Myrrhe- und Aloe-Extrakte enthielten, habe sich eine Reaktion mit den Ammoniakausdünstungen des Körpers abgespielt. Der Leichnam eines Menschen, der einen qualvollen Tod erlitten hat, ist mit Schweiß bedeckt, dessen erhöhter Urinanteil reichlich Ammoniak enthält. Vignon führte mehrere Experimente mit diesen Substanzen durch und konnte nach zahlreichen Fehlschlägen schließlich Flecken erzeugen, die in etwa an die Abbildung auf dem Grabtuch erinnerten. Sie erreichten aber in keiner Weise deren Präzision.

In unseren Tagen befaßten sich Kersten und Gruber aufs neue mit Vignons Hypothese. Bei ihren Experimenten, beschrieben in *Das Jesus-Komplott. Die Wahrheit über das Turiner Grabtuch*, setzten sie Kerstens Körper, den sie mit einer Mischung aus Aloe und Myrrhe eingerieben hatten, intensiver Wärme aus. Sie wollten ihre Theorie testen, daß Jesus noch lebte, als man ihn in das Leichentuch hüllte. Es zeigten sich zwar Abbildungen, aber die beiden mußten einräumen, daß »das Original nicht auf diese Weise entstanden sein kann«. Die Verzerrung war zu groß. Doch auch nach diesem Fehlschlag glauben sie noch immer, daß das Bild auf dem Grabtuch durch einen ähnlichen Prozeß hervorgerufen worden sei.

Seit Vignon hat man mit vielen Substanzen experimentiert, zum Beispiel mit dem Extrakt der Seifenwurz, der in römischer Zeit zur Reinigung von Stoffen benutzt wurde, sodann mit einem Auszug der Terpentinpistazie und auch mit ganz gewöhnlichem Salz. Zum Glück brauchen wir nicht im einzelnen auf die Versuche einzugehen, denn bei allen ergibt sich ein grundsätzliches Problem.

Jede chemische Reaktion hätte das Gewebe ganz durchdrungen, weil die aufsteigenden Dämpfe nicht an der Oberfläche des Tuches haltgemacht hätten. Das Bild befindet sich aber nur auf der Oberfläche des Grabtuches. (Zu Lebzeiten Vignons war diese Tatsache noch unbekannt.) Und für ein perfekt schattiertes Bild hätten die Gase in parallelen Linien aufsteigen müssen, deren Dichte mit der Entfernung vom Körper abnahm. Da sich Gase aber in alle Richtungen verteilen, hätte man bestenfalls eine monochrome Silhouette erhalten.

Rodney Hoare, der Vorsitzende der BSTS, wollte einige dieser Probleme mit der Theorie vom »thermographischen Ausgleich« lösen.[9] Da alle chemischen Reaktionen eine gewisse Hitze benötigten, könne man das Bild als Beweis dafür sehen, daß Jesus im Grab noch lebendig – weil wärmer als seine Umgebung – war; er sei nicht auferstanden, sondern nur aus dem Koma erwacht. Es folgen einige ungewöhnliche Ideen über die »Botschaft« des Grabtuches.[10]

Hoare meint, die Eindunkelung des Tuches hänge damit zusammen, daß das Tuch innen wärmer geworden sei als an seiner Außenseite; die Schattierungen seien die Folge des jeweiligen Tuchabstandes vom Körper. Beide Argumente überzeugen nicht: Die Temperaturdifferenzen hätte wieder einmal – durch irgendeinen geheimnisvollen Zufall – von genau der richtigen Stärke sein müssen. Nach dieser Theorie müßte die Rückansicht wegen des Wärmestaus durch den aufliegenden Körper deutlich dunkler sein. Beide Bildteile haben jedoch die gleiche Intensität. Zudem wäre der Nasen- und Mundbereich verzerrt gewesen, weil der Atem eines lebenden Menschen das Linnen angesogen hätte.

Ein weiterer gravierender Einwand gegen alle chemischen Theorien wurde von der STURP vorgebracht. Wenn das Bild tatsächlich das Nebenprodukt einer chemischen Reaktion sei, müsse sich der Farbton (wie bei Pigmenten) um die 1532 versengten Stellen herum verändert haben.

Wäre das Bild durch Dämpfe entstanden, so hätte der Zustand eines jeden Zentimeters der Körperoberfläche eine wichtige Rolle gespielt. Zum Beispiel müßte sie überall gleichmäßig in ammoniakreichem Schweiß gebadet gewesen sein, sonst wäre der Farbton des Bildes nicht so einheitlich. Man kann sich eine ganz von Schweiß bedeckte Haut noch vorstellen, doch Bart- und Kopfhaar schwitzen nicht – und sogar schweißgetränkt wären sie ein störender Faktor gewesen. Haare haben eine andere Verdunstungsrate als die Haut, so daß Gesichtszüge und Bart auf dem Bild ganz verschieden aussehen müßten. Das ist aber nicht der Fall.[11]

Die Vapor-Theorien liefern auch keine Erklärung dafür, daß das Bild nicht verzerrt ist. Man hatte bereits bei früheren Reproduktionsversuchen mit Hilfe eines Farbauftrags auf ein Modell festgestellt, daß die Abdrücke entstellt und wenig lebensecht aussahen. Dasselbe würde gelten, wenn das Bild die Folge einer chemischen Reaktion wäre. Außerdem kann keine dieser Theorien das Vorhandensein von Blut erklären. Wenn es sich um echtes Blut handelt, muß es durch direkten Kontakt auf das Linnen gekommen sein.

Typischerweise sagen Gläubige an diesem Punkt häufig:»Aber es dreht sich doch um Jesus, da ist alles möglich.« Das mag stimmen, doch dann dürfen sie keine Naturgesetze zum Beweis anführen. Entweder Glaube oder Wissenschaft, nicht beides!

Die These vom »natürlichen Prozeß« wird oft mit dem Fall erhärtet, der sich 1986 in einem Pflegeheim in Thornton, Lancashire, ereignete. Ein Patient, der nur unter dem Namen »Les« bekannt war, starb dort an Bauchspeicheldrüsenkrebs. Als die Schwestern nach seinem Tod das Bett abzogen, entdeckten sie auf der Matratze den Umriß der Rückseite jenes unglücklichen Menschen: Schultern, Rücken, Gesäß, Oberschenkel und – am erstaunlichsten – den linken Arm und die Hand, auf der er gelegen hatte. Man konnte auch einen schwachen, verzerrten Teilabdruck seines Gesichts erkennen. Bemerkenswerterweise war das Bild auf der Matratze durch den Schlafanzug und das Bettuch hindurch entstanden (beide waren bereits vor Entdeckung des Abdruckes routinemäßig verbrannt worden, nur den Matratzenbezug hatte man behalten).

Fünf Jahre später konnte Professor James Cameron vom London Hospital nachweisen, daß die in alkalischen Flüssigkeiten vorhandenen Enzyme für das Bild verantwortlich waren. Durch die Erkrankung der Bauchspeicheldrüse des Patienten waren sie in seinen Urin gelangt, und infolge seiner Inkontinenz hatten sie sich in den von seinem Körper geschaffenen Vertiefungen der Matratze gesammelt.[12]

Der Fall erregte Aufsehen bei der Grabtuch-Lobby, aber in Wirklichkeit sind die Parallelen nur oberflächlich. Les' Bild entstand durch direkte Berührung, und es war durch den Druck seines Körpers auf die Matratze verzerrt.

Wenn es sich in beiden Fällen wirklich um dasselbe Phänomen handelte, müßte zumindest die Rückansicht des Grabtuches ähnliche Kontaktpunkte zeigen. Davon ist jedoch keine Rede. Das Thornton-Bild besteht nur aus dem Umriß des Körpers sowie den Mulden, die der Körper in die Matratze drückte und in denen sich der Urin sammelte, wohingegen das Grabtuch alle Körperbereiche zeigt. Wenn das Bild auf dem Grabtuch durch eine vergleichbare Enzymreaktion entstanden wäre, hätte die Flüssigkeit an den Stellen ohne Körperkontakt den Abstand zwischen Körper und Linnen irgendwie überbrücken müssen.

Dazu kommt noch, daß die beiden Bilder völlig verschieden aussehen. Man kann also die Enzymtheorie nicht zur Erklärung des Grabtuch-Phänomens heranziehen. Der Fall zeigt höchstens, daß Körperflüssigkeiten Verfärbungen hervorrufen können, die sich durch Waschen nicht entfernen lassen – im Pflegeheim von Thornton war selbst Entfärber wirkungslos.

Eine weitere faszinierende »Parallele«, diesmal aus dem Pflanzenreich, stellen die sogenannten »Volckringer-Bilder« dar. Sie wurden 1942 von Jean Volckringer, einem Chemiker und Kollegen Pierre Barbets am Hôpital Saint-Josephe in Paris, beschrieben.[13] Ihm war aufgefallen, daß bei Pflanzen, die man für Herbarien preßt, manchmal Negative auf dem Papier entstehen – gelegentlich sogar auf einem zweiten, darunter befindlichen Blatt. Sie sind sepiafarben wie das Bild auf dem Turiner Tuch und zeigen Pflanzenteile, die keinen Kontakt mit dem Papier haben. Es kann Jahre dauern – manchmal sogar Jahrzehnte –, bis sie sichtbar werden; das Bild entsteht jedoch unzweifelhaft, solange die Blätter frisch sind, denn selbst wenn sie später schrumpfen, zeigt der Abdruck die Merkmale des grünen Blattes. Die Muster erscheinen auch, wenn man sie nicht dem Licht aussetzt.

Es ist unklar, was die Volckringer-Bilder verursacht – genauso unklar wie ihre Verbindung zum Grabtuch. In der Natur ist dieses Phänomen einmalig. Die Bilder sind aber sehr viel kleiner als das des Grabtuches und entstehen im Zusammenhang mit pflanzlichem und nicht mit menschlichem Gewebe. Außerdem erfolgt die sich im Volckringer-Bild manifestierende »Fernwirkung« über einen sehr viel geringeren Abstand, und gepreßte Pflanzenteile sind natürlich erheblich flacher als der menschliche Körper, so daß ein unverzerrtes Bild entstehen kann. Es ist kaum vorstellbar, daß das Bild auf dem Grabtuch demselben Prinzip zu verdanken ist. Und selbst wenn die Verzögerung, mit der die Volckringer-Bilder auftreten, erklären könnte, weshalb die Evangelien keinen Abdruck auf dem Leichentuch erwähnen, bleibt ungewiß, weshalb das Grabtuch wie eine Kostbarkeit aufgehoben wurde.

Das Volckringer-Phänomen hat das BSTS-Mitglied Dr. Allan Mills, Dozent für Astronomie an der University of Leicester, zu einer originellen Studie angeregt. Er meint, die Volckringer-Bilder beruhten auf der Wirkung von freien Radikalen. Darunter versteht man instabile Atome, die von einigen Substanzen abgegeben werden und sich nach kurzer Zeit mit anderen Molekülen verbinden, wodurch eine chemische Reaktion ausgelöst wird. Seiner Ansicht nach reagieren die freien Radikalen der Pflanzen mit dem Polymer Lignin, das in Pflanzenprodukten wie zum Beispiel Papier und Leinen vorhanden ist. Lignin spreche besonders sensibel auf freie Radikale an. Deshalb vermutet er, daß die in den gleichmäßig warmen Luftströmen vom Körper aufsteigenden freien Radikalen das Leinen durchdrangen und das Bild schufen. (Er bestreitet Hoares Auffassung, daß Wärme automatisch Leben bedeute; seiner Ansicht nach würde die Wärme eines lebendigen Körpers zu turbulente Ströme erzeugen, um ein scharfes Bild hervorzurufen.)[14]

In einem Vortrag vor der BSTS im Oktober 1991 räumte Mills jedoch ein, daß man die Rückansicht mit seiner Theorie nicht erklären könne. Und in einem anderen Zusammenhang sagte er:»Ich habe die Experimente abgebrochen, als mir bewußt wurde, daß sie in einem Grab nicht funktionieren würden ...«

All diese Probleme machen deutlich, daß wir nicht einen einzigen Prozeß kennen, der das Bild hervorgerufen haben könnte, zumindest nicht ohne ganz genaue kontrollierte Bedingungen und/oder Zufallsfaktoren. Also bleibt nur noch eine Erklärung: Wir haben es mit einer Fälschung zu tun. Doch auch diese Schlußfolgerung ist sehr problematisch. Selbst wenn wir die im ersten Kapitel erwähnten stilistischen Kriterien außer acht lassen – den so gar nicht mittelalterlichen Realismus, die anatomische Präzision, den Negativ-Charakter und so weiter –, gibt es immer noch viele offene Fragen.

Die Mehrzahl der vom STURP-Team durchgeführten Experimente zielte darauf ab, von Tinten, Tuschen oder Farben stammende künstliche Pigmente zu finden. Alle Wissenschaftler kamen zu negativen Ergebnissen – mit Ausnahme von Dr. Walter McCrone. Dieser erhielt erhebliche Publicity im Anschluß an die Untersuchungen, weil er behauptete, er habe nicht nur die Farbe gefunden, aus der das Bild besteht, sondern auch die Technik des Fälschers entdeckt. (Die Formulierung »aus der das Bild besteht« ist wichtig, denn niemand bestreitet, daß mikroskopisch kleine Farbspuren auf dem Grabtuch zu finden sind. Es ist bekannt, daß man in der Vergangenheit Gemälde gegen das Tuch hielt, um sie zu »weihen«.)

Walter McCrone ist Mikroanalytiker mit einem eigenen Forschungslabor (Walter C. McCrone Associates Inc.) in Chicago. Er führt Untersuchungen mit dem Mikroskop durch, die er bei Bedarf durch chemische Analysen ergänzt. Man hat ihn als Gutachter zu vielen Kriminalfällen hinzugezogen, und er wird auch häufig von

Kunsthändlern konsultiert, wenn es um die Echtheit von Kunstwerken geht. McCrone gilt als unabhängiger Einzelgänger und scheint Auseinandersetzungen und Publicity zu lieben.

Er wurde international bekannt, als er feststellte, daß die »Vinland-Karte« gefälscht sei. Die Yale University hatte die Karte 1965 gekauft; dann äußerten einige Historiker Zweifel an ihrer Echtheit, und man beschloß, sie von McCrone prüfen zu lassen. Er entnahm Tuschepartikel und unterzog sie einer elektronenmikroskopischen Untersuchung. 1974 gab er seine Ergebnisse bekannt: Die Tusche enthielt eine Substanz – Titandioxid –, die man erst seit den zwanziger Jahren kennt. Die Karte war also eine Fälschung.[15] So kam es, daß Ian Wilson bei McCrone anfragte, ob dieser seine Untersuchungsmethoden auch auf das Grabtuch anwenden könne.

Ironischerweise sind inzwischen gravierende Zweifel an McCrones Gutachten über die Vinland-Karte laut geworden.[16] 1987 wandten Physiker der University of California eine traditionelle Analysetechnik an und stellten fest, daß die Tusche nur minimale Titanmengen enthielt – über tausendmal weniger, als McCrone behauptet hatte –, was für mittelalterliche Tusche durchaus normal ist. Die Landkarte scheint nun doch echt zu sein, aber diese Entdeckung wurde (wie zu erwarten) von der archäologischen Welt praktisch ignoriert, obwohl archäologische Funde bereits vor McCrones Gutachten bewiesen hatten, daß die Wikinger tatsächlich bis in die Neue Welt gelangt waren.

Der Fall erlaubt interessante Einblicke in McCrones Persönlichkeit. Er lehnte die Analyse der University of California als falsch ab. Statt die bei Wissenschaftlern übliche Gelassenheit zu zeigen, faßte er die Ergebnisse als persönlichen Angriff auf und schrieb dem kalifornischen Team, er betrachte dessen Arbeit als »Kriegserklärung«.[17]

Obwohl McCrone ein ganz anderes Fachgebiet hatte, interessierte er sich für die Radiokarbondatierung des Grabtuches und schloß sich deshalb der STURP an. 1977 wandte er sich im Alleingang an König Umberto II. und suchte um Erlaubnis für den Radiokarbontest nach. Das verärgerte sowohl die zuständigen Geistlichen der Turiner Kathedrale als auch die STURP. Die Folge war, daß man ihn von den Untersuchungen der Turiner Kommission ausschloß.[18]

Nachdem diese ihre Arbeit 1978 beendet hatte, erhielt McCrone Zugang zu einigen Fadenproben, die man in die Vereinigten Staaten

mitgenommen hatte. Er untersuchte sie zuerst unter einem konventionellen Mikroskop, anschließend unter einem stärkeren Elektronenmikroskop. Seine Resultate erregten großes Aufsehen, und sie
waren gar nicht nach dem Geschmack der Grabtuch-Lobby: Er habe
künstliche Pigmente – Farbe – gefunden. Und natürlich erhielt
McCrone allen Einwänden der STURP und der italienischen Wissenschaftler zum Trotz mehr Publicity als alle anderen zusammen.[19]

Er stellte abschließend fest, die Proben enthielten ein Pigment
(Venezianischrot), das durch das Zermahlen von Eisenoxid gewonnen werde. Dieses Eisenoxidpulver sei allein für das Bild auf dem
Turiner Grabtuch verantwortlich. Das gemahlene Pigment sei vor
dem Auftrag in eine Flüssigkeit eingerührt worden; seine Versuche
hätten das Vorhandensein des Eiweißes Kollagen erbracht, und dieses sei als Farbträger benutzt worden. Um seine Funde zu untermauern, beauftragte er den Künstler Walter Sanford, das Gesicht des
Grabtuches mit Hilfe dieser Stoffe zu reproduzieren. Das Ergebnis
war nicht schlecht, wenn auch nicht annähernd so gut wie das Original. McCrones Arbeit überzeugte jedoch David Sox, den damaligen
Generalsekretär von BSTS (und bis zu jenem Zeitpunkt Verteidiger
des Grabtuches), daß es sich bei dem Bild um ein Gemälde handeln
müsse. Er trat laut Wilson »mit großem Medienrummel« aus der
Gesellschaft aus. Wie wir später zu unserem Leidwesen entdecken
mußten, war er keineswegs der erste noch der letzte, der bei dieser
angeblich neutralen Organisation in Ungnade gefallen war.[20]

Der Streit zwischen McCrone und seinen Kollegen bei der STURP
dreht sich um zwei Punkte: um die Herkunft der Eisenoxidpartikel an
den Fäden und um die Frage, ob sie für das Bild verantwortlich
sind.[21] Eisenoxid ist ganz gewöhnlicher Rost und gehört zu den am
weitesten verbreiteten Substanzen dieser Erde. Es ist auch in Staub
vorhanden, und deshalb überrascht es nicht, daß es auf dem Grabtuch zu finden ist. Doch seit alters her wird es auch von den Malern
als Farbe benutzt. Laut McCrone deuteten Form und Größe der Partikel darauf hin, daß sie gemahlen waren, und ihre Konzentration sei
zu groß, um zufällig zu sein. Die Wissenschaftler der STURP (der Bio-
physiker John Keller und der Chemiker Alan Adler) bestritten keineswegs das Vorhandensein von Eisenoxid, widersprachen jedoch
McCrones Auffassung, daß es für die Entstehung des Bildes verantwortlich sei. Deshalb prüften sie, ob die vorhandenen Mengen für

ein Bild ausreichten. Die Röntgenfluoreszenzanalysen während der Experimente von 1978 hatten zwar Eisenspuren gezeigt, man hatte jedoch keinen Unterschied hinsichtlich der Dichte zwischen dem Bildbereich und dem bildlosen Teil des Leintuches festgestellt – die Konzentration war nur in den Blutflecken erhöht.[22]

Das Vorhandensein des Eisenoxids wird auf verschiedene Weise erklärt. So könnte es ursprünglich von den Blutflecken herrühren und sich im Laufe der Jahre durch das Falten und Aufrollen über das ganze Linnen verteilt haben. Andererseits könnte es ein Nebenprodukt der Leinenherstellung sein (wahrscheinlich die plausibelste Erklärung)[23], oder die Luft könnte es übertragen haben. Angesichts solcher Unsicherheiten sah die STURP davon ab, die beiden Arbeiten McCrones in den Schlußbericht aufzunehmen. Diese Vorgehensweise gibt wiederum Anlaß, auch die Position der STURP in Frage zu stellen.

Man kritisierte die von McCrone verwendete Methode zur Bestimmung des Eiweiß-Farbträgers, weil die Ergebnisse durch Zellulose (einen Bestandteil von Leinen) verfälscht würden. Adler machte Kontrollversuche: Er konnte im Bereich des Körperbildes kein Protein feststellen, eine Ausnahme bildeten nur die Blutflecken.[24]

Sowohl an McCrones Methode als auch an seinen Schlußfolgerungen wurde scharfe Kritik geäußert. Der härteste Vorwurf lautete, McCrone sei der einzige STURP-Mitarbeiter, der von den Untersuchungen finanziell profitiert habe – durch die Reklame für sein privates Forschungslabor. Andere störten sich daran, daß er seine Arbeiten nur in seiner eigenen Zeitschrift The Microscope veröffentlicht habe, wohingegen die übrigen Wissenschaftler des Teams ihre Ergebnisse in unabhängigen Zeitschriften publiziert und damit einem wichtigen Kriterium wissenschaftlicher Glaubwürdigkeit Genüge geleistet hätten. In der Regel werden Zeitschriftenbeiträge geprüft und die Ergebnisse von einem Expertengremium bestätigt, bevor man sie veröffentlicht. McCrone rechtfertigte sich damit, daß seine eigene Zeitschrift die erforderliche hohe Qualität für die Farbreproduktionen seiner Mikroaufnahmen garantiere.

Wir empfinden eine gewisse Sympathie für McCrone. Noch bevor er seine Untersuchungen abgeschlossen hatte, mußte er sich von den italienischen Wissenschaftlern eine Form der Kritik gefallen lassen, die an Beschimpfung grenzte.[25] Doch unabhängig davon muß man seine Resultate ernsthaft in Frage stellen. Er hatte Zahlenangaben für die Eisenoxidpartikel sowohl des Bildes als auch des bildlosen Bereiches gemacht. Aus ihnen ging hervor, daß sich im Bildbereich erheblich mehr Eisenoxid befindet als auf allen anderen Stellen des Tuches, was die Fälschungsvermutung erhärtete.[26]

McCrone hatte jedoch nicht zwischen den Partikeln des Körperbildes und denen der Blutflecken unterschieden, weil er der Meinung war, daß der Unterschied zwischen beiden Bereichen schlicht eine Frage der Pigmentmenge sei. Das war jedoch eine unzulässige Vereinfachung: Das Blut hat viele vom restlichen Bild abweichende Eigenschaften, und die meisten davon können nicht mit erhöhter Partikelkonzentration erklärt werden.

Als John Heller die von McCrone angegebene Menge von Eisenoxidpartikeln in Frage stellte, weil sie so gering sei, daß sie kein erkennbares Bild ergeben würde, erwiderte McCrone: »Dann müssen da eben mehr sein.«[27] Auch Ian Wilson griff McCrones Daten an, da sie in Widerspruch zu dessen Schlußfolgerung stünden. McCrone gab daraufhin zu, daß er die Zahlen nur geschätzt hatte.[28]

Man kann vernünftigerweise nur schließen, daß sich McCrone getäuscht hat. Und es gibt ohnehin gute Gründe gegen die Annahme, daß wir es mit einem Gemälde zu tun haben. Zum Beispiel wäre die Farbe im Brand von 1532 gerissen, und das Löschwasser hätte zu Schäden geführt, wie wir sie von anderen Gemälden her kennen. Dieses Bild nahm jedoch weder durch Feuer noch durch Wasser Schaden.

Ein weiterer führender Vertreter der Gemälde-Theorie neben McCrone ist der Amerikaner Joe Nickell. Er arbeitet als Privatdetektiv und ist Mitglied des Committee for the Scientific Investigation of Claims of the Paranormal (CSICOP), eines wissenschaftlichen Interessenverbandes, der gegen den Glauben an paranormale Phänomene, in welcher Form auch immer, zu Felde zieht. 1983 veröffentlichte Nickell das Buch *The Inquest on the Shroud of Turin* (überarbeitet 1987), worin er seine Entstehungstheorie erläutert.[29]

Nickell weichte ein Leinentuch in heißem Wasser ein und drückte es auf ein Halbrelief. Als es trocken war, lag es eng an. Dann rieb er das Tuch mit den von McCrone gefundenen Pigmenten ein (bevor er dessen Bericht kannte, hatte er es mit pulverisierter Myrrhe und Aloe versucht). Er behauptet, das Ergebnis sei dem Mann auf dem

Leichentuch sehr ähnlich; es habe einen vergleichbaren Negativ-Charakter, enthalte aber keine dreidimensionalen Informationen.

Nickells Bilder haben zwar – ähnlich denjenigen, die Walter Sanford unter McCrones Anleitung gemalt hatte – einen stärkeren Negativ-Charakter als frühere Versuche, sind aber bei weitem nicht so eindrucksvoll wie das Grabtuch – und das, obwohl beide zeitgenössischen Künstler bewußt versuchten, ein Negativbild herzustellen. Ihnen sind Negative viel vertrauter als jedem mittelalterlichen Künstler, und doch hat sie der mutmaßliche Grabtuch-Fälscher um Längen geschlagen.

An Nickells Vorschlag wurde kritisiert, daß er zu weit hergeholt sei und keine Parallele in der Kunst des Mittelalters habe.[30] César Tort moniert, daß Nickell sich auf McCrones Arbeit berufe, um seine Theorie zu erhärten.[31] Tatsächlich sind die beiden Methoden jedoch völlig unvereinbar, wenn man einmal davon absieht, daß beide Eisenoxid verwenden, denn McCrone geht davon aus, daß das Pigment *flüssig* aufgetragen wurde.

Man probierte auch andere Techniken als die der Malerei aus. So wollte man das versengt wirkende Aussehen zum Beispiel dadurch erzielen, daß man eine lebensgroße Metallstatue erhitzte und mit einem Leinentuch umwickelte. Das fertige Bild war jedoch wieder einmal verzerrt und entstellt. Dann versuchte man es mit einer Druckform unter Verwendung von Ton und Ocker oder spekulierte, es sei eine Rötelzeichnung. Obgleich die beiden letzteren Techniken in die Renaissance – wenngleich nicht ins Mittelalter – passen würden, liefern sie doch kein befriedigendes Ergebnis.

Wir stellten allerdings fest, daß die Grabtuch-Lobby derlei Vorschläge oftmals voreilig abtut. So wurde zum Beispiel gemutmaßt, das versengt wirkende Bild könne durch eine Art »unsichtbarer Tinte« – Zitronensaft oder ähnliches, durchsichtig beim Auftragen und dunkel nach Erwärmung – geschaffen worden sein. Die Lobby verwarf diese Idee mit der Begründung, es sei unmöglich, ein so großes und detailliertes Bild mit unsichtbarer Tinte zu malen. Die Theorie, daß es sich um einen Druck handele, war von der STURP abgelehnt worden, nachdem sie erfolglos versucht hatte, Spuren von Tinte oder Tusche nachzuweisen.

Niemand hat aber bisher (soweit wir wissen) die beiden Gedanken miteinander verknüpft und in Erwägung gezogen, daß man auch

mit unsichtbarer Tinte drucken kann. Wir sind nicht der Ansicht, daß
der Fälscher diese Technik anwandte, aber die Idee von der unsicht-
baren Tinte wird noch eine gewisse Rolle spielen.

Wir hatten uns mit allen Theorien auseinandergesetzt, einschließlich derjenigen, die zu bizarr sind, um sie hier vorzustellen. Dabei
fiel uns auf, daß immer wieder die gleichen Schwierigkeiten auftauchten.

Das allergrößte Problem war, eine Technik zu finden, die keine
Verzerrung des Bildes bewirkte. Weder der Körperabdruck noch der
Abdruck von einer heißen Metallstatue noch der Atomblitz würden
ein lebensechtes Bild hervorbringen. Auch blieb die Frage unbeant-
wortet, weshalb wir den Körper nur von vorn und hinten sehen,
nicht von den Seiten oder von oben.

Es gibt nur eine Schlußfolgerung: Das Grabtuch war nie und nim-
mer um einen toten oder lebendigen Körper drapiert. Wie immer
das Bild entstanden sein mag, das Tuch muß dabei völlig flach
gewesen sein. Die Grabtuch-Lobby weiß dies seit langem und spielt
die Tatsache geschickt herunter. Die beliebteste Erklärung lautet,
man habe den Körper für das Begräbnis nach dem Sabbat mit trocke-
nen Würzstoffblöcken umgeben, und deshalb sei das Leichentuch
flach über dem Körper ausgebreitet gewesen.[32] Das wäre jedoch nur
möglich, wenn der Körper auf der einen Hälfte des Leinentuches auf-
lag, die Spezereien neben den Körper auf das Linnen plaziert und
schließlich die zweite Hälfte über den Körper gezogen wurde. Angesichts der Eile, mit der Jesus den Evangelien gemäß beigesetzt
wurde, fragt man sich: Wozu der Umstand?

Eine andere Variante, die von Rodney Hoare vertreten wird, ist
noch grotesker.[33] Der Körper habe sich in einem deckellosen Stein-
sarkophag befunden, und das Tuch sei darüber ausgebreitet worden.

Die Absurdität dieser Vorschläge beweist, daß der Glaube selbst
den Berg des gesunden Menschenverstandes ohne große Mühe versetzen kann. Wenn wir davon ausgehen, daß das Tuch über den Körper gespannt war, so werfen die Blutspuren ein unlösbares Problem
auf. Im Gegensatz zur Abbildung des Körpers bestehen sie aus einer
nachträglich hinzugefügten Substanz – echtem oder nachgemach-
tem Blut – und können nicht einfach durch die Luft hinweg übertragen worden sein. Die Blutspuren gehören ohne Zweifel zu den

deutlichsten anatomischen Details, sie können nur durch direkte Berührung auf das Tuch gelangt sein.

Immer wieder stießen wir bei der Durchsicht der Forschungsberichte auf den Unterschied in der Beschaffenheit des Körperbildes und der Blutspuren. Die Atomblitz-Theorie könnte zum Beispiel das versengt wirkende Körperbild erklären, die hohen Temperaturen hätten aber wahrscheinlich sowohl das Fleisch als auch Blut aller Lebewesen im Umkreis von vielen Kilometern zerstört, von den Blutspuren auf dem Tuch gar nicht zu reden. Und auch die Theorien, die von einer chemischen Entstehung ausgehen, lassen offen, wie das Blut auf dem Leichentuch erschienen sein könnte. Der Widerspruch von Körperbild und Blutspuren ist nur dann zu lösen, wenn man annimmt, daß das Grabtuch eine bewußte Fälschung ist.

Diese Vermutung wird durch weitere Merkwürdigkeiten der Blutflecken gestützt, die das BSTS-Mitglied Peter Freeland bereits 1970 aufzählte, die jedoch von der Grabtuch-Lobby mit Fleiß ignoriert wurden.[34] Seiner Ansicht nach sind die Blutflecken einfach zu perfekt. Sie sähen in der Tat genau so aus, wie man es von dergleichen Wunden erwarten würde. Doch in welchem Zustand hätte sich das Blut zur Zeit der Entstehung des Abdruckes auf dem Leichentuch eigentlich befunden? Wäre es bereits geronnen gewesen, hätte es keinen Abdruck erzeugt. Wäre es flüssig gewesen, hätte es in das Gewebe eindringen und an den Fasern entlanglaufen müssen. Die Blutspuren hätten dann ganz bestimmt nicht die Schärfe besessen, die vor allem die Gerichtsmediziner beeindruckt und verwirrt.

Die Grabtuch-Lobbyisten sagen, der Körper sei genau in dem Augenblick in das Grabtuch gehüllt worden, als das Blut die richtige Konsistenz hatte: nicht zu sehr geronnen, als daß es am Leintuch hätte kleben können, und nicht zu flüssig, um seine Konturen zu verlieren. Aber wir wissen, daß das Blut in das Gewebe eingedrungen ist, also muß es recht flüssig gewesen sein. Außerdem setzt diese Argumentation voraus, daß das Blut sämtlicher Wunden zur selben Zeit die jeweils erforderliche Konsistenz hatte. Doch selbst wenn der Körper unmittelbar nach der Kreuzabnahme in das Grabtuch gewickelt worden wäre, hätte ein Teil des Blutes vollständig geronnen, ein anderer halb geronnen und ein dritter noch immer recht flüssig sein müssen. Die Evangelien berichten immerhin, daß man Jesus die Wunden zu verschiedenen Tageszeiten zugefügt habe.

Die Stiche der Dornenkrone und die Verletzungen durch die Geißel stammen vom Morgen.[35] Die Nagelwunden rühren von der Kreuzigung her und bluteten wahrscheinlich den ganzen Tag, was durch den Winkel der Blutrinnsale bestätigt wird. Das Blut aus der letzten und größten Wunde, verursacht durch den Lanzenstoß des Zenturio, war so flüssig, daß es sich in der Nierengegend sammelte, wahrscheinlich als der Körper auf das Leichentuch gelegt wurde.

Auf dem Linnen hingegen sehen all diese Blutflecken genau gleich aus, obwohl das Blut von unterschiedlicher Konsistenz gewesen sein muß. Peter Freeland machte ebenfalls auf die Kopfverletzungen aufmerksam; auch sie erhärten den Verdacht, daß wir es mit unechten Blutspuren zu tun haben. Wenn man sie nur oberflächlich betrachtet, sind sie besonders eindrucksvoll – keineswegs die Kleckserei, die man von einem Maler erwarten würde. Sie quellen aus nadelkopfgroßen Stichwunden und bilden schließlich große Tropfen. Das Blut aus der größten Stirnverletzung ist sogar in die Stirnfalten gelaufen. Mediziner haben bestätigt, daß sich echtes Blut genauso verhalten würde, wenn es aus Wunden dieser Größe an diesem Teil des Körpers austräte.

Jeder Leser von Kriminalromanen weiß, daß Leichen nicht bluten. Aber in diesem Fall scheint der Betrachter Zeuge zu sein, wie frisches Blut aus den Wunden quillt. Diese Merkwürdigkeit des Tuches ist von zentraler Bedeutung, wiewohl sie so oft der Bequemlichkeit halber ignoriert wird. Man kann die perfekten Blutrinnsale, besonders auf der Rückseite des Kopfes, sogar durch das Haar hindurch sehen. Das ist ganz unmöglich. Wenn das Blut aus Stichwunden im Schädel flösse, wäre das Haar verklebt, und die Wunden würden ihre Konturen verlieren. Auf dem Grabtuch hingegen können wir die winzigen Kopfwunden einzeln erkennen.

Der Urheber muß ein Meister seiner Kunst gewesen sein. Er war aber, zumindest was den Blutfluß anbelangt, ein wenig zu perfektionistisch und opferte deshalb die Wirklichkeitstreue des Bildes ästhetischen Überlegungen.

Als wir uns 1988 mit allen Unterlagen zum Turiner Grabtuch auseinandergesetzt hatten, schien sein Geheimnis verwirrender denn je. Alles deutete darauf hin, daß es eine Fälschung war: die Radiokarbondatierung, seine Geschichte, das stellenweise angegriffene Gewebe und die Blutspuren. Doch ein Gemälde war es auch nicht, und wir konnten uns über die Spitzenleistungen der STURP und anderer Wissenschaftler nicht einfach hinwegsetzen. Wir waren nicht, wie die meisten Grabtuch-Anhänger, durch unseren Glauben voreingenommen, aber man konnte uns auch nicht als Skeptiker bezeichnen, wenn es um paranormale Phänomene (inklusive sogenannte Wunder) ging. Wir gehörten keiner Gruppierung an.

Immer wieder sichteten wir die vorliegenden Daten. Der Realismus der Darstellung und ihre anatomische Genauigkeit widersprachen allem, was man von einem mittelalterlichen Fälscher erwarten konnte. Schließlich brachte uns die Atomblitz-Theorie einen Schritt weiter, denn sie machte uns zwei wesentliche Faktoren bewußt. Erstens: Wenn das Bild wirklich einen echten menschlichen Körper wiedergab, dann mußte die Strahlung – unabhängig welcher Art – vom Körper reflektiert worden sein; der Körper selbst kam nicht als Strahlungsquelle in Frage. Zweitens: Die Energie mußte irgendwie gerichtet oder gebündelt worden sein, sonst wäre kein erkennbares Bild entstanden.

In seiner Zusammenfassung der Testergebnisse von 1978 schrieb der STURP-Wissenschaftler Lawrence Schwalbe: »... die Eliminierung aller bekannten Methoden beweist nicht, daß sich ein geschickter Fälscher nicht doch eine Technik ausdachte, die uns unbekannt ist.«[36] Diese Worte sollten sich als prophetisch herausstellen, doch die Beschreibung des hypothetischen Fälschers als »geschickt« war ganz entschieden eine Untertreibung! Bereits in der ersten Phase unserer Untersuchung wußten wir, daß das Turiner Grabtuch das Werk eines großen Künstlers war; es handelte sich keineswegs um eine simple Fälschung, wie Teddy Hall so abwertend behauptet hatte. Ihr Urheber verfügte über ein Wissen, das dem seiner Zeit weit voraus war, und er hatte eine so raffinierte Technik angewandt, daß er noch fünfhundert Jahre später die Spitzen der Wissenschaft verblüffte. Folglich konnte er kein gewöhnlicher Künstler, kein gewöhnlicher Mensch sein.

In den Monaten nach der Radiokarbondatierung fanden wir heraus, daß der Schöpfer des Turiner Grabtuches mehr war als nur ein brillanter Künstler. Er nannte den wohl außergewöhnlichsten Verstand sein eigen, den die Welt je gesehen hatte.

4 KORRESPONDENTEN

»Es lohnt sich noch immer, über das Grabtuch nachzudenken, und die Identität seines brillanten Schöpfers gehört zu den größten Rätseln.«

Professor Paul Damon vom Radiokarbonlaboratorium in Arizona.[1]

Bisher haben wir uns mit dem historischen und wissenschaftlichen Hintergrund des Grabtuches befaßt und alle Theorien zu seiner Entstehung so objektiv wie möglich dargestellt. Doch diese Geschichte ist zwangsläufig auch zu unserer eigenen Sache geworden, und davon wollen wir nun berichten.

Die Resultate der Radiokarbondatierung wurden am 13. Oktober 1988 verkündet, am Tag des Templerfestes. Zwei Monate später begann ich (Lynn) eine zweijährige, hin und wieder unterbrochene Affäre mit Ian Wilson. In dieser Zeit beriet ich die Royal Photographic Society in Bath bei einer Ausstellung von Bildern aus dem Bereich des Paranormalen, die den Titel »The Unexplained« (Das Unerklärte) trug. Die Geschäftsführerin der Gesellschaft, Amanda Nevill, und ich verbrachten viele Stunden mit Gesprächen über die Gestaltung der Ausstellung, berührten aber auch andere Themen. Wir stimmten darin überein, daß die Radiokarbondatierung das Grabtuch noch geheimnisvoller mache, doch war ich keineswegs auf ihren Vorschlag gefaßt, das Bild des Tuches auf »meiner« Ausstellung zu zeigen. Damals hatte ich bereits das Gefühl, von diesem Leichentuch verfolgt zu werden; es schien allgegenwärtig zu sein. Deshalb war ich anfangs entschieden gegen ihren Vorschlag.

Doch dann stimmte ich – wenn auch noch etwas widerwillig – zu, daß wir es nicht nur ausstellen, sondern zur Hauptattraktion des Saales machen sollten. Natürlich blieb das Tuch selbst fest verschlossen in seiner silbernen Schatulle in Turin, aber Ian Wilson besorgte uns ein Dia in voller Größe. Amanda ließ einen Lichtkasten bauen, auf den es montiert wurde. Da das Dia vier Meter lang ist, war die Sache nicht billig. (Einige Monate später erwarb das British Museum den Kasten für seine Ausstellung »Fake. The Art of Deception« [Fälschung. Die Kunst der Täuschung]).

Wir hängten ein fotografisches Negativ in Originalgröße an die Wand, so daß der Besucher die Details betrachten konnte, nachdem er das »echte« Bild auf dem Lichtkasten gesehen hatte. Der Erfolg war enorm. In den ersten Tagen der Ausstellung rannte ich wie ein aufgeregtes Huhn umher, doch viele Besucher sprachen mich auf die Exponate an. Das Grabtuch auf seinem Ehrenplatz war ein eindrucksvoller Blickfang, und so kurze Zeit nach der »Schande« der Radiokarbondatierung stand es im Mittelpunkt des Interesses.

Einige Besucher äußerten Zweifel an der ^{14}C-Datierung und meinten, das Bild sei offensichtlich ein Wunder, und auch Wissenschaftler könnten sich täuschen. Ich konnte nur nicken, da ich ihnen teilweise zustimmte, denn auch ich war mir der Arroganz von Wissenschaftlern bewußt. Mehrere Besucher ließen mich wissen, sie hätten »irgendwo gehört« oder »gelesen«, das Grabtuch sei von Leonardo da Vinci oder jemandem aus seiner Werkstatt gefälscht worden. Er wurde erstaunlich oft erwähnt, doch niemand schien sich daran erinnern zu können, woher die Information stammte. Nur meine Nachbarin Helen Moss erinnerte sich noch ganz genau daran, daß man ihr in der jüdischen Schule in Leeds beigebracht hatte, Leonardo da Vinci sei der Fälscher des Grabtuches.

Ich kannte Clive schon seit langem, denn wir hatten verschiedentlich zusammengearbeitet. Er kam zur Eröffnung sowie einigen Veranstaltungen im Rahmen der Ausstellung. Wir beide konnten damals mit der Ansicht der verschiedenen Besucher über Leonardo und das Turiner Grabtuch wenig anfangen. Es hätte uns aber nicht überrascht, wenn der einzige Mensch, dem man diese erstaunliche Fälschung zutrauen konnte, sie auch tatsächlich begangen hätte. Die Ausstellung stieß auf eine gewisse Resonanz in der Öffentlichkeit, und so bekam ich Gelegenheit, sie kurz in Radio und Fernsehen zu kommentieren. Ich hatte schon öfter in Programmen von Clive Bell und Michael van Straten vom Londoner Sender LBC mitgewirkt und hatte deshalb keine Scheu vor Mikrophonen. John Sugar vom World Service der BBC kam nach Bath, um mich zu interviewen, und wir unterhielten uns lange über das Turiner Leichentuch. Er lud mich ein, an einer Magazinsendung über das Grabtuch nach der Radiokarbondatierung teilzunehmen. Niemand konnte ahnen, was das Schicksal – vielleicht aufgrund dieser Sendung – für uns bereithielt. Ich sage deshalb »vielleicht«, weil ich meine Meinung über das Grabtuch etwa gleichzeitig im LBC dargelegt hatte und später nicht mehr feststellen konnte, welche der beiden Radiosendungen die nachfolgenden Ereignisse auslöste.

Jeder, der mehrmals im Radio oder Fernsehen aufgetreten ist, erhält im Laufe der Jahre ein paar verrückte Briefe, besonders wenn es um paranormale Phänomene geht – und auch ich blieb nicht davon verschont. Wenn sie aus fein säuberlich ausgeschnittenen Quadraten mit Buchstaben in drei verschiedenen Farben bestanden, gab es keinen Zweifel am Geisteszustand der Verfasser. Andere hingegen machten einen völlig normalen Eindruck, bis dann die Katze aus dem Sack gelassen wurde. Spätestens wenn jemand den Verdacht äußert, in seinem Fernseher lauere ein kleines grünes Männchen, werde ich hellhörig.

Kurz nach den Sendungen über die Ausstellung in Bath erhielt ich einen Brief von einer mir völlig unbekannten Person. Zuerst beunruhigte mich die Tatsache, daß er an meine Privatadresse geschickt worden war, weitaus mehr als sein Inhalt. Doch LBC und BBC versicherten mir mit Nachdruck, sie hätten keine persönlichen Informationen an Hörer weitergegeben.

Der Brief war mysteriös. Er war schlicht mit »Giovanni« unterschrieben, handelte von Leonardo da Vinci und dem Grabtuch und enthielt Einzelheiten, die mir phantastisch vorkamen. Im Radio hatte ich nur erwähnt, daß Leonardo etwas mit der Fälschung zu tun haben könnte, doch dieser Giovanni behauptete, er könne beweisen, daß Leonardo für die Fälschung verantwortlich sei. Er verwies mich auf das Buch *Der Heilige Gral und seine Erben* (1984) von Lincoln, Baigent und Leigh; dort würde ich das nötige Hintergrundwissen finden. Im übrigen werde er sich wieder melden.

Ich hatte das Buch ein halbes Jahr zuvor mit Interesse gelesen, aber was Leonardo und das Grabtuch anging, war ich keineswegs klüger geworden, auch wenn Leonardo in dem Buch als Großmeister einer Geheimgesellschaft auftaucht. Der einzige Hinweis auf das Turiner Grabtuch findet sich im zweiten Buch desselben Autorenteams, *Das Vermächtnis des Messias* (1987), wo sie über ein seltsames Phänomen nachdenken, das sie bei ihren Lesern beobachten konnten:

»Zahlreiche Menschen glaubten, uns überraschenderweise unbedingt auf das Turiner Grabtuch hinweisen zu müssen. ›Und was ist mit dem Turiner Grabtuch?‹ fragte man uns wiederholt. (Ja, was eigentlich?) Oder: ›Welche Wirkung hat das Turiner Grabtuch auf Ihre These?‹«[2]

Die Leser hatten ganz deutlich gefühlt, daß die im Buch *Der Heilige Gral und seine Erben* dargelegten Ereignisse und Theorien etwas mit dem Grabtuch zu tun hatten, doch niemand konnte sagen, was es war. Zu gegebener Zeit sollten wir fähig sein, diese Verbindung herzustellen.

Unser Geheimniskrämer »Giovanni« hatte ein paar sehr gewagte Behauptungen über Leonardo und das Grabtuch aufgestellt. Zuerst reagierten wir natürlich mit einem unbehaglichen Lachen. Gleichzeitig hatten wir das Gefühl, daß es nun kein Zurück mehr gab. Wir wußten zwar von den Ausstellungsbesuchern, daß Giovannis Behauptung nicht unbedingt neu war. Das Gerücht schien im kollektiven Unbewußten zu kursieren, doch Giovanni hatte seine Geschichte mit vielen sensationellen Details angereichert. Obwohl sie so unglaublich klangen, brachten sie uns zum Nachdenken.

So schrieb er, Leonardo habe sein eigenes Gesicht auf dem Grabtuch abgebildet. Dieses gelassene, bärtige Gesicht, das allgemein Jesus zugeschrieben wird, gehöre in Wirklichkeit Leonardo da Vinci, welcher der Nachwelt einen blasphemischen Streich habe spielen wollen. Und Giovanni ging noch viel weiter. Der Körper auf dem Grabtuch sei – mit Ausnahme des Gesichtes – der eines Mannes, den man tatsächlich im fünfzehnten Jahrhundert gekreuzigt habe. Über eine wichtige Frage machte Giovanni allerdings keine Aussage: Hatte Leonardo tatsächlich jemanden um der historischen Genauigkeit willen auf diese entsetzliche Art zu Tode gequält, oder war der Mann bereits tot gewesen? Damit nicht genug. Unser Informant schrieb auch, das Bild sei weder gemalt noch mit irgendeiner sonstigen bekannten Technik hergestellt worden. Vielmehr handele es sich dabei um die größte und kühnste Erfindung des Maestro, eine Art »alchimistisches Drucken« mit Hilfe von Chemikalien und Licht. Das Grabtuch sei eine Fotomontage aus Leonardo da Vincis Kopf und dem Körper eines unglückseligen Kreuzigungsopfers, dessen Verletzungen bis ins kleinste Detail mit Hilfe einer Kamera des fünfzehnten Jahrhunderts festgehalten worden seien.

Giovanni hatte zwar nicht verkündet, der Mann auf dem Grabtuch sei ein Marsmensch, doch auf uns wirkten seine Behauptungen ähnlich verrückt. Und warum spielte er Versteck mit uns und unterzeichnete nur mit seinem Pseudonym? Also verstauten wir sein Schreiben in dem Ordner »Spinner und Psychopathen«.

Sein Brief ließ uns jedoch nicht mehr los. Der Gedanke, das Grabtuch sei eine Art Fotografie, ergab insofern einen Sinn, als es unerklärlicherweise alle Eigenschaften eines fotografischen Negativs aufwies. Wer immer dieser Giovanni war, wir merkten bald, daß es sich lohnte, ihn ernst zu nehmen. Seine wahren Motive sind uns bis zuletzt verborgen geblieben, doch wir sind bei aller Skepsis dankbar für seine Tips. Mit ihrer Hilfe kamen wir viel schneller ans Ziel.

Es gibt da einen weiteren Augenblick, an den ich mit gerührtem Staunen zurückdenke. Wenige Tage nach dem ersten Giovanni-Brief wanderte ich ziemlich benommen in der Ausstellung herum und forderte Amanda Nevills damals siebenjährige Tochter Abigail auf, sich die Bilder mit mir zusammen anzuschauen. Sie ist ein lebhaftes, intelligentes Mädchen, es machte Vergnügen, mit ihr zusammen zu sein, und ihre Bemerkungen waren oft viel treffender als die der erwachsenen Besucher. Als wir um eine Ecke bogen, fiel unser Blick frontal auf das lebensgroße Negativ des Mannes auf dem Grabtuch. Ich dachte, daß eine so grausame Darstellung ein Kind vielleicht überfordere (ich selbst lehne Märtyrerbilder ab), und versuchte, sie in eine andere Richtung zu lenken. Doch Abigail blieb stehen, neigte den Kopf zur Seite und musterte das Bild in aller Ruhe.

»Warum ist sein Kopf so klein, und warum sitzt er so falsch?« lautete ihre spontane Frage. Ich betrachtete das Bild, und mir stockte der Atem. Es war wie im Märchen von des Kaisers neuen Kleidern. »Er paßt nicht«, sagte sie mit Nachdruck, und ihre Stimme verriet Kritik an der schlechten Arbeit des Urhebers. Dann vergaß sie das Bild. Ich jubelte innerlich über diese unzweifelhaft wichtige Erkenntnis – das war ein wahrer Durchbruch. Kindermund tut Wahrheit kund.

Abigails Beobachtung schien Giovannis Kommentar, daß das Bild eine Montage sei, zu bekräftigen. Wenn Leonardo sein Gesicht auf den Körper eines anderen Menschen gesetzt hatte, war es durchaus möglich, daß die beiden Komponenten nicht hundertprozentig zueinander paßten. (Damals hatten wir keine Ahnung, wie kompliziert seine Technik war; erst später, als wir sie zu imitieren versuchten, erhielten wir eine Vorstellung von den Problemen, die er bewältigt hatte.)

Auch Clive war von Abigails Bemerkung verblüfft und von der Geschwindigkeit, mit der sich die Dinge zu klären begannen. Doch wenn wir diese exzentrische These jemals beweisen wollten, wartete noch viel Arbeit auf uns.

Zunächst nahmen wir unser normales Leben wieder auf. Ich informierte mich allerdings in einer Bibliothek über Leonardo, weil ich noch nicht einmal eine vage Vorstellung von dem Aussehen des florentinischen Meisters hatte. Wenn er dick und glatzköpfig gewesen war, konnte er kaum als Modell für den schmalgesichtigen Mann auf dem Grabtuch gedient haben. Ich erinnere mich noch sehr deutlich, wie ich tief Luft holte, bevor ich ein kunsthistorisches Standardwerk aufschlug und die Seiten durchblätterte. Doch da war er: mit einem bärtigen, schlanken Gesicht.

Ein paar Wochen später wollte ich eine Glückwunschkarte kaufen und entdeckte dabei zufällig einen Stapel Karten mit einem ausdrucksstarken Porträt Leonardos. Aber als ich die Karte näher betrachtete, entpuppte sie sich als das 1935 von dem Künstler Ariel Aggemian gemalte Porträt des Mannes auf dem Grabtuch. Auf der Rückseite hieß es: »Sie halten ein Bild mit ... dem heiligen Antlitz Jesu in der Hand ... nach der Vorlage des heiligen Grabtuches von Turin.«

Es gab keinen Grund, die zweite Hälfte des Satzes in Frage zu stellen, was jedoch den Anfang anbelangte, war meine prompte Reaktion bereits damals ein entschiedenes: »O nein, keineswegs!«

Clive und ich verabredeten uns kurzfristig zum Mittagessen, und ich zeigte ihm das Buch über Leonardo da Vinci und die Karte. Ich brauchte ihm keine weiteren Erläuterungen zu geben – er hatte schließlich selbst Augen im Kopf.

Wir waren der Wahrheit auf der Spur, aber dennoch mußten wir sehr vorsichtig zu Werke gehen. Wir brauchten eine Bestätigung, und zwar von Leuten, für die das Grabtuch zu einer anderen Welt gehörte. Damals arbeitete ich freiberuflich für eine Frauenzeitschrift, und an jenem Nachmittag stand ein wichtiger Fototermin für die Modeseiten an. Ich nahm Leonardo da Vincis Selbstbildnis und die Postkarte mit in den Umkleideraum der Mannequins. Wer für eine Frauenzeitschrift arbeitet, ist an die seltsamsten Fragen gewöhnt, sei es über intime persönliche Gewohnheiten oder die neueste Wimperntusche. Also hielt ich den Fotomodellen einfach die beiden Bilder vor die Nase und fragte: »Was fällt Ihnen daran auf?«

Die spontane Reaktion war äußerst befriedigend. Von fünfzehn Mannequins, die im Laufe des Nachmittags kamen und gingen, sagten elf sofort:»Das ist derselbe Mann.« Zwei zögerten, kamen dann aber zu dem gleichen Schluß. Eine sagte, sie wisse nicht, worauf ich hinauswolle, und sie habe zu tun. Die letzte, eine Katholikin, erkannte den Mann vom Grabtuch und hoffte, daß ich nichts Abfälliges über ihn schreiben würde. Falls sie dieses Buch liest, was ich bezweifle, möchte ich mich bei ihr entschuldigen.

Diese inoffiziellen Stimmen aus dem Volk waren natürlich kein Beweis, aber tatsächlich ist das menschliche Auge immer noch scharfsichtiger als jedes Gerät, von der Kamera bis zum Computer. Ich hatte mich bewußt davor gehütet, den Mannequins eine Antwort zu suggerieren. Es tat uns leid, daß wir keine Aufzeichnungen über ihre Aussagen gemacht hatten, doch unsere ohnehin große Begeisterung war noch gewachsen.

Wir konnten uns ein Lachen nicht verkneifen, als Rodney Hoare und Michael Clift von der BSTS viele Monate später sagten:»Ich persönlich kann keine Übereinstimmung erkennen«, und:»Der Mann auf dem Grabtuch hat keinerlei Ähnlichkeit mit Leonardo.«

Nach und nach erhielten wir dreizehn Briefe von Giovanni, in denen er uns ausführliche Informationen über Leonardo da Vinci und das Grabtuch lieferte; die meisten haben wir durch eigene Nachforschungen bestätigen können. Seine wichtigsten Behauptungen lassen sich wie folgt zusammenfassen:

Leonardo fälschte das Grabtuch im Jahre 1492. Es handelt sich um eine Montage: Er setzte das Bild seines Kopfes auf den Körper eines tatsächlich gekreuzigten Mannes. Wir haben es nicht mit einem Gemälde, sondern mit einer Projektion zu tun, die er mit Hilfe von Chemikalien und Licht auf dem Tuch»fixierte«. Mit anderen Worten, er hatte eine fotografische Technik angewandt.

Der Meister hatte zwei wichtige Gründe, das Tuch zu fälschen. Den Auftrag – eine Art höhnischer Publicity Gag – hatte ihm Papst Innozenz VIII. erteilt. Doch er widmete sich der Aufgabe mit Hingabe, Kühnheit und unter Einsatz seines ganzen Genies, weil sie ihm Gelegenheit gab, die Grundlagen des Christentums aus dem Herzen der Kirche heraus anzugreifen (wobei ihm vielleicht auch die Vorstellung gefiel, daß Generationen von Pilgern vor seinem eigenen Bild beten würden). Das Bild ist durchdrungen von einer subtilen Symbolik, mit der er die Kirche herausforderte. Laut Giovanni erhielt Leonardo jedoch kein Honorar für das Grabtuch, weil es für das bloße Auge nicht sehr wirkungsvoll war!

Vielleicht ist es nicht übertrieben zu sagen, daß Leonardo inzwischen seinen Lohn kassiert hat. All diese Informationen präsentierte uns Giovanni als unumstößliche Tatsachen. Gab es irgendwelche Beweise für die Richtigkeit seiner Behauptungen?

In seinem ersten Brief hatte er uns gedrängt, das Buch *Der Heilige Gral und seine Erben* von Lincoln, Baigent und Leigh zu untersuchen.[3] Ich hatte es allerdings bereits kurz zuvor gelesen.

Durch eine Laune des Schicksals sollte es zwischen unserer Geschichte und der des Buches gewisse Parallelen geben, und ein Gutteil unserer Recherchen stützte sich darauf, auch wenn es drei Jahre dauerte, bis ich mit Henry Lincoln ein kurzes Telefonat führen sollte.

Das Buch *Der Heilige Gral und seine Erben* beginnt mit dem Geheimnis von Rennes-le-Château, einem abgelegenen Dorf des Languedoc in Südfrankreich, nahe der spanischen Grenze. Ende des neunzehnten Jahrhunderts machte sich der Dorfgeistliche François Bérenger Saunière daran, Ausgrabungen in seiner Kirche vorzunehmen. Dabei entdeckte er unter dem Altar einige Dokumente in einer Schatulle sowie zwei Schädel. Die Schriftrollen waren verschlüsselt und schienen auf die Verwicklung der regionalen Aristokratie in eine Art Komplott hinzuweisen. Was immer Saunière sonst noch gefunden haben mag, es muß äußerst wertvoll gewesen sein, denn über Nacht wurde er enorm reich, und die Spitzen der Pariser Aristokratie strömten in seine Pfarrei – obwohl wir hier nur spekulieren können, worin deren plötzliche Attraktivität bestanden haben mag. Saunière renovierte die Kirche und versah sie mit vielen bizarren Verzierungen, unter anderem mit einem Stuckdämon, der das Portal bewacht und über dem ein Schriftband mit den Worten verläuft: »Dies ist ein Ort des Schreckens.«

Obwohl der Priester kerngesund zu sein schien, bestellte er plötzlich einen Sarg und setzte die Lieferung auf zehn Tage später fest. Er starb tatsächlich an jenem 17. Januar 1917. Man bahrte ihn in sitzender Haltung auf, und viele Trauergäste, von denen einige sogar aus dem fernen Paris angereist waren und anscheinend im voraus um seinen Tod gewußt hatten, erwiesen ihm die letzte Ehre und rissen

jeweils eine rote Bommel von seiner Robe. Man munkelte, daß der
Priester, der herbeigerufen worden war, um Saunières letzte Beichte
zu hören, vor Entsetzen geflüchtet sei, so daß Saunière ohne Ab-
solution starb.

In den 1970ern hatte Henry Lincoln die Ereignisse für einen drei-
teiligen Fernsehfilm der BBC recherchiert und war dabei auf mögliche Verbindungen zu anderen undurchsichtigen historischen Gruppierungen, unter anderem auch zu den Templern, gestoßen.[4] Einige
Jahre später schrieb er mit seinen Kollegen Baigent und Leigh ein
Buch, in dem diese bizarre Geschichte weiter untersucht wird. Als
hätten sie eine Büchse der Pandora geöffnet, stießen sie bei ihren
Recherchen auf eine verwirrende Vielzahl von Geheimgesellschaften. Das Resultat ihrer Arbeit war das Buch *Der Heilige Gral und seine
Erben*, ein internationaler Bestseller.

Sie hatten entdeckt, daß sich hinter der Geschichte des Pfarrers
Saunière eine lichtscheue Organisation verbarg, die sich Prieuré de
Sion nennt und angeblich im elften Jahrhundert gegründet worden
war. Verschiedene Mitglieder sowie ihr derzeitiger Großmeister
Pierre Plantard de Saint-Clair hatten mit den drei Autoren Kontakt
aufgenommen und ihnen bei ihren Untersuchungen geholfen. Diese
nahmen rasch immer größere Dimensionen an, so daß sie das Aus-
gangsproblem beinahe aus den Augen verloren. Die Prieuré glaubt,
daß Jesus mit Maria Magdalena verheiratet gewesen sei, und hat es
sich erklärtermaßen zur Aufgabe gemacht, die Nachfahren Jesu und
Maria Magdalenas zu beschützen. Jesus sei nicht am Kreuz gestorben, sondern habe noch viele Jahre gelebt; Maria Magdalena sei später mit ihren gemeinsamen Kindern in den Südwesten Frankreichs
ausgewandert, wo sie hochbetagt gestorben sei. Aus ihren Nachfahren sei die französische Dynastie der Merowinger hervorgegan-
gen. Diese »ketzerische« Geschichte hat einen unwiderstehlichen
Reiz, doch ihre Autoren wurden scharf kritisiert, ja sogar regelrecht
beschimpft. (Auch Ian Wilson greift auf die Adjektive »berüchtigt«
und »schändlich« zurück, wann immer er das Buch *Der Heilige Gral
und seine Erben* erwähnen muß.)

Daß Jesus verheiratet war, erschien uns als sehr einleuchtend.
Denn wie die Autoren darlegten, wäre es für einen erwachsenen
Juden jener Tage so ungewöhnlich gewesen, unverheiratet zu sein,
daß man nicht kommentarlos darüber hinweggegangen wäre. Die

negative Einstellung der Kirche gegenüber einer Ehe Jesu ist jüngeren Datums, und sie ging mit einer allgemeinen Diskriminierung der Frau einher. Außerdem stellten wir später fest, daß frühchristliche Quellen Maria Magdalena als »die Braut Christi« bezeichnen; das mag symbolisch zu verstehen sein, so wie wir heutzutage diesen Ausdruck für Nonnen benutzen. Da jedoch keine der anderen Jüngerinnen Jesu so genannt wird, könnte der Ausdruck auch wörtlich gemeint sein. Wir jedenfalls sind davon überzeugt.

Auch daß Jesus und Maria Magdalena Kinder gehabt haben sollen, ist völlig plausibel, wenngleich es vielleicht seltsam anmutet, daß sie nicht in der Bibel erwähnt werden, denn an überflüssigen Genealogien herrscht dort ja sonst kein Mangel. Und was ist mit den »direkten Nachkommen«, über welche die Prieuré angeblich wacht? Solche Nachfahren kann es doch wahrlich nicht mehr geben. Nicht im zwanzigsten Jahrhundert – zweitausend Jahre nachdem Jesus und Maria Magdalena ihre Kinder hatten, oder doch? Inzwischen müssen Tausende, wenn nicht Millionen Nachfahren existieren, und ganz sicherlich wissen nicht alle von ihrem erhabenen Stammbaum.

Etliche außerbiblische Hinweise erhärten die Theorie, daß Jesus und Maria Magdalena wenn auch vielleicht nicht verheiratet, so doch zumindest ein Liebespaar waren.[5] Die gnostischen Evangelien – frühchristliche Schriften, die nicht ins Neue Testament aufgenommen wurden – sind in dieser Hinsicht aufschlußreich. Das Evangelium des Philippus beschreibt zum Beispiel die Eifersucht der Jünger auf Maria Magdalena, weil Jesus sie vorziehe und sie immer wieder auf die Lippen küsse.[6] Vor allem Simon Petrus könnte ihr unversöhnlicher Feind gewesen sein. Die Tatsache, daß jene Evangelien auf die besondere Position der Maria Magdalena eingehen, könnte sehr wohl der Grund dafür sein, daß sie nicht zu den kanonischen Evangelien gehören.

Je logischer wir die Fragen untersuchten, desto deutlicher wurde uns, daß die Evangelisten Jesu Frau nicht aus Antipathie gegenüber der Ehe unerwähnt gelassen hatten, sondern weil sie seine Frau ganz und gar nicht ausstehen konnten. Sie hatten nichts gegen die Ehe als solche, aber Jesu Brautwahl erschien ihnen so inakzeptabel, daß sie es ganz einfach vermieden, Maria Magdalena zu erwähnen.

Seit Jahrhunderten gilt Maria Magdalena als Hure, wenn auch als reuige. In den Evangelien finden sich dafür jedoch kaum Beweise;

wir haben es hier vielmehr mit einem hartnäckigen Mythos zu tun. Doch wir sollten auf eine weitere, bis heute verborgene Tradition stoßen, die Maria Magdalena nicht nur als eine ganz besondere, eigenständige Apostolin sah, sondern auch die Vorstellung erklärt, daß sie einst eine Prostituierte gewesen sei.

Lincoln, Baigent und Leigh zufolge hatte die Prieuré im Laufe der Jahrhunderte viele berühmte Großmeister.[7] Es waren sogar einige Frauen darunter, denn die Prieuré war stets eine Geheimgesellschaft, in der Gleichberechtigung herrschte. In den Dokumenten der Organisation, die als *Dossiers secrets* bekannt sind, werden Sir Isaac Newton, Victor Hugo und Leonardo da Vinci als Großmeister aufgeführt.[8] Letzterer scheint die Führung von 1510 bis zu seinem Todesjahr 1519 innegehabt zu haben, das heißt also während der Jahre, die er als Gast Franz' I. in Amboise an der Loire verbrachte.

Wie viele andere Leser des Buches *Der Heilige Gral und seine Erben* begegneten wir einigen der Behauptungen mit Skepsis, obwohl uns der gedankliche Aufbau des Buches überzeugte. Oberflächlich betrachtet schien es zu schön, um wahr zu sein, daß einige der berühmtesten Geister der Geschichte Großmeister der Prieuré waren; zum Beispiel gehörten auch Jean Cocteau und Claude Debussy dazu. In jüngster Zeit wurde diese Funktion von weniger illustren Personen übernommen, zum Beispiel von Pierre Plantard de Saint-Clair und dem gegenwärtigen Amtsinhaber, einem Anwalt aus Barcelona.

Auch Giovanni nahm für sich in Anspruch, ein hochrangiges Mitglied einer schismatischen Fraktion der Prieuré gewesen zu sein. Allem Anschein nach haben im vergangenen Jahrzehnt große Umwälzungen innerhalb der Organisation stattgefunden: Pierre Plantard de Saint-Clair – Großmeister zur Zeit der Veröffentlichung von *Der Heilige Gral und seine Erben* – soll als erster in der Geschichte der Gesellschaft zurückgetreten sein. Das Hauptquartier der Prieuré befindet sich nun angeblich in Spanien. Giovanni zufolge besteht seine Fraktion aus Puristen, die der Organisation vorwerfen, sich zu weit von ihren ursprünglichen Zielen und Überzeugungen entfernt zu haben.

Die Autoren von *Der Heilige Gral und seine Erben* werden vor allem dafür kritisiert, daß sie sich auf geheimnisvolle – und deshalb unüberprüfbare Quellen – beriefen. Auch uns hatte dieser Sachverhalt ursprünglich gestört, doch bald befanden wir uns bis zu einem gewissen Grad in einer ähnlichen Situation wie die Autoren Lincoln, Baigent und Leigh und wurden rasch kleinlaut. Wir mußten durch bittere Erfahrung lernen, daß eine geheimnisvolle Quelle durchaus wahre Informationen liefern kann, auch wenn es nie an Kritikern fehlt, die einen Betrug wittern.

Wie sieht es mit den Beweisen für die Existenz der Prieuré de Sion aus? Hier gibt es zwei extreme Positionen: Der ersten zufolge trifft die Behauptung der Organisation zu, sie existiere seit dem elften Jahrhundert und sei Hüterin noch älterer Geheimnisse. Die nicht weniger extreme Gegenposition – sie wird offenbar auch von Ian Wilson vertreten – besagt, daß Lincoln, Baigent und Leigh alles frei erfunden hätten. Daß dem nicht so ist, läßt sich belegen, denn die Prieuré erreichte in den siebziger Jahren in Frankreich eine gewisse Berühmtheit, und ihre Existenz ist bereits seit den fünfziger Jahren bekannt. Daraus folgt natürlich nicht, daß es auch mit dem angeblichen Stammbaum seine Richtigkeit hat.

Einen Kompromiß bildet die Auffassung, die Prieuré sei eine moderne Gründung und versuche aus unbekannten Motiven, sich ein ehrwürdiges Alter zu verleihen. Einige Esoterik-Experten äußern sich skeptisch darüber, daß die Prieuré so lange unentdeckt geblieben sein soll, denn selbst die Existenz der geheimsten politischen, religiösen und okkulten Gesellschaften sei nicht sehr lange zu verbergen. Der amerikanische Spezialist für Geheimgesellschaften, Robert Anton Wilson, nimmt an, daß die Prieuré aus dem zwanzigsten oder vielleicht aus dem späten neunzehnten Jahrhundert stammt und eine Art großangelegter Bluff sei.[9] Ähnliche Ansichten scheint man in zeitgenössischen esoterischen Kreisen zu vertreten. So hörten wir von einem Tempelritter, die Prieuré sei während des Zweiten Weltkrieges im besetzten Frankreich von Plantard erfunden worden (zur Tarnung der von den Alliierten und der französischen Résistance begangenen Greueltaten, was immer das heißen soll).

Wir haben es hier mit einem prinzipiellen Problem zu tun: Die erfolgreichste Geheimgesellschaft ist logischerweise diejenige, von der niemand etwas weiß. Und es hat den Anschein, als bestehe die Prieuré aus meisterlichen Erfindern von Falschinformationen, sensationellen Legenden und Aprilscherzen. Doch es liegen Beweise vor – wenn auch nur indirekte –, welche die Aussagen untermauern, die der Prieuré von Lincoln, Baigent und Leigh zugeschrieben wurden. Die Nachforschungen der drei Autoren ergaben, daß die Prieuré unter einer Reihe anderer Namen tätig war, zu denen auch »Deckorganisationen« gehören, die historisch belegt sind – zum Beispiel die ehemalige Compagnie du Saint Sacrement mit Hauptquartier im Priesterseminar von Saint-Sulpice in Paris –, und daß die Zielsetzungen dieser Gruppierungen sich mit denen der heutigen Prieuré deckten.[10]

Im Laufe unserer eigenen Recherchen fanden wir allmählich einen roten Faden, der auf ein feingeschmiedetes Komplott hinzuweisen schien, das ungefähr aus der Entstehungszeit der Prieuré stammte. Diese Entdeckung verwirrte uns anfangs, denn wir waren sehr skeptisch geworden. Rückblickend können wir jedenfalls eines mit Sicherheit über die Prieuré de Sion erklären: Sie ist außerordentlich raffiniert und völlig undurchschaubar. (Siehe Kapitel 6.)

Indizien, die zwar nicht so greifbar, dafür aber nicht weniger zwingend sind, stellen die jahrhundertealten esoterischen Symbole dar. Sobald die Prieuré ihre Hand im Spiel haben soll, tauchen leitmotivisch Themen wie Arkadien, die Ziffer 58, schwarze Madonnen und Maria Magdalena in auffälliger Häufung auf. Und sie finden sich auch in Werken von Malern, Schriftstellern und Dichtern, denen man eine Verbindung mit dieser Organisation nachsagt. Diese immer wieder auftauchenden Motive scheinen auf einen »verborgenen Strom« esoterischer Überlieferungen hinzuweisen.

Sollte Leonardo da Vinci einst Großmeister der Prieuré de Sion gewesen sein, so kann er nicht das rationale, methodische Genie gewesen sein, für das man ihn gemeinhin hält, denn ein Grundzug der Prieuré ist ihre Leidenschaftlichkeit. Ihre Mitglieder sind Maria Magdalena und der Zielsetzung der Gesellschaft mit einer bemerkenswerten Inbrunst und Beständigkeit zugetan. Wir wissen wirklich sehr wenig über den wahren Leonardo – vielleicht haben Unbekannte im Laufe der Jahrhunderte vorsätzlich dafür gesorgt.

In allen dreizehn Briefen, die ich von Giovanni erhielt, tauchte ein Satz häufiger als alle anderen auf: »Wer Augen hat zu sehen, der soll sehen.« Das war nicht nur eine Abwandlung des bekannten Bibelwortes: »Wer Ohren hat zu hören, der höre!« (Mt 11,15), sondern auch ein alchimistischer Spruch. Giovanni forderte uns auf, nicht an der Oberfläche stehenzubleiben, weder die gängige Sicht der Dinge noch einfache Antworten zu übernehmen. Uns wurde bald klar, daß die Vertreter der Prieuré äußerst gescheit sind und ihre Organisation ebenso intelligent wie »ketzerisch« ist.

In gewisser Hinsicht waren diese bruchstückhaften Informationen von unbekannter Seite genausowenig hilfreich, als hätte man uns die Antwort auf Kreuzworträtselfragen per Post zukommen lassen (wobei wir nicht einmal immer die Fragen kannten). Es machte uns jedoch etwas nervös, daß ein Unbekannter ausgerechnet uns ein paar ziemlich trübe historische und religiöse Geheimnisse verraten wollte. Eine Zeitlang wäre ich beinahe paranoid geworden. Jedesmal wenn ich einen Italiener hinter mir hörte – in der Londoner Hochsaison geschah das häufiger –, zuckte ich zusammen, und auch das Klappern meines Briefkastens erfüllte mich mit gemischten Gefühlen. Ich hatte nicht unbedingt Angst vor Giovannis Briefen – ich war sogar in gewisser Weise süchtig nach ihnen –, aber mir war unbehaglich bei dem Gedanken, wohin das alles führen werde.

Dann – im März 1991 – lernten wir Giovanni persönlich kennen. Irgendwie hatte er meine geheime Telefonnummer in Erfahrung gebracht und rief mich zu meinem größten Erstaunen an. Clive und ich verabredeten uns mit ihm in der Bar des Cumberland Hotels in der Nähe von Marble Arch.

Giovanni war keine Enttäuschung, im Gegenteil. Er war von mittlerem Alter und mittlerer Größe und sah aus wie ein zerknautschter Filmstar in einem zerknitterten Designer-Anzug mit angegrauter Mähne und Bart. Wenn man sich mit ihm unterhielt, hatte man das Gefühl, mit der Queen zu reden: Es wurde nicht belanglos geplaudert. Nachdem er eine Flasche ausgezeichneten Muscadets bestellt hatte, kam er ohne Umschweife zur Sache, und zwar ging es, wie unser Freund Craig Oakley später meinte, »ans Eingemachte«.

Sofern wir uns etwas darauf eingebildet hatten, daß er ausgerechnet uns als Adressaten gewählt hatte, wurden wir umgehend desillusioniert. Wie Giovannis wiederholte Fragen nach Ian Wilson verrieten, war er gar nicht primär an uns persönlich interessiert. Er wußte zwar, daß Ian und ich unsere Beziehung abgebrochen hatten, schien aber seltsamerweise der Ansicht zu sein, daß diese Situation nur vorübergehend sei. Immer wenn die Rede auf Ian kam, beobachtete er mich genau und schien besonders zufrieden – zumindest kam es mir so vor –, als ich einmal errötete. Uns dämmerte, daß er in

erster Linie nicht hinter uns, sondern hinter Ian Wilson her war und
daß er uns nur deshalb mit all den Informationen über Leonardo
da Vinci versorgt hatte, weil er hoffte, daß Wilson davon erfahren
werde.

Nach längerem Schweigen und einem raschen Blickwechsel mit
mir fragte Clive ihn geradewegs, ob unsere Vermutung zutreffe. Mit
einem amüsierten Schmunzeln bejahte er. Wir erkundigten uns daraufhin, weshalb er sich nicht direkt an Ian Wilson gewandt habe. Zu
unserer Überraschung erfuhren wir, daß »sie« das bereits erfolglos
versucht hätten und daß Ian Wilson nun solchen Annäherungsver-
suchen gegenüber sehr mißtrauisch sei. Auf unsere Frage, was Ian so
wichtig mache, erwiderte Giovanni naserümpfend, er sei der größte
Sindonologe (und lachend fügte er hinzu: »Bis jetzt«) in Großbritannien oder der ganzen westlichen Welt und viel weniger von der Echtheit des Grabtuches überzeugt, als aufgrund seines Auftretens in der
Öffentlichkeit anzunehmen sei. Wir machten kein Hehl aus unserer
Skepsis.

Giovanni fuhr fort, er habe sich nun entschlossen, nachdem er
weder direkt noch auf Umwegen an Ian Wilson herangekommen sei,
die Wahrheit über das Grabtuch durch uns zu verbreiten. Das klang
nicht gerade wie ein Kompliment, und wir hatten langsam das Gefühl, in eine schmutzige Kampagne hineingezogen zu werden. Ziemlich brüsk machten wir ihm klar, daß wir nicht bereit seien, für ihn
und seine Hintermänner als Sprachrohr zu fungieren, und daß wir,
falls wir seine Leonardo-Geschichte überhaupt verfolgten, dies völlig unvoreingenommen tun wollten.

Bei diesem ersten Anzeichen von unverhohlenem Ärger wandelte
sich der Ton der Unterhaltung plötzlich radikal. Giovanni entspann-
te sich sichtlich und wollte wissen, was wir von dem Buch *Der Heilige
Gral und seine Erben* hielten, wobei er andeutete, daß er mehr über
das Thema wisse als die Autoren. Er fragte nach unserer Meinung
über die Beweise für die Existenz der Prieuré de Sion, und auf unsere
höfliche Bemerkung hin, wir fänden sie spannend, aber nicht überzeugend, begann er zu lachen.

Die Unterhaltung drehte sich dann um Geheimgesellschaften im
allgemeinen. Clive und ich ließen durchblicken, daß Verschwörungs-
theorien zwar ganz lustig, aber auch ein bißchen gefährlich seien.
Giovanni zuckte mit den Schultern und murmelte, es sei erstaunlich,

daß ausgerechnet wir derlei Ansichten verträten, wenn man beden-
ke, wie viele Mitglieder solcher Gesellschaften zu unserem Bekanntenkreis zählten. Als wir ihn sprachlos ansahen, nannte er uns einige
mit Namen, wobei er ihren Rang in verschiedenen alchimistischen
Bewegungen, bei den Templern, den Freimaurern und auch in der
Prieuré angab.

Giovanni begründete seine Kontaktaufnahme damit, daß sich
»die Dinge zuspitzten« und er es für ratsam halte, nach Italien
zurückzukehren. Er weigerte sich, uns nähere Einzelheiten mitzuteilen, seine Abreise schien aber gerade deshalb dringlich geworden
zu sein, weil er sich mit uns in Verbindung gesetzt hatte. Gleichsam
nebenbei bat er uns, seine Briefe zu vernichten. Danach folgte ein
beredtes Schweigen. Wir versprachen es zwar, doch zu unserer
Schande muß ich gestehen, daß wir uns erst von seinen Briefen
trennten, als es höchste Zeit war (siehe unten).

Dann nahm er seinen zerknitterten Mantel in die Hand und sagte
etwas zu beiläufig: »Dies ist kein Sandkastenspiel. Man wird Ihnen
mehr Aufmerksamkeit widmen, als Ihnen lieb ist, und zwar nicht nur
von seiten derer, die Leonardos Antlitz anbeten, ohne es zu wissen.«

Zum Abschluß fragte er mit perfektem Timing: »Warum heißen
alle unsere Großmeister Johannes? Leonardo da Vinci war natürlich
auch ein Giovanni. Das ist keine Nebensächlichkeit, sondern der
Schlüssel. Denken Sie darüber nach!«

Wir blieben eine Weile sprachlos sitzen, aber wir hatten keine
Ahnung, was wir von Giovanni oder seiner Geheimbundobsession
halten sollten.

In den folgenden Wochen und Monaten gelangten wir nach und
nach zu der Überzeugung, daß Giovanni ein hoffnungsloser Fall war,
obwohl unsere eigenen Recherchen bereits viele seiner anscheinend
verrückten Behauptungen bestätigt hatten. Dann aber kam es zu –
teilweise beunruhigenden – Vorfällen, die neues Licht auf die Angelegenheit warfen.

Im Juni 1990 waren Ian und ich noch befreundet, doch dann brach
er von einem Tag auf den anderen den Kontakt ab. Eine Bekannte von
mir fragte ihn nach dem Grund, und er erwiderte, er »habe etwas erfahren«. Natürlich kann es sich hier auch um bloßen Klatsch über
mich gehandelt haben, doch angesichts der späteren Versuche, unsere Arbeit zu diskreditieren, stimmt es doch nachdenklich. Wir er-

fuhren schließlich, daß ein anonymer Brief im Spiel gewesen war, der mich, soweit wir wissen, mit einer satanischen Bewegung in Verbindung brachte. Ian war so beeindruckt, daß er Clive sogar warnte: »Wenn Ihnen christliche Werte etwas bedeuten, lassen Sie sich nicht von Lynn auf Abwege bringen ... Das Herumtüfteln an der Leonardo-Theorie ist nur das Vorgeplänkel zu einem viel dunkleren Drama.« Wir baten ihn wiederholt, uns mitzuteilen, wessen man mich beschuldige, doch er weigerte sich »aus juristischen Gründen«[11]. Später erfuhr ich, er habe einen – möglicherweise auch mehrere – führenden Vertreter der britischen Grabtuch-Lobby angerufen und angedeutet, ich sei in okkulte Praktiken verstrickt.[12]

Kurz nach unserer Begegnung mit Giovanni im März 1991, als unsere Recherchen schon recht weit gediehen waren, verbrachte ich einen Tag mit meinem Freund Peter in Hampstead Village im Norden Londons. Wir besuchten Kunstgalerien und sahen uns Schaufenster an. Zuerst wollten wir es nicht glauben, doch uns schien tatsächlich ein Mann zu folgen. Jedesmal wenn wir uns umsahen, war er hinter uns und wandte sich rasch den Schaufensterauslagen zu. Wenn wir die Straße überquerten, tat er das gleiche. Verweilten wir eine Zeitlang in einem Geschäft oder in einer Galerie, so schaute er wiederholt herein, wahrscheinlich um sicherzugehen, daß wir nicht durch eine Hintertür entkommen waren. Schließlich drehten wir uns um und blickten ihn unverwandt an: Da verschwand er blitzschnell in einer Pizzeria. Als wir daran vorbeigingen, saß er am Fenster und schielte über den Rand seiner Zeitung. Noch heute könnte ich ihn genau beschreiben.

Ähnlich erging es mir und Clive in einem Weinlokal in einer Nebenstraße der Great Portland Street mitten in London, wo wir uns regelmäßig zum Essen trafen, um über unsere Arbeit zu sprechen. Ein Fremder saß im Hintergrund und lauschte so unverhohlen unserem Gespräch, daß wir nach ein paar spitzen Bemerkungen demonstrativ das Thema wechselten. Doch als typische Briten waren wir nicht in der Lage, den Mann auf sein seltsames Verhalten anzusprechen. Als wir das Lokal verließen, folgte er uns, und als wir uns trennten, blieb er mir auf den Fersen und ließ auch nicht locker, während ich bei Marks and Spencer in der Oxford Street absichtlich eine Abteilung nach der anderen aufsuchte. Ich verlor ihn erst aus den Augen, als ich als letzte in einen Bus einsteigen durfte und er in der Schlange warten mußte. Ich paßte auf, ob er mir in einem Taxi folgen würde, aber er zuckte nur mit den Schultern und tauchte in der Menge unter. Wer immer uns auf der Spur war, legte Wert darauf, daß wir es merkten.

Wir hatten oft das Gefühl, beschattet zu werden, aber es war niemals so offenkundig wie in den beschriebenen Beispielen. Kurze Zeit danach riefen mich mehrere Leute an, mit denen ich beruflich zu tun hatte, und wollten wissen, ob ich überraschend umgezogen sei. Sie hatten Sendungen mit dem Vermerk »Adressat unbekannt« zurückbekommen. Auf meinem Postamt erfuhr ich, daß man dort zwei an mich adressierte Briefe mit der Aufschrift »Verzogen« zurückerhalten hatte. Folglich war man davon ausgegangen, daß sich meine Adresse geändert habe, und hatte meine Post an die Absender zurückgeschickt.

Es kam auch noch zu anderen Vorfällen, von denen jeder für sich betrachtet recht harmlos war. Doch dann, eines Samstags im Juli 1992, ereignete sich etwas ziemlich Spektakuläres. Aufgrund meiner schriftstellerischen Arbeit halte ich mich meistens zu Hause auf. An jenem Tag aber besichtigten Clive und ich die Kirche Notre-Dame de France am Leicester Square in Begleitung unserer Freunde Craig Oakley und Tony Pritchett. Während meiner Abwesenheit versuchte man, in meine Wohnung einzudringen, und zwar am hellichten Tage und obwohl sie an einer belebten Straße liegt. Ein Nachbar verjagte den Einbrecher und rief die Polizei. Sie reagierte prompt mißtrauisch, weil der Verbrecher so dreist gewesen war. Man wollte wissen, ob ich Feinde hätte. Es gibt nämlich genug abgeschiedene Grundstücke in meiner Straße, wo man viel besser einbrechen kann. Um in meine Wohnung einzudringen, muß man einen Garten durchqueren, es gibt nur einen Eingang und keinen schnellen Fluchtweg. Man schien es auf mich persönlich abgesehen zu haben.

Dieses Ereignis veranlaßte mich, endlich Giovannis Briefe zu vernichten, und danach fühlte ich mich sehr erleichtert.

Den Höhepunkt bildeten dann die Vorfälle in Rom beim Internationalen Grabtuch-Symposion im Juni 1993. Wir nahmen – aus naheliegenden Gründen – nicht persönlich daran teil, doch wenige Tage nach dem Treffen erhielt Clive einen Brief von der Frau eines BSTS-Mitglieds, die sich darüber freute, daß »Ihre Machenschaften nach hinten losgegangen sind«, und die Clive beschuldigte, eine Kampagne gegen Ian Wilson angezettelt zu haben. Wir hatten bereits

unsere Erfahrungen mit ihr und nahmen sie nicht weiter ernst. Doch
als wir uns bei anderen Teilnehmern erkundigten, stellte sich heraus,
daß verschiedene führende Persönlichkeiten der internationalen
Grabtuch-Lobby Briefe erhalten hatten, die Ian Wilson diskreditier-
ten und die offenbar Clives Unterschrift trugen. Wir bemühten uns
erfolglos, einen solchen Brief in die Hand zu bekommen, und so
erfuhren wir nie genau, was wir Ian Wilson angeblich vorgeworfen
hatten.

Das Motiv des Fälschers lag auf der Hand, und er hatte sein Ziel
erreicht. Die Grabtuch-Lobby stellte sich schützend vor Ian Wilson,
und wir wurden zu personae non gratae. Mehrere bis dahin herzliche
Briefwechsel kamen zu einem jähen Ende. Bedenklich waren die
Auswirkungen auf unsere Arbeit, denn der Zugang zu etwas obsku-
reren Werken wurde schwieriger. Das war wahrscheinlich das zweite Motiv des Täters, abgesehen davon, daß er uns bei den Grabtuch-
Anhängern anschwärzen wollte.

Für sich betrachtet, war keiner dieser Vorgänge von besonderer
Wichtigkeit. Es geschehen seltsame Dinge in modernen Groß-
städten, und uns war klar, daß man uns Verfolgungswahn hätte vorwerfen können. Doch all diese Vorfälle zusammengenommen er-
weckten den Eindruck einer geplanten Aktion. Man wollte uns
belästigen und einschüchtern sowie unsere Arbeit bei der Grabtuch-
Lobby diskreditieren.

Diese Vorfälle hätten auf das Konto von ein paar Grabtuch-Fana-
tikern gehen können, aber eine derartig entschlossene Kampagne
entspricht kaum ihrem Stil (sie begnügen sich in der Regel mit bis-
sigen Briefen), und die ersten Zwischenfälle ereigneten sich, noch
bevor sie von uns gehört hatten.

Interessanterweise waren wir nicht die einzigen Sindonologen,
die so seltsame, um nicht zu sagen finstere Dinge erlebten. Von Holger Kersten erfährt der Leser in seinem Buch *Das Jesus-Komplott*, daß
die BSTS durchaus an solche Artigkeiten gewöhnt ist.[13] Kersten wurde zum Beispiel im Januar 1989 bei einem Besuch in London, als er
die Beweiskraft der Radiokarbondatierung widerlegen wollte, von
der damaligen Sekretärin gewarnt, vorsichtig zu sein. Sonst könne
es geschehen, daß er sich wie »Gottes Bankier«, Roberto Calvi, unter
der Westminster Bridge (eigentlich war es Blackfriars Bridge) aufgehängt wiederfinde. Sie verwies nachdrücklich auf die beunruhigen-

den Vorfälle im Jahre 1979, als eine Templer-Organisation mit der BSTS in Verhandlungen treten wollte. Ian Wilson hatte versucht, Licht in die Angelegenheit zu bringen, und es auch geschafft, eine Informantin zu finden, konnte dann aber die Sache nicht weiterverfolgen, weil die Frau auf mysteriöse Weise verschwand.

Auch auf uns hatten die Templer ein Auge geworfen. Ein BSTS-Gründungsmitglied ließ uns wissen, er sei nicht nur ein Habsburger von hohem Rang, sondern auch ein aktiver Templer. Er bekundete lebhaftes Interesse an unserer Arbeit (die damals noch nicht besonders weit fortgeschritten war), brach dann jedoch den Kontakt ab und ist seither bei keinem BSTS-Treffen mehr aufgetaucht.

Die Templer waren jedoch nicht die einzigen Kandidaten für diese merkwürdige Operation gegen uns. Wenn Giovanni wirklich zu einer Splittergruppe der Prieuré gehört und uns Geheimnisse verraten hat, dann könnte sich durchaus auch diese Organisation mit uns befaßt haben. Wie wir später herausfanden (siehe Kapitel 6), war die Prieuré von jeher von dem Grabtuch fasziniert, und vielleicht möchte sie nicht, daß man die Gründe dafür herausfindet.

Aber möglicherweise ist es gar nicht die Prieuré, vor der wir auf der Hut sein müssen. Auch anderen Gruppierungen ist an der Wahrung des Geheimnisses um das Grabtuch gelegen. Eines ist uns inzwischen allerdings klar geworden: Wenn sich die Christenheit der wahren Bedeutung des Tuches bewußt wird, steht mehr auf dem Spiel als nur der Ruf einiger Wissenschaftler. Bereits der Versuch, die Identität und die Absichten seines Schöpfers zu enthüllen, kommt dem Öffnen der Büchse der Pandora gleich, denn hinter der rätselhaften Entstehung des Tuches verbirgt sich ein unendlich größeres Geheimnis.

5 EIN ITALIENISCHER FAUST

»Leonardo stellte in seinem Geist
eine so ketzerische Doktrin auf, daß er
von keiner Religion mehr abhing ...«

Giorgio Vasari, *Die Lebensbeschreibungen
der berühmtesten Architekten, Bildhauer
und Maler*. 1550
(Dieser Satz fehlt in späteren Ausgaben.)

Verschwörungen, echte oder eingebildete, erscheinen auf den ersten Blick reizvoll, wenn nicht sogar ein wenig romantisch; es dauerte jedoch nicht lange, bis wir merkten, daß sie uns nur wertvolle Zeit stahlen. Wir, ein sachlicher Systemanalytiker und eine nüchterne Journalistin, wollten Recherchen über das Turiner Grabtuch anstellen, und in kürzester Zeit drehte sich unser ganzes Leben um nichts anderes mehr.

Aber wir konnten weder unseren geheimnisvollen Informanten Giovanni noch die kleine Abigail und die anderen Ausstellungsbesucher, die uns auf Leonardo aufmerksam gemacht hatten, einfach ignorieren. Die Grabtuch-Lobby lehnte Giovanni zwar von Anfang an ab und bezeichnete unsere Arbeit als »wertlos«, nur weil wir zugaben, daß wir ihm einen Tip verdankten. Doch niemand käme auf die Idee, die Polizei anzugreifen, wenn sie einen Fall mit Hilfe eines sachdienlichen Hinweises löst, und wir schätzten unsere Situation ähnlich ein.

Wir hatten keine Vorbehalte gegenüber der Radiokarbondatierung (wobei wir gerne zugestehen, daß sie manchmal ungenau sein kann). Für uns waren ihre Ergebnisse genauso gültig wie die anderer wissenschaftlicher Untersuchungsmethoden, einschließlich der von der STURP in den siebziger Jahren geleisteten Arbeit. Dank der Datierung wußten wir, auf welche historische Epoche wir unser Augenmerk richten mußten, und natürlich erkannten wir sofort, daß diese Epoche nicht nur die Blütezeit der Reliquienfälscherei, sondern auch den Hintergrund zu Leonardos Leben bildete.

Die Leonardo-Theorie kam uns außerordentlich plausibel vor, obwohl es dabei ein Problem mit der Chronologie gab. Wie wir bereits ausgeführt haben, reichen die meisten Dokumente über das Grabtuch bis in die Mitte des dreizehnten Jahrhunderts zurück, doch Leonardo wurde erst 1452 geboren. Andererseits ist die Geschichte des Leichentuches, bevor es als Reliquie berühmt wurde, überaus undurchsichtig, und verschiedene Sindonologen behaupten, das Grabtuch von Lirey sei durch ein neues und besseres ersetzt worden. Tatsächlich stießen wir auf überzeugende Indizien für einen solchen Austausch. (Siehe Kapitel 6.)

Angesichts dieser Umstände blieb uns keine Wahl, als uns mit dem außergewöhnlichen, rätselhaften Leonardo da Vinci zu befassen.

Leonardo ist vermutlich der einzige Mensch, dem man die Fälschung des Grabtuches zutrauen kann. Pierre Barbet wollte herausstreichen, wie unwahrscheinlich es sei, daß ein Mensch das Bild geschaffen habe, und schrieb: »Der Fälscher, der diese Abdrücke hätte malen wollen, mußte ein ebenso großer Anatom und Physiologe wie hervorragender Künstler sein. In welche Epoche man sein Leben auch verlegen möchte, er wäre offenbar ein Universalgenie gewesen, das einer Serienauflage wert gewesen wäre!«[1]

Weniger engstirnige Sindonologen liebäugeln bereits seit längerem mit Leonardo, denn der Fälscher muß sowohl außergewöhnlich begabt gewesen sein als auch eine einzigartige Technik beherrscht haben, die seiner Zeit so weit voraus war, daß sie selbst den heutigen Kunstexperten und Wissenschaftlern immer noch unerklärlich ist. Er muß ein innovativer Geist gewesen sein, der alle bekannten und konventionellen Denkvorstellungen hinter sich ließ und der so von Forscherleidenschaft besessen war, daß er zum Beispiel auch vor Experimenten mit Kreuzigungen nicht zurückschreckte. Dazu muß er über gute Anatomiekenntnisse verfügt haben. Peter Brent und David Rolfe bezeichneten Leonardo da Vinci in ihrem Film *The Silent Witness* als »den einzigen Menschen, der dieses ausdrucksstarke Bild hätte schaffen können, denn er besaß die richtige Mischung aus künstlerischer Begabung, technischem Verstand und psychologischem Gespür«[2].

Für die meisten Gläubigen ist die Vorstellung, das Leichentuch könne von Menschenhand geschaffen sein, natürlich unsinnig. Trotzdem taucht in der Sachliteratur immer wieder der Name Leonardos auf. So meinte Ian Wilson, der Schöpfer des Grabtuches hätte »ein anonymer Leonardo seiner Zeit sein müssen«[3]. Noel Currer-Briggs erklärte: »Die Anatomiekenntnisse entsprechen denen eines Leonardo …, und doch lebte und wirkte er in völliger Unbekanntheit im Burgund des vierzehnten Jahrhunderts.«[4]

Hier stellt sich die Frage: Ist es überhaupt denkbar, daß ein so genialer Mensch unbeachtet geblieben wäre?

Manchmal zollt die Grabtuch-Lobby Leonardo eine gewisse Anerkennung, aber nur um sein Talent im selben Atemzug herabzusetzen. So schrieb der deutsche Sindonologe Holger Kersten: »Selbst ein Genie, das über größere Kenntnisse und Fähigkeiten als ein Leonardo da Vinci verfügt hätte, wäre zu solch einer technischen Meisterleistung sicher nicht in der Lage gewesen.«[5]

Leonardos Name fällt deshalb so oft, weil er ohne jeden Zweifel nicht nur die beste, sondern auch die *einzige* Besetzung für die Rolle des Fälschers ist. Wenn man erst einmal erkannt hat, daß das Leichentuch von Lirey schwerlich mit dem heutigen Turiner Tuch identisch sein dürfte, dann beantwortet sich die Frage nach dessen Schöpfer fast von selbst. Wenn man dazu noch die bemerkenswerte Ähnlichkeit zwischen dem Antlitz des Mannes auf dem Grabtuch und dem Selbstbildnis Leonardos berücksichtigt, ist ein Zufall ausgeschlossen.

Bereits Noemi Gabrielli, Mitglied der Turiner Geheimkommission in den Jahren 1969–1973 (siehe Kapitel 1) und ehemalige Direktorin der piemontesischen Kunstgalerien, vermutete, Leonardo sei das für das Grabtuch verantwortliche Genie.[6] Genauer gesagt, sie hielt einen Schüler aus seiner Werkstatt für den Fälscher, weil sie im Gesicht des abgelichteten Mannes eine Schattierungstechnik zu erkennen glaubte, die von Leonardo erfunden und von seinen Schülern übernommen worden war. Sie ging sogar so weit, eine Parallele zum Gesicht des Erlösers im *Abendmahl* zu ziehen. Allerdings meinte sie, die Figur auf dem Grabtuch sei eher ein Druck als ein Gemälde oder eine Zeichnung; man habe Ton und Ockergelb auf ein anderes Stück Leinen aufgetragen und es anschließend mit einem gepolsterten Block auf das Tuch gepreßt. Ihre Aussagen wurden mit herablassenden Kommentaren und unverhüllten Anspielungen auf ihre mangelnde Kompetenz und geistige Zurechnungsfähigkeit bedacht. Wir empfinden große Sympathie für sie, weil sie von der Grabtuch-Lobby so beleidigend behandelt wurde, aber mit der von ihr beschriebenen Technik lassen sich die Eigenschaften des Bildes auf dem Grabtuch nicht erklären.

Noemi Gabrielli übersah, wie andere vor ihr, die Ähnlichkeit zwischen dem Meister und dem Mann auf dem Tuch. Unseres Wissens wird dieser Punkt zum erstenmal von Anthony Harris in seinem 1988 erschienenen Buch *The Sacred Virgin and the Holy Whore* erwähnt.[7] Er befaßt sich in dem kurzen Abschnitt, welcher der Untergrundkirche der heiligen Maria Magdalena in Frankreich gewidmet ist, mit der Theorie, daß es sich bei dem Grabtuch-Bild um ein geniales Selbstporträt handele. Leider kann er nicht erklären, wie Leonardo diese gefährliche und blasphemische Tat vollbrachte. Vielleicht sei das Bild eine Rötelzeichnung – eine Technik, die Leonardo meisterlich beherrschte –, oder Leonardo habe pulverisierte Pigmente verwendet, wie Walter McCrone mutmaßte. Doch beides kommt nicht in Frage.

Schließlich ist in diesem Zusammenhang noch ein italienisches Forscherteam zu nennen, von dem wir zufällig erfuhren und das gleichzeitig mit uns zu sehr ähnlichen Schlußfolgerungen gekommen war. Im März 1993 veröffentlichte die Zeitschrift *Oggi* ein Interview mit der Initiatorin und Präsidentin des »Projekts Luce«, Maria Consolata Corti, unter dem Titel: »Clamoroso. L'Uomo della Sacra Sidone è Leonardo!« Maria Corti und ihr Stab hatten eine sehr große Ähnlichkeit zwischen Leonardos bekannten Selbstbildnissen und dem Mann auf dem Grabtuch festgestellt, und ihre Untersuchungen hatten sie davon überzeugt, daß das Bild in der Tat ein weiteres Selbstporträt sei – von Bajazet, dem türkischen Sultan in Konstantinopel, in Auftrag gegeben. Ihr Beweismaterial für die These war jedoch nur dürftig. Auch ihre Antworten auf die Frage nach der Technik konnten nicht befriedigen. Sie spekulierten, daß Leonardo auf Blut, Schweiß und Körpersekrete zurückgegriffen habe, konnten aber nicht erläutern, wie er sie aufgetragen hatte. Frau Corti erwähnte auch Leonardos Versuche mit der Camera obscura und stellte Überlegungen darüber an, daß es sich bei dem Bild um das »erste Experiment mit einem fotografischen Negativ« gehandelt habe. Leonardo habe versucht, den Effekt eines Negativs durch zeichnerische Mittel zu erzielen.

Wir haben es hier mit dem seltsamen Phänomen zu tun, daß der gleiche Gedanke an zwei völlig verschiedenen Orten auftaucht. Der Artikel in *Oggi* erschien nur drei Tage, bevor ein ähnlicher Beitrag über unsere Arbeit im *London Evening Standard* abgedruckt wurde. Die zeitliche Übereinstimmung – und die Tatsache, daß beide Artikel

Fotos der Verfasserinnen mit einem Bild des Antlitzes auf dem Grabtuch enthielten – bewirkte einen Anfall von Paranoia bei der Grabtuch-Lobby, besonders bei CIELT in Frankreich: Wenn gleich zwei Frauen die Leonardo-Theorie vertraten, konnte es sich nur um eine Verschwörung handeln!

Auf der Suche nach dem Fälscher dachten wir an jemanden, der eine so fortschrittliche und einmalige Technik entwickeln konnte, daß man sie sogar im zwanzigsten Jahrhundert noch nicht enträtselt hatte. Außerdem mußte unser unbekanntes Genie über hervorragende Anatomiekenntnisse verfügen und von einem Perfektionismus besessen sein, der die Ansprüche des unkritischen Publikums seiner Epoche bei weitem übertraf.

Leonardos fortschrittliche Ideen und Erfindungen – Flugapparate, Panzerfahrzeuge, Taucheranzüge und Kontaktlinsen, um nur einige wenige Beispiele zu nennen – sind zur Genüge bekannt. Nur sein vielleicht revolutionärster Einfall, das Fahrrad, blieb relativ unbeachtet.[8]

Fünfzig Jahre nach Leonardos Tod stellte der Bildhauer Pompeo Leoni entsetzt fest, daß die Bücher und Papiere des Meisters in alle Winde zerstreut waren. Also machte er sich daran, noch Vorhandenes aufzukaufen, nach Verschollenem zu suchen und alles, was er zusammentragen konnte, zu ordnen und zu katalogisieren. Lose Bögen klebte er in das Buch, das heute als *Codex Atlanticus* bekannt ist; die Rückseiten dieser Blätter konnte man daher fast vierhundert Jahre lang nicht einsehen. Erst in den sechziger Jahren wurden sie vorsichtig abgelöst. Auf einer Seite entdeckte man pornographische Skizzen von einem Schüler des Meisters, die ein wenig schmeichelhaftes Porträt von Leonardos jungem Diener Salai waren – und in einer Ecke, von derselben Hand, ein Fahrrad.

Die Form dieses Fahrrads war so modern, daß viele Gelehrte es für einen später hinzugefügten Schabernack hielten (obwohl die Geschichte des Codex allgemein bekannt war), bis seine Echtheit mit Hilfe des dargestellten Kettenmechanismus bewiesen werden konnte. Dieser war nämlich in dem bereits 1493 entstandenen *Codex Madrid* zu finden, einem weiteren Arbeitsheft Leonardos aus derselben Periode. Der Schüler muß die Erfindung seines Meisters kopiert haben. Das Fahrrad sieht ganz modern aus: Die Räder sind gleich

groß und die Pedale durch eine Kette mit dem Hinterrad verbunden.
Am erstaunlichsten aber ist:

Die immerhin achtzig Jahre dauernde Entwicklung des Fahrrads,
an der viele Unternehmer und Erfinder mitwirkten, war von Leonardo vierhundert Jahre zuvor in einem Sprung bewältigt worden. Und
dabei ist die Vorstellung, sich auf einem Fahrrad fortzubewegen,
weitaus origineller als der Gedanke zu fliegen.

Leonardo war auch ein Pionier auf dem Gebiet der Anatomie, und
er sezierte Leichen, um den Aufbau des menschlichen Körpers ken-
nenzulernen. Ein Biograph beschreibt seinen Perfektionismus folgendermaßen: »Leonardo pflegte Stunden, Tage oder Wochen damit
zu verbringen, einen Tiermuskel zu studieren, der irgendwo im Hintergrund eines Bildes zu sehen war, damit er ihn auch tatsächlich
wirklichkeitsgetreu zeichnen konnte.«[9]

Wenn Leonardo den Auftrag für ein Kreuzigungsbild bekommen
hätte, dann hätte er ohne Zweifel die Anatomie der Körperhaltung
sowie die grausigen physiologischen Veränderungen untersucht, die
diese spezielle Hinrichtungsart bewirkt. Er hätte zum Beispiel herausgefunden, wo genau die Nägel in die Handwurzelknochen und
die Knöchel eingehämmert wurden. Zwar malte er nie eine Kreuzigung, doch sind seine Arbeitshefte voller Studien zu dem Thema.
Es gibt auch eine Notiz, die seit langem für Verwirrung sorgt; sie
stammt aus dem Jahre 1489 oder 1490 und bezieht sich auf einen aus-
geliehenen »Knochen, den Gian Giacomo de Bellinzona durchbohrt
hat und aus dem er so leicht den Nagel entfernen konnte ...«[10]

Für uns stand fest, daß die Darstellung auf dem Tuch ein Selbstporträt ist – nicht nur weil Giovanni dies behauptet hatte, sondern
auch weil neueste Computeranalysen der *Mona Lisa* ergeben haben,
daß Leonardo sich selbst zuweilen in Werke hineinschmuggelte, die
angeblich andere Menschen porträtierten. Außerdem sah das Antlitz – ungeachtet der befremdlichen Reaktionen der BSTS-Vertreter –
dem seinen ähnlich, wie unsere kleine Umfrage unter den Mannequins bestätigt hatte. Dazu kam Giovannis Bemerkung, Leonardo
habe sein rätselhaftes Meisterwerk mit Hilfe eines primitiven
fotografischen Verfahrens für die Nachwelt geschaffen. Leonardo sei
von einer tiefen Abneigung gegenüber der Kirche erfüllt gewesen,
die teils aus seiner magischen und alchimistischen Tätigkeit und
teils aus seinem antichristlichen Naturell herrührte. Wie in einer

klassischen Kriminalgeschichte galt es nun, den Nachweis zu erbrin-
gen, daß er »die Mittel, das Motiv und die Gelegenheit« gehabt hatte,
die Reliquie aller Reliquien zu fälschen.

Die von den Historikern akzeptierten Unterlagen deuten nicht
darauf hin, daß Leonardo Magier, Alchimist oder Mitglied einer Geheimgesellschaft war. Andererseits taucht er in den *Dossiers secrets*
der Prieuré de Sion als einer ihrer Großmeister auf. Wiewohl die
Echtheit dieser Dokumente keineswegs gesichert ist, so zeigen sie
doch, daß Leonardo in »häretischen« Zirkeln als einer der Ihren galt.
Außerdem stießen wir auch auf ein Rosenkreuzerplakat aus dem
neunzehnten Jahrhundert, auf dem Leonardo als der »Gralswächter«
Josef von Arimathia dargestellt ist (siehe Abbildung). Doch auch das
belegt nur, daß er in esoterischen Kreisen den Ruf eines Okkultisten
hatte. Schwerer wiegt die Meinung der Historikerin Frances Yates
(1899–1981), die Leonardo eine »rosenkreuzerische Denkart« zu-
schrieb.[11]

Der Orden der Rosenkreuzer ist seit etwa 1614 dokumentiert, als
in Deutschland Schriften über eine geheime Bruderschaft von
Magiern in Umlauf kamen.[12] Die Bewegung berief sich auf einen gewissen Christian Rosenkreutz, der angeblich hundertsechs Jahre alt
wurde und 1484 in einem außergewöhnlichen Grab bestattet worden
sein soll. Die Rosenkreuzer galten als Alchimisten und Magier, Kab-
balisten und Hermetiker. Heute heißt es, ein Christian Rosenkreutz
habe nie gelebt und der alte Stammbaum sei erfunden worden. Man
hält die Rosenkreuzer weithin für die unmittelbaren Vorläufer der
modernen Freimaurer.[13]

Das Rosenkreuz ist ein mächtiges, alchimistisches Symbol, das jedoch nichts mit der christlichen Tradition zu tun hat.[14] Es gehört zur
Symbolik der Prieuré de Sion[15] und könnte zu Lebzeiten Leonardos
bekannt gewesen sein. Vermutlich hatten auch die Rosenkreuzer
Vorläufer – eventuell sogar in Form der Prieuré –, von denen die Hermetiker und Esoteriker zu Zeiten Leonardos gewußt haben dürften.

Möglicherweise meinte Frances Yates aber etwas ganz anderes.
Die Wendung »rosenkreuzerische Denkweise« könnte auch auf eine
»ketzerische« Gesinnung anspielen, auf ein umfassendes esoteri-
sches Wissen und einen suchenden, wagemutigen Intellekt. Diese
Interpretation würde genau auf Leonardo zutreffen.

Aus den Schriften der Rosenkreuzer geht hervor, welch hohe Bedeutung das Bild auf dem Turiner Grabtuch für sie hatte. In einem ihrer Bücher aus dem Jahre 1593 ist ein Diagramm mit der Überschrift »Noahs Arche« (siehe Abbildung) zu finden, das eine nackte, bärtige Figur auf dem Plan einer Arche mit astrologischen Zuordnungen zeigt.[16] Sie sieht dem Mann auf dem Grabtuch zum Verwechseln ähnlich.

Weniger eindeutig ist die Gestalt, die immer wieder in den komplizierten Diagrammen des englischen Rosenkreuzers (und Großmeisters der Prieuré, wenn wir den *Dossiers secrets* glauben dürfen) Robert Fludd (1574–1640) auftaucht. Vermutlich stellt sie Adam dar, den ersten Menschen, der auf dem Rücken liegt, die Beine angewinkelt hat und die Hände über den Lenden kreuzt. Genau diese Stellung rekonstruierte die Künstlerin Isabel Piczek (siehe Kapitel 7) als die des Mannes auf dem Grabtuch. Was dies alles zu bedeuten hat, ist für Außenstehende schwer zu durchschauen, es zeigt aber, daß sich das Rosenkreuzertum wie ein roter Faden durch Leonardos Leben zieht.

Auch in ihrem Buch *Giordano Bruno and the Hermetic Tradition* sinniert Frances Yates: »Erinnert die Art, wie Leonardo seine mathematischen, mechanischen und künstlerischen Studien miteinander verknüpft, nicht an einen Magier?«[17]

Es wäre nicht mit rechten Dingen zugegangen, wenn ein so hochbegabter Mensch wie Leonardo in jener außergewöhnlichen historischen Epoche nicht von der Esoterik und Alchimie gefesselt gewesen wäre. Wie wir sehen werden, war es für einen gebildeten Menschen seiner Zeit kein Problem, sich gleichzeitig als Wissenschaftler und als Magier zu verstehen, einerseits die Göttlichkeit Jesu zu leugnen und andererseits Erzengel zu malen. Man hielt es für keinen Widerspruch, den Riten der etablierten Kirche mit Zynismus zu begegnen und sich zugleich mit Leib und Seele Zeremonien zu verschreiben, die den Menschen mit der erschreckenden Welt des »Abgrundes« konfrontierten, den man heute als den innersten, unerforschten Bereich des Unterbewußten definieren würde.

Viele moderne Menschen können sich nur deshalb schwer vorstellen, daß Leonardo ein Magier war, weil die Renaissance für sie im wesentlichen eine »wissenschaftliche« Revolution ohne Hokuspokus und Rituale ist. Das entspricht aber ganz und gar nicht der Realität.

In der italienischen Frührenaissance kam es zu einer explosions-

artigen Entwicklung der Künste, Wissenschaften und Kultur, die der
Unaufgeklärtheit und Beschränktheit des Mittelalters ein unwider-
rufliches Ende setzte. In Kunst und Architektur entwickelte man
neue Techniken, man entdeckte fremde Länder und begeisterte sich
für neue Ideen.

Hinter diesem Aufschwung verbarg sich ein abrupter, radikaler
Wandel im Selbstverständnis der Menschen, doch man weiß bis heute nicht genau, wodurch er ausgelöst wurde. So war die häufig erwähnte Entdeckung der Druckerpresse zwar ein wichtiger Faktor für
die Verbreitung neuen Gedankengutes, sie kann aber nicht ursäch-
lich für die neue Entwicklung gewesen sein. Gemeinhin führt man
die Anfänge der Renaissance auf den Zusammenbruch des Byzantinischen Reiches im Jahre 1453 zurück, der eine Ausbreitung klas-
sischer Literatur in Westeuropa zur Folge hatte. Doch auch diese
Erklärung wird der Komplexität des Phänomens nicht gerecht.

Frances Yates vertritt in ihren Büchern die Theorie, daß die intellektuelle Blüte der Renaissance vor allem durch die neue Begeisterung für okkultes Gedankengut ausgelöst worden war.[18]

Uns schien das alles – zumindest auf den ersten Blick – völlig unvereinbar. Die Renaissance bedeutete für uns den Aufbruch in die
Neuzeit. Man nennt Leonardo da Vinci den »ersten Wissenschaftler«,
und wir modernen Menschen verstehen darunter das genaue Gegenteil eines Magiers und Okkultisten. Wir müssen uns jedoch vor
Augen halten, daß diese Sichtweise in sehr hohem Maß von unserer
kulturellen Entwicklung geprägt ist. Um die Renaissance zu begrei-
fen, dürfen wir das Wissen nicht länger in Fachgebiete aufteilen und
die Nase über diejenigen Bereiche rümpfen, die jenseits unseres Er-
fahrungshorizontes liegen.

Der typische Renaissancegelehrte strebte nicht nach Spezialisten-
tum, sondern nach Universalität. Für uns sind Künste und Wissenschaften diametrale Gegensätze, und unser Bildungssystem ist von
diesem Antagonismus bestimmt. Zu Leonardos Lebzeiten gab es diese Trennung nicht. Künstler waren Philosophen, Dichter, Ingenieure,
Musiker, Wissenschaftler – und Okkultisten. So galt damals zum
Beispiel die Mechanik als ein Zweig der Magie, weil beide die Beherrschung der Naturgesetze zum Ziel hatten.[19]

Die neue Gedankenfreiheit führte dazu, daß man die bis dato
widerspruchslos hingenommenen Dogmen der Kirche hinterfragte,

und diese Kritik gipfelte in der Reformation. (Viele bedeutende Okkultisten der Renaissance, wie zum Beispiel Agrippa von Nettesheim
[1486–1535], standen der frühen Reformbewegung nahe.)[20] Die ka-
tholische Kirche schlug mit der Gegenreformation zurück; sie setzte
die Inquisition ein und machte die katholischen Monarchen zu ihren
Handlangern; Krieg und Verbrechen erschütterten Europa, und die
Okkultisten mußten sich verstecken. Gelehrte durften sich nicht zu
ihrem Geheimwissen bekennen, wenn sie ihr Leben nicht gefährden
wollten. Trotzdem blieben die Grenzen zwischen Wissenschaft und
Okkultismus noch über lange Jahre hinweg fließend. Isaac Newton
(1642–1727) verbrachte mehr Zeit mit seinen alchimistischen Studien
als mit seinen Untersuchungen zu Optik, Schwerkraft oder Infinite-
simalrechnung. Der Mathematiker und Philosoph Gottfried Wilhelm
Leibniz (1646–1716) war Rosenkreuzer; selbst der Erzrationalist René
Descartes (1596–1650) kokettierte mit dem Rosenkreuzertum.[21]
    Frances Yates legt überzeugend dar, daß die moderne Wissen-
schaft dem Okkultismus viel mehr verdankt, als gemeinhin angenommen wird. So gilt die Entdeckung, daß die Erde nicht das Zentrum des Sonnensystems ist, sondern um die Sonne kreist, als ein
großer Triumph der Wissenschaft über den Aberglauben.[22] Doch als
Nikolaus Kopernikus (1473–1543) sein heliozentrisches Weltbild vorstellte, wurde es zuerst von den hermetischen Philosophen übernommen, weil ein Grundprinzip der Hermetik lautet, daß der Sonne
die höchste magische Kraft innewohnt. Kopernikus selbst bezieht
sich im Vorwort seines Werkes auf den *Asclepius*, eine bedeutende
hermetische Schrift, und er fand seinen engagiertesten Verteidiger
in Giordano Bruno, dem größten Hermetiker des sechzehnten Jahrhunderts. Yates fragt, ob die heliozentrische Theorie ebenso bereitwillig übernommen worden wäre, wenn die Okkultisten sie nicht so
nachdrücklich unterstützt hätten.
    Frances Yates erklärt das schwer lösbare »Rätsel« des Ursprungs
der Renaissance mit dem Erwachen des Interesses am Okkultismus
und dessen Lehren über den Menschen. Wichtiger als der Todes-
kampf des Byzantinischen Reiches ist in ihren Augen ein viel näher
der Heimat wirksam werdender Impuls: die Verschärfung der Juden-
verfolgung in Spanien.[23] Die spanischen Juden waren von alters her
die Hüter verschiedener mystischer und magischer Systeme, deren
bedeutendstes die Kabbala war, die angeblich die Gesetze des Uni-

versums repräsentiert.[24] Unter dem starken Druck von seiten der katholischen Kirche begannen die spanischen Juden auszuwandern. Die Lage spitzte sich so zu, daß es 1472 zu ihrer endgültigen Vertreibung kam, wodurch die kabbalistischen Lehren einem neuen christlichen Publikum bekannt wurden. Man kann sogar sagen, daß der kraftvolle, reformierte Renaissance-Okkultismus auf einer christianisierten Form der Kabbala beruhte.[25]

Gleichzeitig erlebten zwei weitere Geistesströmungen eine Erneuerung: der Neoplatonismus und die Hermetik. Der Neoplatonismus, eine Weiterentwicklung der klassischen Lehren Platons (429 bis 347 v. Chr.), wird von den meisten Historikern als eine im wesentlichen rationalistische, der Wissenschaft verpflichtete Philosophie angesehen. Das ist jedoch nicht der Fall, denn sie lehrt, daß der Mensch, ein teilweise göttliches Wesen, in einer unvollkommenen Welt gefangen sei und daß er seine göttliche Komponente durch die Beherrschung okkulter Praktiken potenzieren könne.[26]

Die hermetische Philosophie gründet sich auf zwei Werke, die von dem großen ägyptischen Magier Hermes Trismegistos verfaßt worden sein sollen: den *Asclepius* und die *Hermetica*. Die erstere Schrift kannte man bereits im Mittelalter, die letztere wurde erst beachtet, nachdem der Florentiner Marsilio Ficino sie Mitte des fünfzehnten Jahrhunderts ins Lateinische übersetzt hatte. 1486 veröffentlichte der Italiener Pico della Mirandola (1463–1494) ein Traktat über die Kabbala. Er verdankte sein Wissen spanischen Juden, unter anderem einem geheimnisvollen Flavius Mithradates, der kabbalistische Texte im christlichen Sinn überarbeitet hatte. Diese drei Systeme – der Neoplatonismus, die Hermetik und die Kabbala – bewirkten eine gründliche Wandlung des Zeitgeistes.

Während des ganzen Mittelalters hatte die Kirche in ihrer Rolle als alleinige Verkünderin der Wahrheit gelehrt, der Mensch sei ein erbärmliches Geschöpf; in der Erbsünde geboren, verdanke er sein irdisches Leben nur der Gnade Gottes, die ihn, falls er Glück habe, vor dem Höllenfeuer bewahren werde. Der Himmel wurde im Mittelalter nicht als ein Ort der Freude, sondern als ein Ort ohne Leiden definiert. Niemand fühlte sich unter solchen Umständen dazu angeregt, seinen Horizont zu erweitern und einen gesunden, fragenden Verstand zu entwickeln. Die Lehren der hermetischen Philosophie hingegen – jeder Mensch sei ein potentieller Gott, und jeder könne seine individuelle Göttlichkeit steigern, indem er das geheime Wissen erwerbe, das im Laufe der Geschichte von einem Meister auf den anderen übergegangen war – stärkten das Selbstbewußtsein.

Plötzlich schien alles möglich, die Fesseln waren gefallen. Man lebte in einer faszinierenden Welt, die man ohne Furcht erforschen und im Rahmen der Naturgesetze beherrschen konnte. Das Großartige an der Renaissance war das neue Selbstvertrauen des Individuums, Ausdruck der okkulten Vorstellung vom Menschen als einem göttlichen Wesen.

Das okkulte Gedankengut ist natürlich älter als die Renaissance, und besonders die Alchimisten verfügten über ausgedehnte geheime Verbindungen. Doch nun wurden diese Lehren von der Jugend, die in ihnen ein Ende der geistigen Sterilität und die Rückkehr zur aufregenden Freiheit der Antike sah, enthusiastisch aufgegriffen.

Die neue hermetische Philosophie gewann vor allem in Italien Gestalt, wo auch die Renaissance ihren Anfang nahm. Denn ausgerechnet in Italien war der Papst weniger mächtig als in allen anderen Ländern Europas. Für die italienischen Staaten war der Heilige Stuhl ein politischer Rivale. Deshalb achteten sie darauf, daß die Macht der Kirche möglichst begrenzt blieb. Von Italien ausgehend ergriff das neue Lebensgefühl von ganz Europa Besitz. Die Kirche merkte, daß sie zu tolerant gewesen war, und versuchte, die Welt ins Mittelalter zurückzuzwingen. Doch Malerei, Architektur und Literatur blühten auf, wo immer der neue Geist Wurzeln schlug. Frances Yates hat nachgewiesen, daß es eine direkte Verbindung zwischen dem Italien des fünfzehnten Jahrhunderts und der Rosenkreuzerbewegung im frühen siebzehnten Jahrhundert (und darüber hinaus) gibt, die sich unter anderem in den Werken des deutschen Magiers Agrippa, des großen hermetischen Propheten Giordano Bruno und des elisabethanischen Esoterikers Dr. John Dee niederschlägt.[27]

Die okkulte Philosophie durchdringt alle Erscheinungen der Renaissance. Auch deren obskure Symbolik leitet sich häufig vom Okkultismus ab. Eine wichtige Rolle in der hermetischen Magie spielt der Talisman – Ficino war geradezu von dieser Idee besessen. Man setzt den Talisman zwar gemeinhin mit einem Amulett oder Anhänger gleich, doch er ist viel mehr. Er soll bestimmte Formen magischer Kräfte anziehen und kanalisieren. Viele Bilder und Skulpturen der Renaissance sind als Talismane zu verstehen – die *Primavera* von

Botticelli (1444–1510) ist zum Beispiel ein Talisman der Venus.[28] Auch der Holländer Rembrandt (1606–1669) ließ ein Jahrhundert später kabbalistische Elemente in seine Gemälde einfließen.[29]

Für unsere Fragestellung war es bedeutsam, daß Neoplatonismus, Hermetik und Kabbalismus gerade in Florenz am vehementesten aufeinanderprallten und sich gegenseitig befruchteten. Der Katalysator für diese intellektuelle Revolution war Lorenzo de' Medici (1450–1492), Herrscher von Florenz und wichtigster Gönner des Andrea del Verrocchio (1436–1488), der, wie wir sehen werden, von größter Bedeutung für Leonardos Entwicklung sein sollte.[30]

Die Medici hatten den Ehrgeiz, aus Florenz ein Zentrum der Kultur und Gelehrsamkeit zu machen. Deshalb ließ Lorenzos Vater Cosimo im gesamten Mittelmeergebiet nach verschollenen Manuskripten suchen. Der größte Schatz, den seine Abgesandten zurückbrachten, waren die *Hermetica*, die Cosimo sofort übersetzen ließ. Das Werk wurde für so wichtig erachtet, daß Marsilio Ficino seine Übertragung von Platons Gesamtwerk unterbrechen und statt dessen an den *Hermetica* arbeiten mußte.

Ficino übersetzte oder verfaßte auch zahlreiche Werke der zeitgenössischen okkulten Philosophie, so zum Beispiel die *Orphica*, eine Sammlung von Hymnen an heidnische Gottheiten, und *De Triplica Vita*, ein Traktat über Astralmystik und Talismane. Er war Lorenzos Mentor gewesen und unterrichtete später auch dessen Kinder. Pico della Mirandola, der Meister der christlichen Kabbala, schrieb seinen berühmten Traktat in Florenz, wo Lorenzo ihm Schutz vor der Inquisition gewährt hatte. Lorenzo duldete die Juden und machte seine Stadt zum Refugium für alle, die vor dem spanischen Großinquisitor Torquemada fliehen mußten; auch schritt er wiederholt persönlich gegen die Judenverfolgungen in anderen italienischen Staaten ein.

Es überrascht nicht, daß Lorenzo ein praktizierender Okkultist war. Die Historikerin Judith Hook schreibt: »Seine Schriften zeigen, daß er die römischen Dichter sehr gut kannte, ... die hermetische Literatur, die zeitgenössischen medizinischen Schriften und die Architekturtheorie beherrschte und zudem ein Magier und Astrologe war ...«[31]

Die Florentiner jener Zeit waren von Bünden und Gesellschaften geradezu besessen – man schloß sich zu Gilden, Vereinen, Räten, religiösen Zirkeln und anderen Gruppierungen zusammen. Es gab ein ganzes Netz geheimer religiöser Organisationen (allerdings kennt man ihre Zielsetzungen heute nicht mehr), die sich *compagnie della notte* nannten. Eine Gesellschaft, die den Medici besonders nahe stand, war die Bruderschaft der Magier, zu der alle bedeutenden neoplatonischen Philosophen gehörten. Lorenzo hatte, wie einst sein Vater und Großvater, den Vorsitz. Nach außen hin orthodox, wandelte sie sich unter seiner Führung zu einer Freimaurerloge moderner Prägung; und wer in Florenz ein einflußreicher Mann werden wollte, mußte in die »Reihen der Magier« aufgenommen werden.[32]

Das von Leonardo heißgeliebte Florenz war also ein Brennpunkt des Okkultismus. Es ist unvorstellbar, daß der geistig so rege Leonardo diese neuen, aufregenden Möglichkeiten nicht genutzt hätte.

Allerdings war es zugleich eine Welt, die einen Menschen wie Leonardo nicht ohne weiteres akzeptierte. Es ist erstaunlich, daß man ihm für sein »Abweichlertum« nicht die Daumenschrauben anlegte und ihn auf dem Scheiterhaufen verbrannte. Denn nicht nur seine radikalen Ansichten machten ihn zu einem interessanten Fall für die Inquisition, er hatte noch andere suspekte Eigenschaften.[33]

Leonardo war Linkshänder; er war strenger Vegetarier; er sezierte Leichen; er hatte Umgang mit Alchimisten und Nekromanten; er arbeitete auch sonntags und ging nur, wenn er bei Hof war, in die Messe. Letzteres war unter Menschen, die ihre Frömmigkeit demonstrativ zur Schau zu stellen pflegten, eindeutig eine Sünde.

Zu seinen Lebzeiten galt Linkshändigkeit als Ausdruck für das Böse, doch Leonardo betonte diese Eigenschaft absichtlich, obwohl er beide Hände gleich gut gebrauchen konnte.[34] Er verfaßte selbst Schriftstücke, die keineswegs geheim waren, in »Spiegelschrift«, das heißt in Teufelsschrift.

Was seinen Vegetarismus[35] angeht: Für uns moderne westliche Menschen ist der Gedanke, daß eine bestimmte Art der Ernährung Ketzerei sein kann, vielleicht erstaunlich. Doch viele Religionen – seien es das orthodoxe Judentum, der Islam oder der Glaube der Mormonen – bestehen auf strengen Speisevorschriften, und jeder Verstoß wird geahndet.

Die Kirche maß der Herrschaft des Menschen über das Tierreich, weil sie ihm im Buch Genesis von Gott verliehen worden sei, große Bedeutung zu. Der Gedanke wurde jedoch noch weitergeführt:

Wenn Gott uns die Tiere gegeben hat, damit wir nach unserem Gut-
dünken über sie verfügen, muß jede Enthaltsamkeit von Fleisch Blasphemie sein. Zu Leonardos Lebzeiten bezeichnete man ein fleisch-
loses Essen als »Teufelsbankett«, und den Verzehr von Fleisch zu
meiden (außer natürlich am Freitag) war eine sichere Methode, der
Ketzerei beschuldigt zu werden.[36] Doch damit ist die Frage nicht geklärt: Wie gelang es Leonardo, unbehelligt zu bleiben?

In den meisten Jahren seines beruflichen Wirkens hatte Leonardo
einen besonderen Dispens der Kirche, der ihm das Sezieren von
Leichnamen zu Studienzwecken ermöglichte; sonst wäre er dafür
mit dem Tode bestraft worden. Doch er arbeitete nicht nur stundenlang an stinkenden Leichen, die Hände bis zu den Gelenken in Ge-
därmen (er hatte allerdings eine Methode erfunden, die Fingernägel
sauber zu halten[37]), er prahlte zudem noch – erstaunlicherweise
sogar gegenüber Geistlichen[38] – mit der großen Zahl von Männern,
Frauen und Kindern, die er seziert hatte. Erst um 1513, sechs Jahre
vor seinem Tod, als Papst Leo X. Leonardos anatomische Studien aus-
drücklich mißbilligte, mußte er sie einstellen. Er schien seinen
Schutzengel verloren zu haben, und bald sollte er nach Frankreich
aufbrechen.

Der anerkannten Lehrmeinung zufolge gilt Leonardo selbst nicht
als Alchimist oder Nekromant, in der Literatur über ihn wird jedoch
verschiedentlich auf seinen regelmäßigen Umgang mit Vertretern
der sogenannten »Schwarzen Kunst« hingewiesen.[39] So schuf er zusammen mit Giovan Francesco Rustici, den Serge Bramly in seinem
Buch *Leonardo da Vinci* als »Alchimisten und gelegentlichen Geisterbeschwörer« abtut, eine Skulptur von Johannes dem Täufer (mit er-
hobenem Zeigefinger), die noch heute im Baptisterium in Florenz
steht.[40] Giorgio Vasari, ein Kunsthistoriker aus dem sechzehnten
Jahrhundert, berichtet in seinem Werk *Die Lebensbeschreibungen der
berühmtesten Architekten, Bildhauer und Maler*, daß Leonardo und
Rustici während der Arbeit niemanden in ihre Nähe ließen, da sie
auf keinen Fall gestört werden wollten.

Die Nekromanten machten Weissagungen mit Hilfe von Leichen.
Ungefähr eine Generation nach Leonardo praktizierte Dr. John Dee,
der Astrologe Königin Elisabeths I. von England, die Geister-
beschwörung, angeblich mit schrecklichen Folgen.[41] Bei den wißbe-
gierigen Renaissance-Menschen war die Nekromantie weitverbreitet,

und selbst wenn Leonardo nicht zu dieser absonderlichen und unappetitlichen Bruderschaft gehörte, so hatte er doch keinerlei Hemmungen, mit Geisterbeschwörern Umgang zu pflegen. Er war natürlich ein unschätzbarer »Rohstofflieferant« für sie, da er durch seine anatomischen Studien ständig Zugang zu Leichnamen hatte.

Serge Bramly verschwendet keinen Gedanken an die Möglichkeit, daß Leonardo Nekromant oder Alchimist war, und doch schreibt er: »Der Mann aus Vinci wagt es sogar nicht mehr, die Bestandteile der von ihm ausgearbeiteten Legierungen in Klartext aufzuschreiben: Er benutzt eine chiffrierte Notierung oder entnimmt seinen Wortschatz der Alchimie, indem er von Jupiter, Venus und Merkur spricht und von einem Metall sagt, daß es ›in den Schoß seiner Mutter zurück-zugeben‹ sei, wenn er meint, daß man es ins Feuer zurückgeben soll … Aber es kommt noch ärger. Um Leonardo im Vatikan zu dis-kreditieren, hat Meister Giovanni ihn beschuldigt, sich mit Geister-beschwörung zu befassen. Fortan verbietet man Leonardo, seine anatomischen Arbeiten im Hospital San Spirito fortzuführen.«[42]

Befremdlich ist, daß jemand, der es nicht »wagt«, Einzelheiten seiner Arbeit dem Papier anzuvertrauen, es dennoch »wagt«, sich offen der Sprache der Alchimisten zu bedienen. Das war doch gewiß viel gefährlicher, als wenn sich Kleingeister über seine Aufzeichnun-gen den Kopf zerbrochen hätten. Außerdem fällt auf, daß der Papst dem wegen Häresie angeklagten Leonardo lediglich verbot, seine anatomischen Studien fortzusetzen. Es hat schon immer eine Menge Gerüchte über Leonardos geheimnisvolle Betätigungen gegeben: Man nannte ihn später einen »italienischen Faust«[43], und laut Serge Bramly roch er »leicht nach Schwefel«[44].

Aber Florenz war eine machtgierige Stadt in einem zynischen Zeitalter. Vielleicht war es Leonardos Gönnern – einschließlich des Vatikans – gleichgültig, wenn sein Schwefelgestank bis zum Himmel reichte, solange er Dinge wußte oder Techniken kannte, die unter den gegebenen Umständen von einzigartigem Wert waren. In einem Arbeitsheft Leonardos lesen wir: »Zu wagen, der erste zu sein, den Traum Wirklichkeit werden zu lassen …« Man hört fast den sehn-suchtsvollen Klang seiner Stimme bei diesem leidenschaftlichen Wunsch, der größte Erfinder aller Zeiten zu sein. Was trieb dieses Genie an, was stand hinter seiner rastlosen schöpferischen Tätig-keit?

Leonardo wurde am Sonntag, dem 15. April 1452, um 10.30 Uhr in
Anciano geboren, einem Dorf in der Nähe des Städtchens Vinci in der
Toskana. Sein Großvater Antonio notierte sich die genaue Geburts-
stunde des Jungen; vielleicht wollte er später ein Horoskop erstellen
lassen.

Sein Vater war der Notar Ser Piero da Vinci, der eine bedeutende
Kanzlei in Florenz hatte. Seine Mutter, eine geheimnisvolle Frau
namens Caterina (auch Chateria), war ein Mädchen vom Lande und
nicht mit seinem Vater verheiratet. Wir wissen sehr wenig über sie;
angeblich betreute sie ihren kleinen Sohn in den ersten fünf Jahren
seines Lebens, heiratete dann Accattabriga di Piero del Vacca (möglicherweise ein Soldat) und zog in das zwei Kilometer von Vinci ent-
fernte Dorf Campo Zeppi. Das Paar bekam drei Töchter und einen
Sohn. Sie könnte mit jener Caterina identisch sein, die schließlich
die Haushälterin Leonardos wurde und bis zu ihrem Lebensende bei
ihm blieb, aber auch das ist umstritten. Mehr wissen die Gelehrten
nicht über die Frau, die dem faustischen Genie Leonardo da Vinci das
Leben schenkte.

Es gibt jedoch auch lokale Überlieferungen, die von der etablierten Darstellungsweise abweichen. Unser Giovanni maß Caterina
große Bedeutung bei; er nannte sie einige Male die »Katharerin«
(Leonardos Vegetarismus ist vielleicht auf katharischen Einfluß
zurückzuführen) und erging sich in Andeutungen, daß sie in den
häretischen und magischen Geheimgesellschaften keine unwesent-
liche Rolle gespielt habe.[45] Vielleicht war sie eine »Hexe« – eine weise
Frau, die über Heilkräfte verfügte –, vielleicht waren ihre Fähigkeiten viel weitreichender, beunruhigender und dazu angetan, einen
Jungen zu beeinflussen, in dessen Kopf bereits eine magische Welt
heranreifte.

Nur wenige Monate lang war Leonardo der Augapfel seines
Vaters, dann heiratete Ser Piero seine erste Frau Albiera. Sie starb
jedoch schon 1464 – kinderlos wie auch die zweite Gemahlin; erst
Ser Pieros dritte und vierte Frau schenkten ihm zusammen nicht
weniger als zwölf eheliche Söhne und Töchter. Es ist durchaus möglich, daß Ser Piero auch noch ein paar uneheliche Kinder zeugte.
Außer Leonardo erkannte er jedoch keines offiziell an. Der erwachsene Leonardo litt sehr unter seiner unehelichen Geburt; sie war vielleicht eine der Hauptursachen für seine spätere innere Zerrissenheit.

In dem Anwesen nahe dem Dorf Vinci lebten auch Antonio, Leonardos Großvater väterlicherseits, und sein Onkel, ein liebenswürdiger Nichtsnutz namens Francesco, der sechzehn Jahre älter als Leonardo war.

Nun erforschte der junge Leonardo seinen Geist, eine Welt der unbegrenzten Möglichkeiten. Sein Onkel Francesco scheint sich um ihn gekümmert zu haben; vielleicht war er der einzige Spielkamerad, der die unablässigen Fragen, den nimmermüden Verstand und die überwältigende Energie des Jungen ertragen konnte. Vielleicht war Leonardo – wie die meisten Genies – einsam, da seine intellektuelle Überlegenheit die weniger gescheiten Altersgenossen einschüchterte und auf Distanz hielt.[46]

Seine uneheliche Geburt hinderte ihn daran, den überkommenen Beruf der Familie zu ergreifen und Notar zu werden. Deshalb gab man den Dreizehnjährigen bei Andrea del Verrocchio, einem Künstler im nahe gelegenen Florenz, in die Lehre. Damals bestand kein großer Unterschied zwischen Künstlern und Handwerkern, und die Ateliers waren eher Werkstätten. Die Lehrlinge – *bottegi* – mußten eine Vielfalt an künstlerischen und handwerklichen Techniken erlernen und häufig sogar ihre eigenen Arbeitsmaterialien herstellen. Sie lebten über dem Atelier ihres Meisters und hatten wenig Zeit, am Treiben der Stadt teilzunehmen.

Verrocchio war ein passionierter Mathematiker und Musiker, begeisterte sich aber auch für Magie und Alchimie.[47] Die Begabung des stillen und fleißigen Leonardo zeigte sich vom ersten Tag an. Im Jahre 1471 befestigte man eine vergoldete, über zwei Tonnen schwere Kupferkugel, die teilweise von Leonardo hergestellt worden war, an der Spitze des Turmes der Kathedrale von Florenz. Zu jenem Zeitpunkt war Leonardo trotz seines jugendlichen Alters bereits zum zweiten Mann in Verrocchios Werkstatt aufgerückt.

In diese Periode seines Lebens fällt Leonardos Bekanntschaft mit dem Geographen Paolo Toscanelli (Maestro Pagolo), der die große Seereise des Christoph Kolumbus kartographierte und von dem Leonardo sehr viel über Maschinen lernen sollte.[48] Ein weiterer wichtiger Einfluß aus jener Zeit war Leon Battista Alberti (1404 – 1472), der Experimente mit der Camera obscura machte. Wie Leonardo verfügte auch Alberti über fast übermenschliche Kräfte; vielleicht war er es, der dem Lehrling die Geheimnisse der Überlegenheit des Geistes über die Materie beibrachte, jene im Kampfsport geübte Kontrolle, die sich möglicherweise hinter den Kunststückchen der beiden verbarg.[49] Der erwachsene Leonardo verblüffte auf Festen die Geladenen, indem er Hufeisen gerade bog oder eine schwere, geschlossene Tür aus den Angeln hob – laut Überlieferung ohne sichtbare Mühe.[50]

Ebenfalls in seiner Jugend lernte Leonardo den sieben Jahre älteren Künstler Botticelli kennen, der schließlich zum Großmeister der Prieuré de Sion wurde, wenn wir deren *Dossiers secrets* vertrauen dürfen. (Botticellis esoterische Neigungen haben sich angeblich in einem von ihm entworfenen Tarotspiel niedergeschlagen.)[51] Als er 1510 starb, übernahm Leonardo die Leitung der Prieuré.

Florenz war zu jener Zeit ein reicher Stadtstaat, in dem die Kaufleute das Sagen hatten und an dessen Spitze die Bankiersfamilie der Medici stand. Verrocchios Werkstatt mußte zahlreiche Skulpturen, Ziergegenstände und Porträts für sie liefern. Leonardo schrieb viele Jahre später »medici me crearono edesstrussono« (die Medici [oder: Ärzte] haben mich geschaffen und zerstört).[52] Man weiß allerdings nicht, was er mit dem zweiten Teil des Satzes sagen wollte. Seine Verbindung zu den Medici erwies sich zumindest im Jahre 1476 als zweischneidig, denn der Vierundzwanzigjährige wurde zusammen mit einigen anderen jungen Männern festgenommen und der Ketzerei beschuldigt, was damals eine Umschreibung für Unzucht war. Alle Beteiligten wurden sehr schnell auf freien Fuß gesetzt, wahrscheinlich, weil einer der Angeklagten mit den Medici verwandt war. Leonardo kam ungeschoren davon, aber war er überhaupt wegen seines schlechten Umgangs verhaftet worden? Und falls Ketzerei in diesem Fall doch nicht gleichbedeutend mit Unzucht war, wessen beschuldigte man die jungen Leute dann? Die Strafen waren in jener Zeit für beide Vergehen ohnehin identisch: Tod durch Verbrennen.

Gerüchte, daß Leonardo homosexuell sei, verfolgten ihn sein ganzes Leben lang und über seinen Tod hinaus. Abgesehen von jenem kurzen, ungeklärten gerichtlichen Zwischenspiel und der Tatsache, daß er nicht verheiratet war, gibt es wenig Anhaltspunkte für seine Homosexualität. Seine Notizbücher lassen gelegentlich seine Verachtung für den Geschlechtsakt erkennen; es ist möglich, daß er seine emotionalen Bedürfnisse, die er so sorgfältig in seiner Arbeit sublimierte, niemals auf physische Art verwirklichte. Man hört auch

die Meinung, sein Zusammenstoß mit dem Gesetz habe ihn so er-
schreckt, daß er nie wieder der Versuchung erlegen sei.

Die Entdeckung einiger pornographischer Kritzeleien seiner
Schüler in den sechziger Jahren erhärtete die Vermutung, daß ihm
die Homosexualität nicht gänzlich fremd gewesen sein kann.[53] Man
weiß, daß seine Beziehungen zu Frauen oberflächlich und distan-
ziert waren und daß er heterosexuelle Beziehungen verachtete oder
ablehnte. Serge Bramly verweist auf eine merkwürdige Zeichnung
Leonardos, den Querschnitt eines im Geschlechtsakt begriffenen
Paares. Der Mann – mit einer seltsam üppigen Haarpracht – ist sehr
detailliert dargestellt, wohingegen die Frau nur skizziert ist, und der
in die Vagina der Frau eindringende Penis scheint auf einen anderen
Penis zu treffen.[54]

Man hat wiederholt die *Mona Lisa* als Beispiel für Leonardos
sexuelle Problematik zitiert. Schon immer gab es Gerüchte, daß es
sich dabei um ein geniales Selbstporträt handele. Vor kurzem zeigten Lillian Schwartz von den Bell Laboratories in den Vereinigten
Staaten[55] und Digby Quested vom Londoner Maudsley Hospital, daß
diese Vermutungen zutreffen.[56] So unwahrscheinlich es klingen
mag, den beiden Wissenschaftlern ist mit Hilfe einer ausgefeilten
Computertechnik der Nachweis gelungen, daß das Gesicht der Mona
Lisa ein Spiegelbild der Züge Leonardos ist, vor allem seines Selbst-
porträts als alter Mann, das sich heute in Turin befindet. Alle
wesentlichen Linien des Gesichts – Lippen, Nasenspitze, Augenbrauen, Augen – stimmen auf beiden Bildern überein.

Die *Mona Lisa* wird häufig als Ausdruck seiner weiblichen Seite,
seiner gequälten Anima eingestuft, die er so sorgfältig vor den
Blicken der Welt verborgen hielt. Das mag dahingestellt bleiben –
was das Bild jedoch eindeutig zeigt, ist Leonardos Neigung, etwas
von sich selbst in seine größten Werke einzuschmuggeln. Man hat
auch viel Aufhebens von Leonardos pornographischen Skizzen gemacht, den »Hermaphroditen im Zustand sexueller Erregung«; sie
sind seit kurzem wieder Bestandteil der Königlichen Sammlung in
Windsor. (Die Skizzen waren zur Zeit Königin Victorias gestohlen
worden, und man munkelt, sie sei froh über ihr Verschwinden gewesen.) Es ist aber zu einfach, Leonardos mögliche Hermaphroditen-
Obsession als Ausdruck eines perversen sexuellen Verlangens zu
interpretieren.

Damals gab es nämlich durchaus noch andere Gründe für einen Florentiner jener Ära, von sexueller Ambiguität, von dem Gedanken des Verschmelzens beider Geschlechter besessen zu sein. Der Hermaphrodit ist das alchimistische Symbol für die im Magisterium erreichte Harmonie und Vollkommenheit, wenn sich der Alchimist selbst spirituell – und, wie viele glauben, auch physisch – verwandelt. Dieser Vereinigung galt das höchste Streben; sie hatte wenig – wenn überhaupt etwas – mit Sexualität im modernen Sinn zu tun. Im Magisterium vollzieht sich die Transmutation des Potentials, die mystische Selbstwerdung. In alchimistischer Sprache hieß es »wie oben, so unten«, was bedeutete, daß durch die Transmutation der Geist in Materie verwandelt werden konnte und eine Materie in eine andere. Sie machte den Menschen zu einem Gott.[57]

Die modernen, wissenschaftlich und technisch ausgerichteten Menschen betrachten den Alchimisten als einen armen Narren auf Irrwegen, dessen Anstrengungen nichts als Hokuspokus sind, über den sie sich arrogant hinwegsetzen dürfen. Auch uns erging es nicht anders, bevor wir anfingen, uns gründlicher mit dem Thema zu beschäftigen. Wir merkten jedoch bald, daß die Alchimie sich zwar einen bizarren und lächerlichen Anstrich gibt – zur Abschreckung verstärkt jeder überzeugte Alchimist dieses Bild nach besten Kräften[58] –, aber außerordentlich mächtig ist. Sie kann für Menschen, die ihr intellektuelles und spirituelles Potential voll ausschöpfen sowie das Universum und ihre Rolle darin besser verstehen wollen, sehr verlockend sein. Die Alchimie erscheint oft als eine groteske Mischung aus Philosophie, Kosmologie, Astrologie, Physik, Chemie und sogar Gentechnik.

Neil Powell, eine zeitgenössische Autorität auf diesem Gebiet, meint dazu:

»Die wirklich großen Alchimisten waren vielseitig gebildet. In jenen Tagen war das Wissen noch überschaubar, so daß man hoffen konnte, so unterschiedliche Bereiche wie Medizin, Religion, Philosophie, Alchimie, Logik und Magie in ihrer Gesamtheit zu beherrschen. Für einen nach Wissen strebenden Menschen waren die verschiedenen Studienzweige nicht unvereinbar. Die Magie stand weder mit der Medizin noch mit der Philosophie oder der Religion in Konflikt. Das Wissen war eine Einheit, und die einzelnen Wissensgebiete repräsentierten nur jeweils andere Aspekte derselben

Sache. Vereint führten sie zu einem besseren Verständnis des Universums.«[59]

Wir stießen auf die folgende Geschichte, aus der diejenigen, die »Augen haben zu sehen«, viel lernen können, und die den Reiz der Alchimie für einen faustischen Menschen wie Leonardo veranschaulicht.

Zu Beginn des zwanzigsten Jahrhunderts herrschte in den Pariser okkulten Zirkeln große Spannung, als ein gewisser »Fulcanelli« ein Buch mit dem Titel *Le mystère des cathédrales* veröffentlichte, in dem die großen gotischen Kathedralen, insbesondere die von Chartres, als in Stein verschlüsseltes alchimistisches und magisches Wissen gedeutet wurden.[60] Niemand kannte den Autor, doch rasch hieß es, er sei unsterblich, weil er das Magisterium, die höchste körperliche und spirituelle Transmutation, vollbracht habe. Einem dieser Gerüchte zufolge hatte Fulcanelli auch sein Geschlecht gewechselt. So ungeheuerlich das klingen mag, die sexuelle Verwandlung gehört zu den Grundprinzipien der Alchimie. Mann und Frau teilen – vielleicht rein metaphorisch – in der Vollendung des Magisteriums denselben Körper und erreichen so die wahre Harmonie, die höchste in dieser Welt mögliche mystische Vollendung. Fulcanelli war aber nicht der einzige Alchimist, dem Unsterblichkeit nachgesagt wurde. Der frühere Meister Nicolas Flamel von Paris soll, zusammen mit seiner geliebten Frau Perenelle, mindestens vierhundert Jahre alt geworden sein. Aus Flamels Aufzeichnungen wissen wir, daß er am 17. Januar 1392 das Opus magnum vollbrachte; manche halten ihn für identisch mit Fulcanelli.

Man mag angesichts solcher Geschichten skeptisch sein, und doch verbirgt sich häufig mehr dahinter, als es den Anschein hat. Für den geheimnisvollen Fulcanelli/Flamel konzentrierte sich die alchimistische Symbolik in den Kathedralen von Chartres und Nantes, und in der Tat lassen sich dort sehr viele alchimistische Bilder finden. So ist zum Beispiel der alte bärtige Mann, dessen Hinterkopf einer sich im Spiegel betrachtenden jungen Frau gleicht, ein von vielen modernen Gelehrten anerkanntes alchimistisches Symbol.[61] Eine solche Statue schmückt das Äußere der Kathedrale zu Nantes, und in einem der Portale von Chartres befindet sich neben der Königin von Saba ein bärtiger König mit einem weiblichen Körper.[62]

Anfang 1993 sortierte ich (Lynn) meine Dias für einen Vortrag über Leonardo und das Grabtuch (seit 1990 hatte ich schon etliche Vorträge zu diesem Thema gehalten), und dabei blieb mein Blick an einem Dia hängen, das ich besonders gut zu kennen glaubte. Ein wichtiger Aspekt war mir aber bis dahin völlig entgangen.

Das Dia zeigte eine Skizze Leonardos mit dem Titel *Hexe mit Zauberspiegel* (siehe Abbildung). An ihr hatte ich regelmäßig Leonardos geheime Leidenschaft für Magie, Spiegel und Hermaphroditen erläutert, und doch war mir die wahre Bedeutung der Zeichnung nie klar geworden. Ich hatte zwar die junge Frau gesehen, die in einen Spiegel blickt und deren Hinterkopf sich bei genauerer Betrachtung als das Gesicht eines alten Mannes, und zwar Leonardos, entpuppt. Auch hatte ich erkannt, daß es sich hier um das gleiche Symbol wie bei den alchimistischen Statuen in Nantes handelte, und in den vergangenen Jahren Hunderte von Menschen darauf aufmerksam gemacht. Aber ich hatte übersehen, daß ich den Beweis für Leonardos alchimistische Betätigung in Händen hielt.

Wie bereits oben ausgeführt, waren uns die zwischen seinen Aufzeichnungen verstreuten alchimistischen Symbole aufgefallen, die ihn in große Gefahr hätten bringen können. Es scheint aber, als habe er sie eher zufällig notiert, denn insgesamt lassen sich nur wenige in seinen zahlreichen Arbeitsheften finden. Wegen der Geheimhaltungsgepflogenheiten sind ausführliche Beschreibungen alchimistischer Verfahren ohnehin kaum zu erwarten. Leonardo machte seine Aufzeichnungen zwar zu seiner privaten Nutzung, doch er war bereits zu Lebzeiten ein berühmter Mann und wußte sehr wohl um den Wert seiner Kritzeleien. Außerdem war sein junger Diener Salai ein notorischer Dieb – wer konnte wissen, wo die kostbaren Notizbücher des Meisters landen würden? Sie hätten bereits zu seinen Lebzeiten leicht in die falschen Hände geraten können.

Man muß bei Leonardos Äußerungen über die Alchimie genau auf deren Ton und Inhalt achten. Ernsthafte Alchimisten streben vor allem nach einer spirituellen Transmutation, sie wollen nicht in erster Linie, wie man gemeinhin glaubt, unedle Metalle in Gold verwandeln. Der okkulte Gelehrte Grillot de Givry erläutert den Unterschied zwischen dem echten Alchimisten und den »drängelnden Massen der Uneingeweihten, die das Geheimnis der wahren Lehre völlig verkennen und an ungeeigneter Materie arbeiten, so daß die erhofften

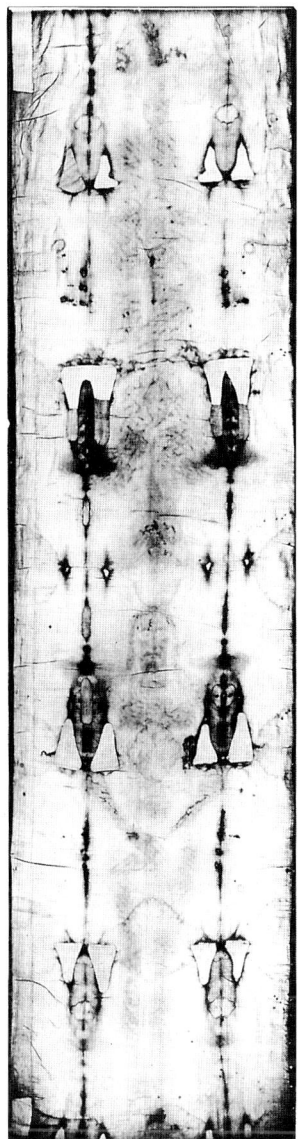 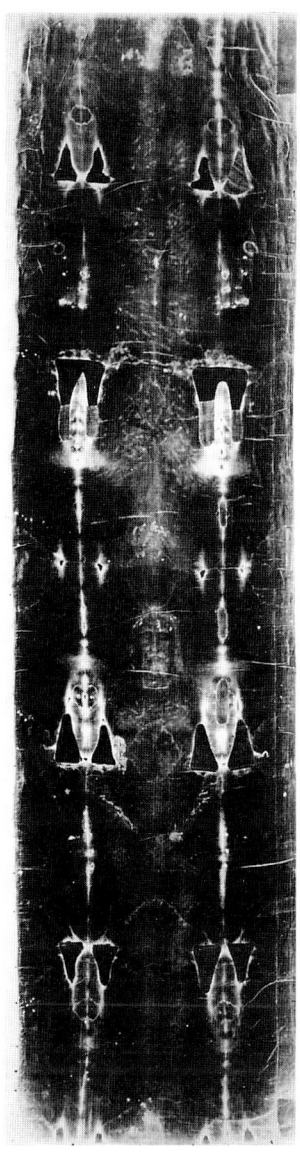

1 Das Grabtuch, wie man es mit dem bloßen Auge sieht. Das Bild stellt die am Kopf zusammenstoßende Vorder- und Rückansicht eines gekreuzigten Mannes dar.

2 Vorder- und Rückansicht des Grabtuches als fotografisches Negativ. Die erstaunliche Klarheit galt als Beweis für den wunderbaren Ursprung des Tuches.

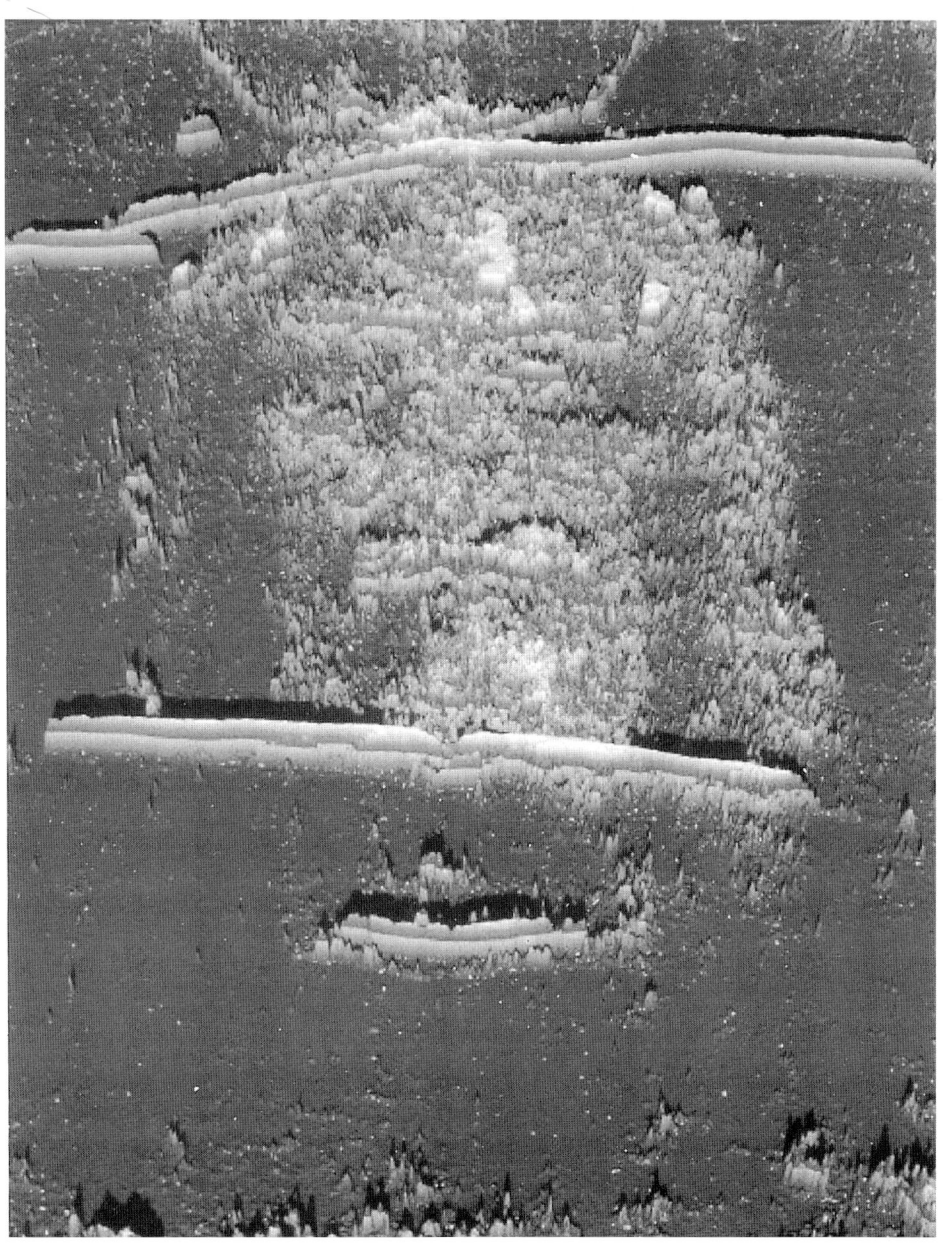

3 Andy Haveland-Robinsons Geschicklichkeit
am Computer verdanken wir diese Konturen des
Kopfes. Die verschiedenen Helligkeitsgrade
des Bildes werden als Höhen dargestellt.
Der Kopf ist deutlich vom Körper getrennt, und
die vielgerühmten 3-D-Informationen
sind kaum vorhanden.

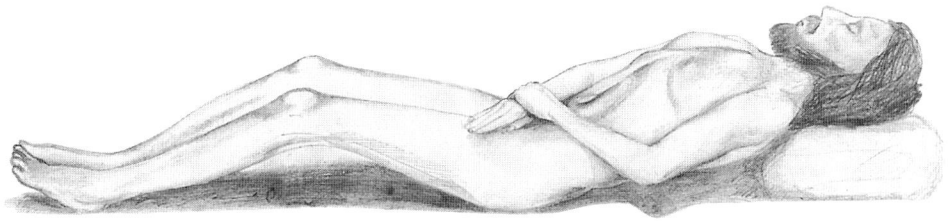

4 (*Oben*) Computerbild in größerem Maßstab. Auch hier sind keine 3-D-Informationen festzustellen. Die Unterbrechung zwischen Kopf und Körper ist deutlich sichtbar.

5 (*Unten*) Die vermutliche Haltung des Mannes entsprechend den Verkürzungen des Grabtuch-Bildes. Zeichnung von Keith Prince nach einer Skizze der amerikanischen Künstlerin Isabel Piczek. Ein solches Bild setzt voraus, daß das Grabtuch flach über und unter dem Körper lag. In Anbetracht der Verkürzung ist jedoch die Theorie einleuchtender, daß wir es bei dem Bild mit einer Projektion zu tun haben.

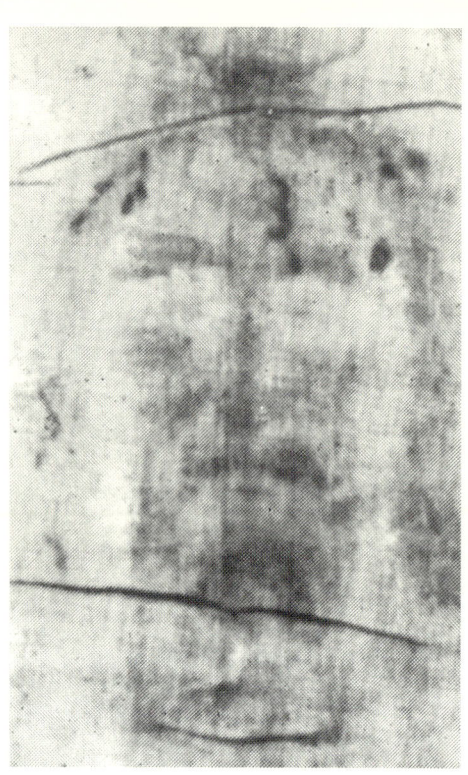

6 Man vergleiche das Negativ des Antlitzes und das 1935 von Aggemian nach dem Grabtuch geschaffene Gemälde (*unten*) mit den drei bekanntesten Leonardo-Porträts auf der folgenden Seite. Die Ähnlichkeit ist frappant.

7 (*Oben links*)
Profilbild Leonardos, Royal Library, Windsor.

8 (*Oben rechts*)
Posthumes Porträt Leonardos, Uffizien, Florenz.

9 (*Unten links*)
Selbstbildnis (um 1514), Biblioteca Reale, Turin.

10 (*Oben links*) Fachleute aus den Bereichen Computergraphik und Psychiatrie haben nachgewiesen, daß die Mona Lisa ein Spiegelbild Leonardos ist. Hat der Meister auch auf dem Grabtuch sein eigenes Gesicht dargestellt?

11 (*Oben rechts*) Leonardos Skizze *Hexe mit Zauberspiegel* zeigt vorn ein männliches Gesicht (ihm sehr ähnlich) und hinten ein weibliches.

Dieses okkulte Symbol stellt eine deutliche Verbindung zwischen Leonardo und der Alchimie her.

12 (*Unten*) Auf seinem Wandgemälde *Das Abendmahl* malte sich Leonardo als den zweiten Jünger von rechts. Man achte darauf, wie er sich von Jesus abwendet. Der junge Mann zur Rechten Jesu ist mit ihm durch ein großes gedehntes M verbunden. Stellt er Maria Magdalena dar? Wo ist der Wein, das Symbol des heiligen Blutes?

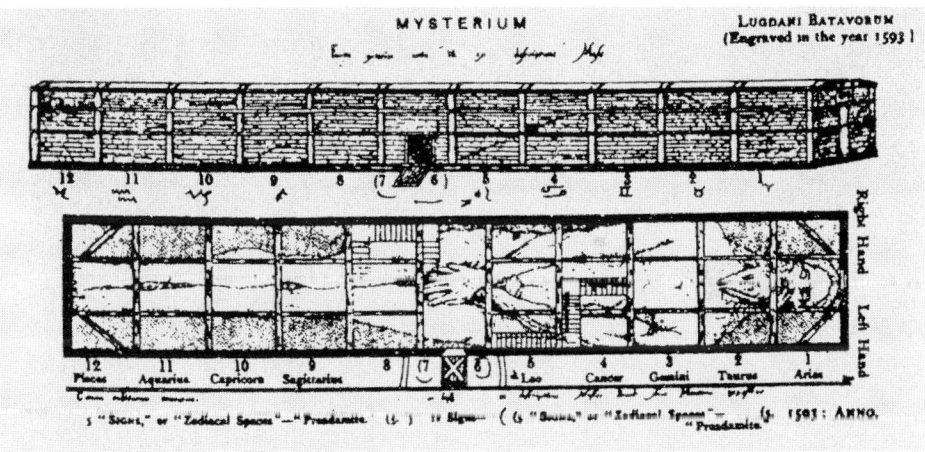

MYSTERIUM

LUGDANI BATAVORUM
(Engraved in the year 1593)

13 (*Oben links*) Triangular Lodge, Rushton, Northamptonshire. Das Souterrain hat die Funktion einer Camera obscura. Vielleicht war die fotografische Kunst eines der bestgehüteten Geheimnisse der Alchimisten.

14 (*Oben rechts*) Rosenkreuzer-Plakat, 1894, mit Dante (links) als Hugo de Payens, Gründer des Templerordens, und Leonardo als Joseph von Arimathia, Gralshüter. Leonardos Verbindung mit esoterischen Kreisen ist seit langem bekannt.

15 (*Unten*) Diese »rosenkreuzerische Arche Noah« aus dem Jahre 1593 zeigt eine dem Mann auf dem Grabtuch ähnliche Gestalt mit astrologischen Zuordnungen.

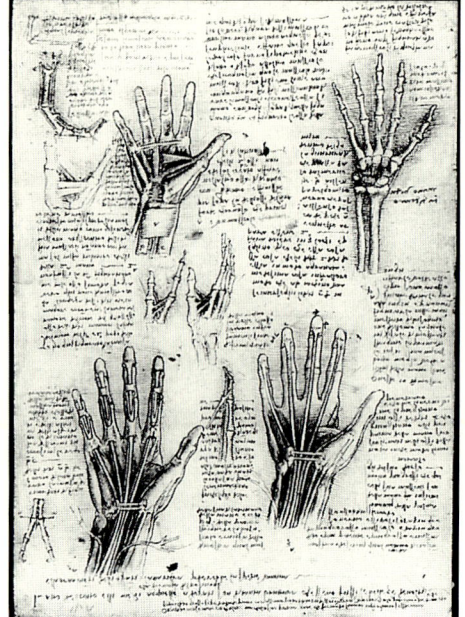

16 (*Rechts*) Leonardos Handstudien. Seine anatomischen Studien boten ihm Gelegenheit, sich mit Kreuzigungstechniken zu befassen.

17 Leonardos Camera obscura (*Mitte rechts*) und sein »Wahrnehmungsschema« (*Mitte links*). Besteht ein Zusammenhang zwischen dem Turiner Grabtuch und seiner Besessenheit von Optik, Linsen und Licht?

18 (*Unten*) Diese Skizze eines Fahrrads stammt von einem Schüler Leonardos und ist vermutlich nach einer Vorlage des Meisters kopiert. Die Räder gleicher Größe sowie der Kettenmechanismus wurden erst 1900 von neuem erfunden.

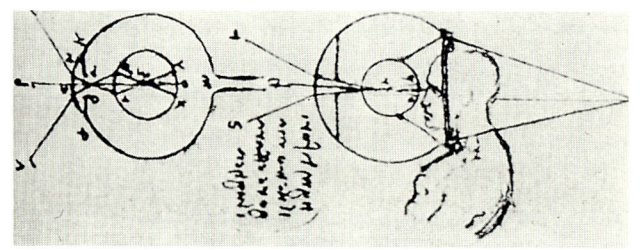

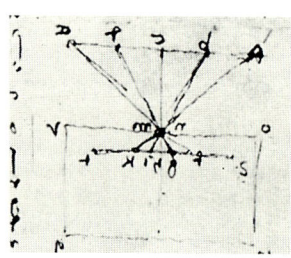

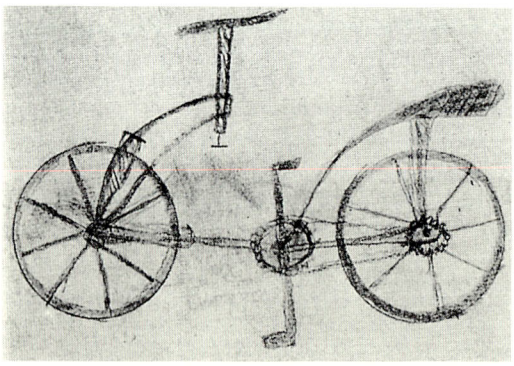

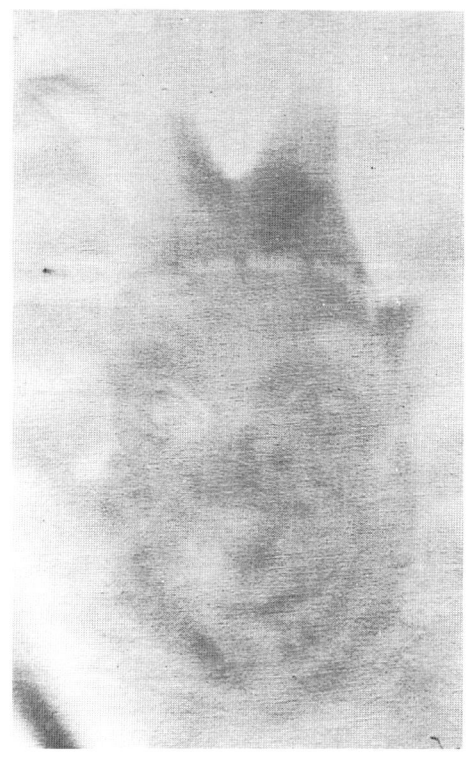

19 (*Oben links*)
»Bok«, der Fratzenkopf, mit dem wir zunächst
experimentierten.

20 (*Oben rechts*)
Unser Bild von »Bok« als Positiv. Es wurde mit Hilfe
von Chemikalien, Licht und einer sehr einfachen
Camera obscura hergestellt.

21 (*Unten links*)
Negativ von »Bok«,

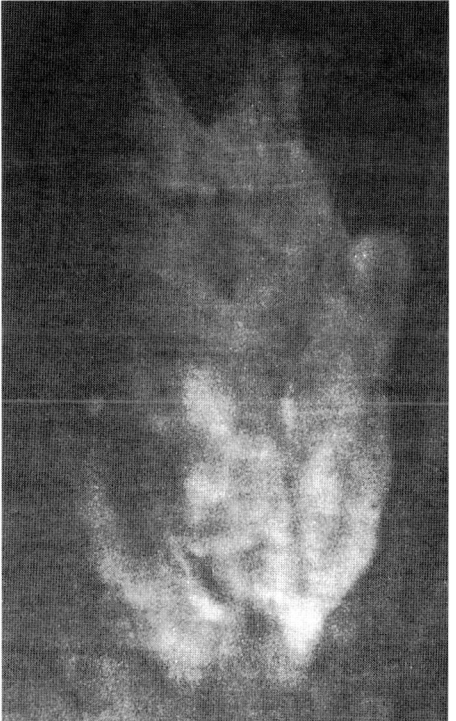

22 (*Oben rechts*)
Keith Prince schneidet das Tuch zu.

23 (*Unten links*)
Die lichtempfindliche Emulsion (Eiklar und
Chromsalzlösung) wird angerührt. Sie muß einige
Stunden stehen, um wirksam zu werden.

24 (*Unten rechts*)
Das Tuch wird mit einer Schicht versehen, die
auftrocknen muß.

25 (*Folgende Seite oben*)
Das Tuch wird auf einen Rahmen gespannt.

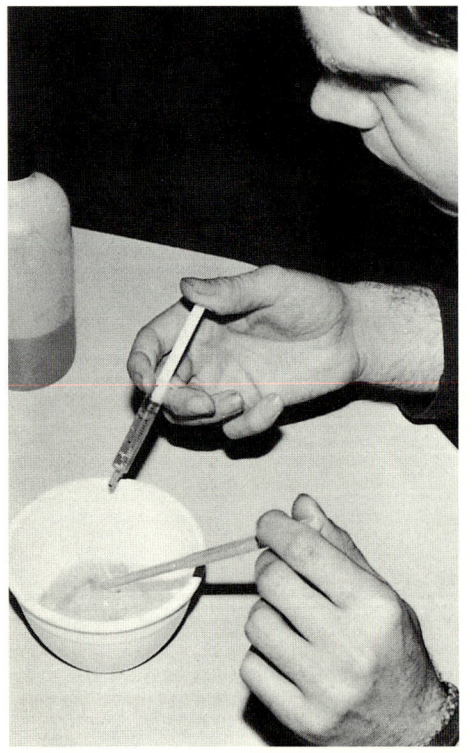

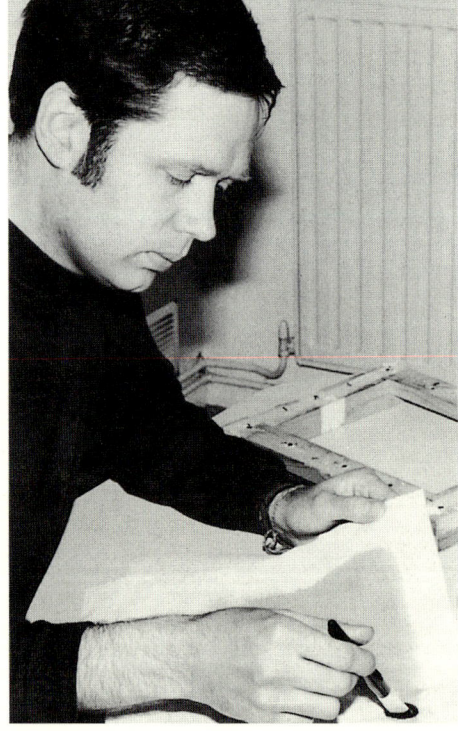

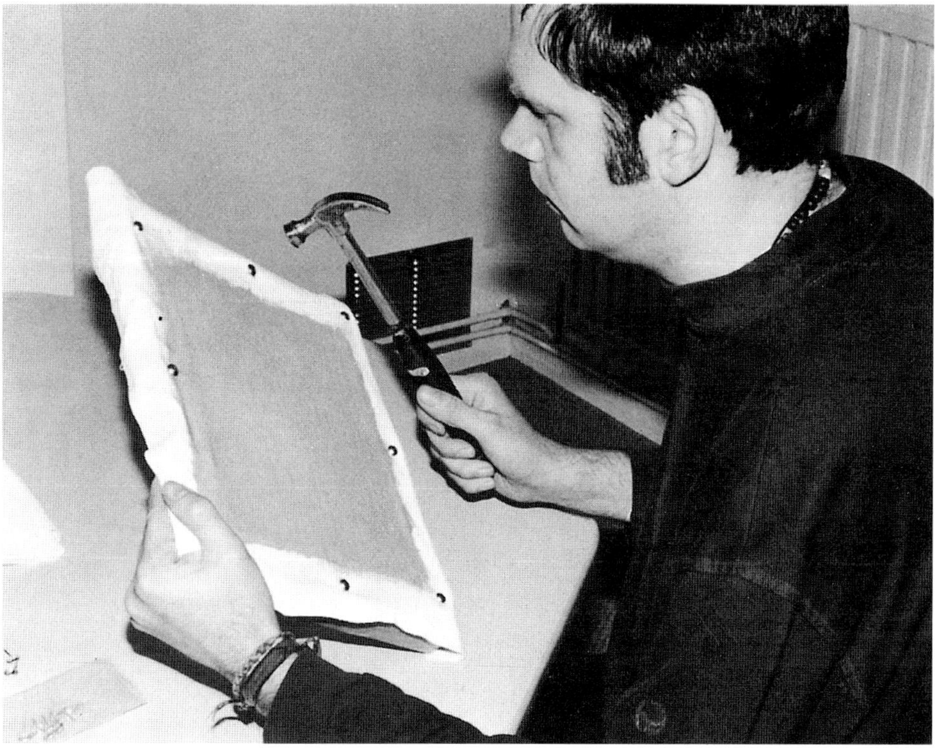

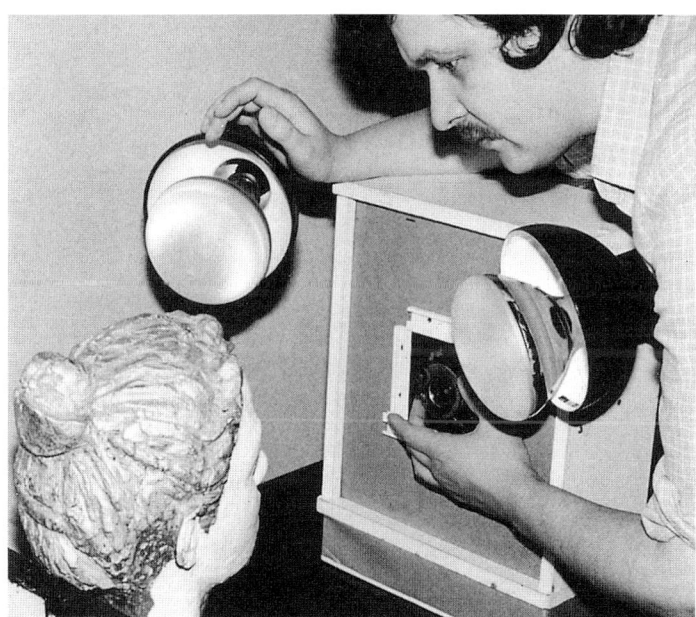
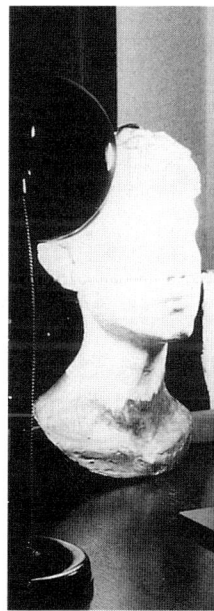

26 (*Unten links*)
Clive Prince stellt die Büste vor die Camera obscura.

27 (*Unten rechts*)
Die UV-Lampen brennen während der Belichtung (sechs bis zwölf Stunden lang). Leonardo hatte die helle italienische Sonne zur Verfügung.

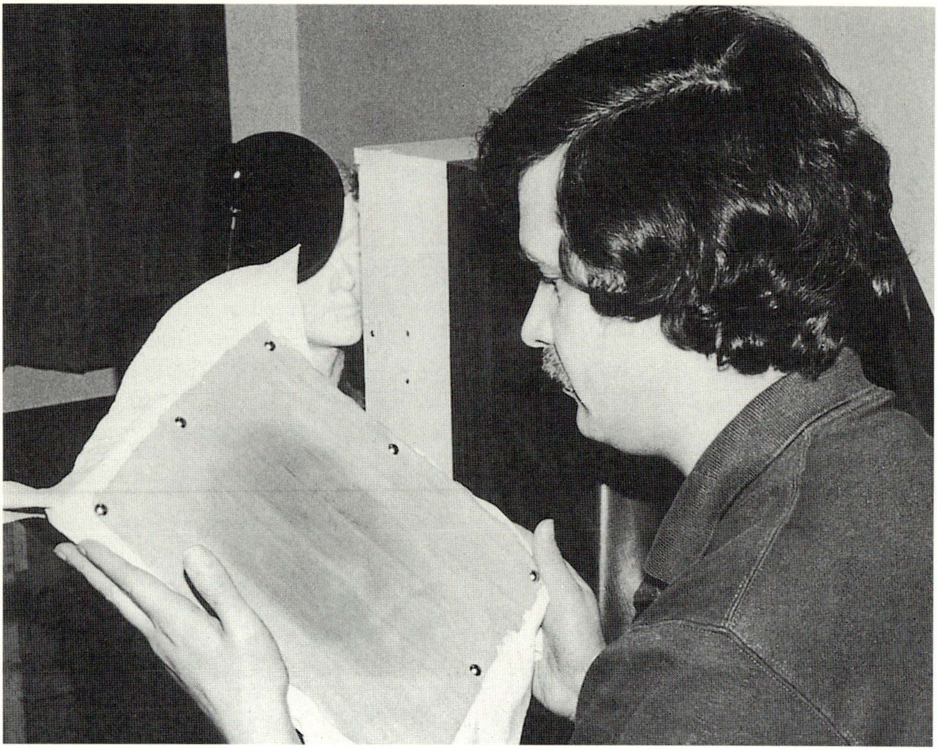

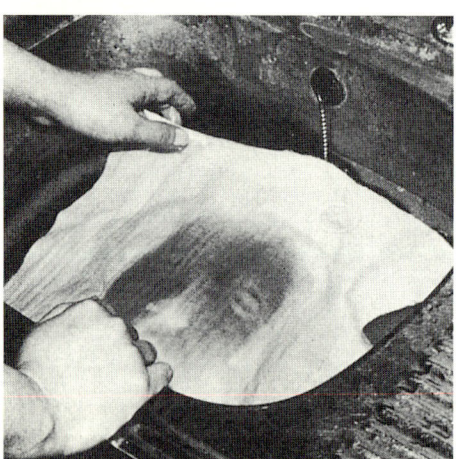

28 (*Oben*)
Der Rahmen wird aus der Camera genommen. Die belichteten Stellen des Bildes sind hart und wasserunlöslich geworden.

29 (*Unten links*)
Mit kaltem Wasser entfernen wir die Mischung von den unbelichteten Stellen. Zurück bleibt nur das Bild.

30 (*Unten rechts*) Lynn Picknett setzt das Tuch der Hitze aus, das Eiweiß versengt das Gewebe.

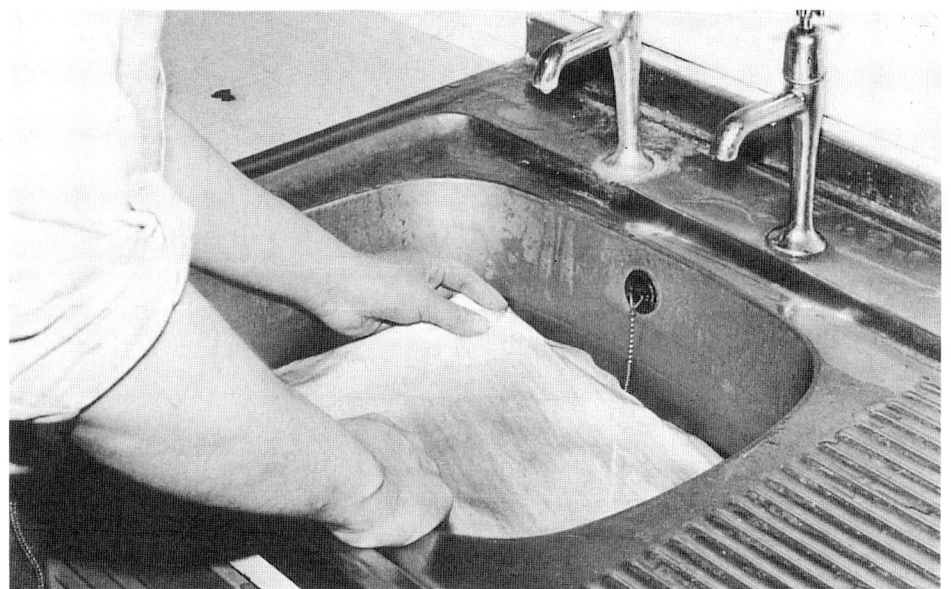

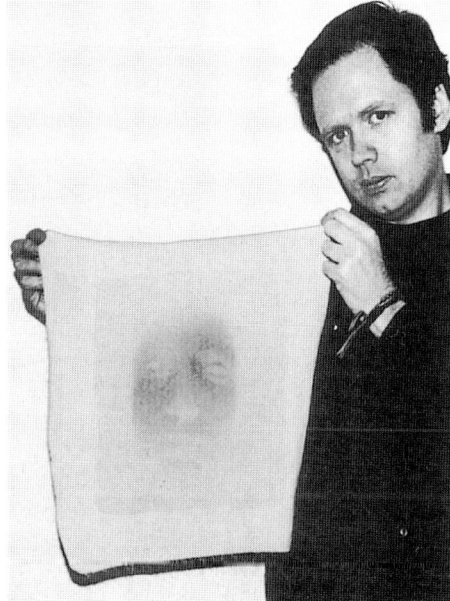

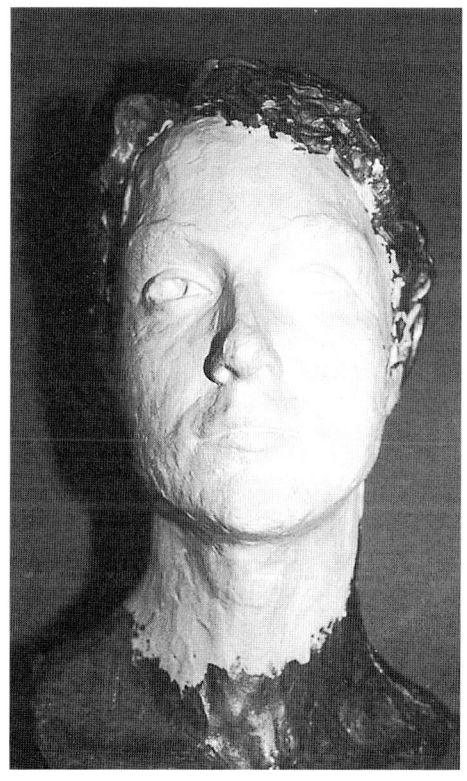

31 (*Oben*) Eine zweite Wäsche mit heißem Wasser und Waschpulver entfernt die letzten Spuren der Mischung. Zurück bleibt das versengte Bild.

32 (*Unten links*) Das Ergebnis.

33 (*Unten rechts*) Die Gipsbüste, mit der wir experimentierten.

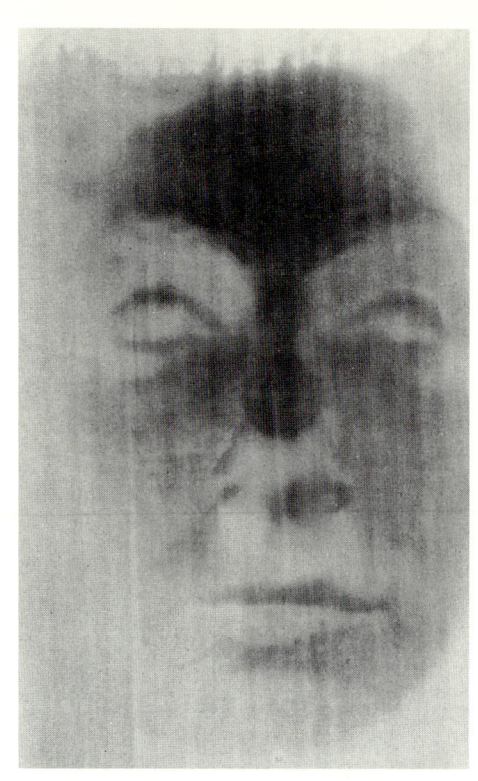

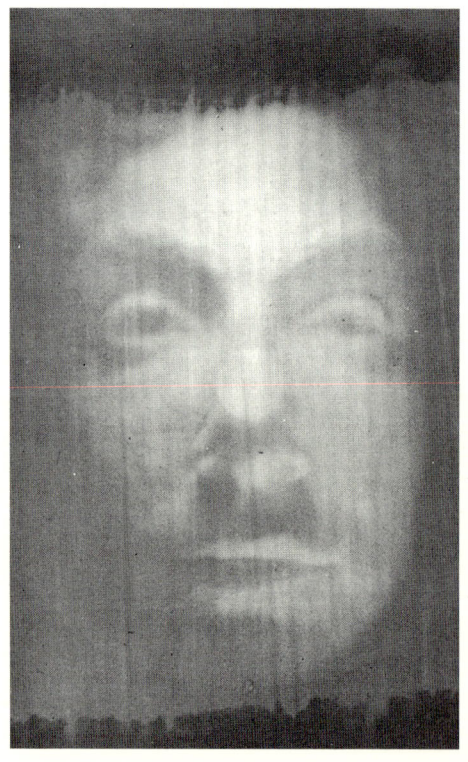

34 (*Oben*) Positiv der Gipsbüste.

35 (*Unten*) Negativ der Büste. Man beachte,
wie sehr viel lebensechter sie aussieht.

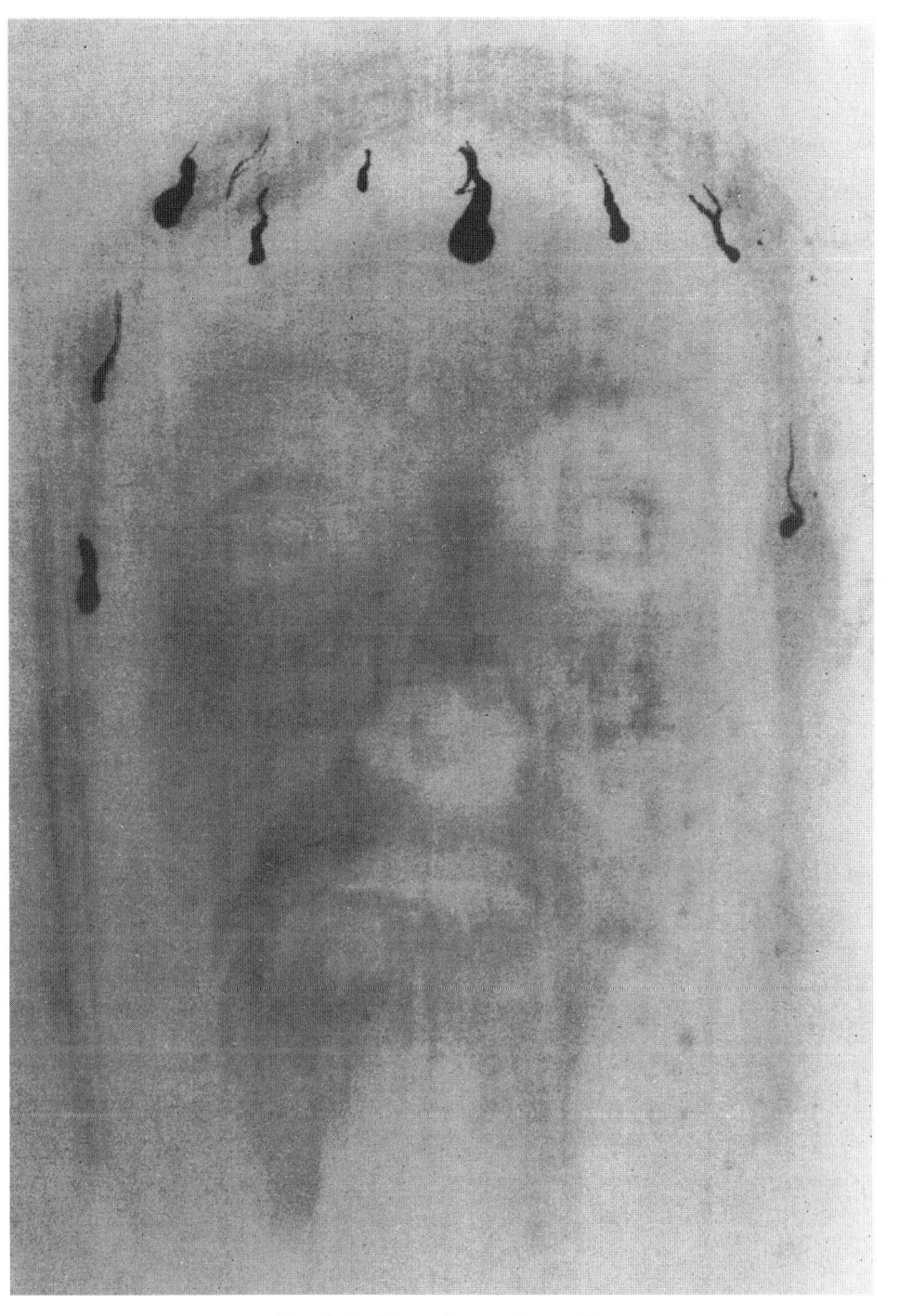

36 Negativ der Büste mit retuschiertem Haar
und Blut. Man beachte die Ähnlichkeit
mit dem Grabtuch.

37 (*Oben*) Merkmale des Bildes, welche
die Verwendung einer Linse erkennen lassen.

38 (*Unten*) Anomalien des Mannes auf dem Grabtuch.

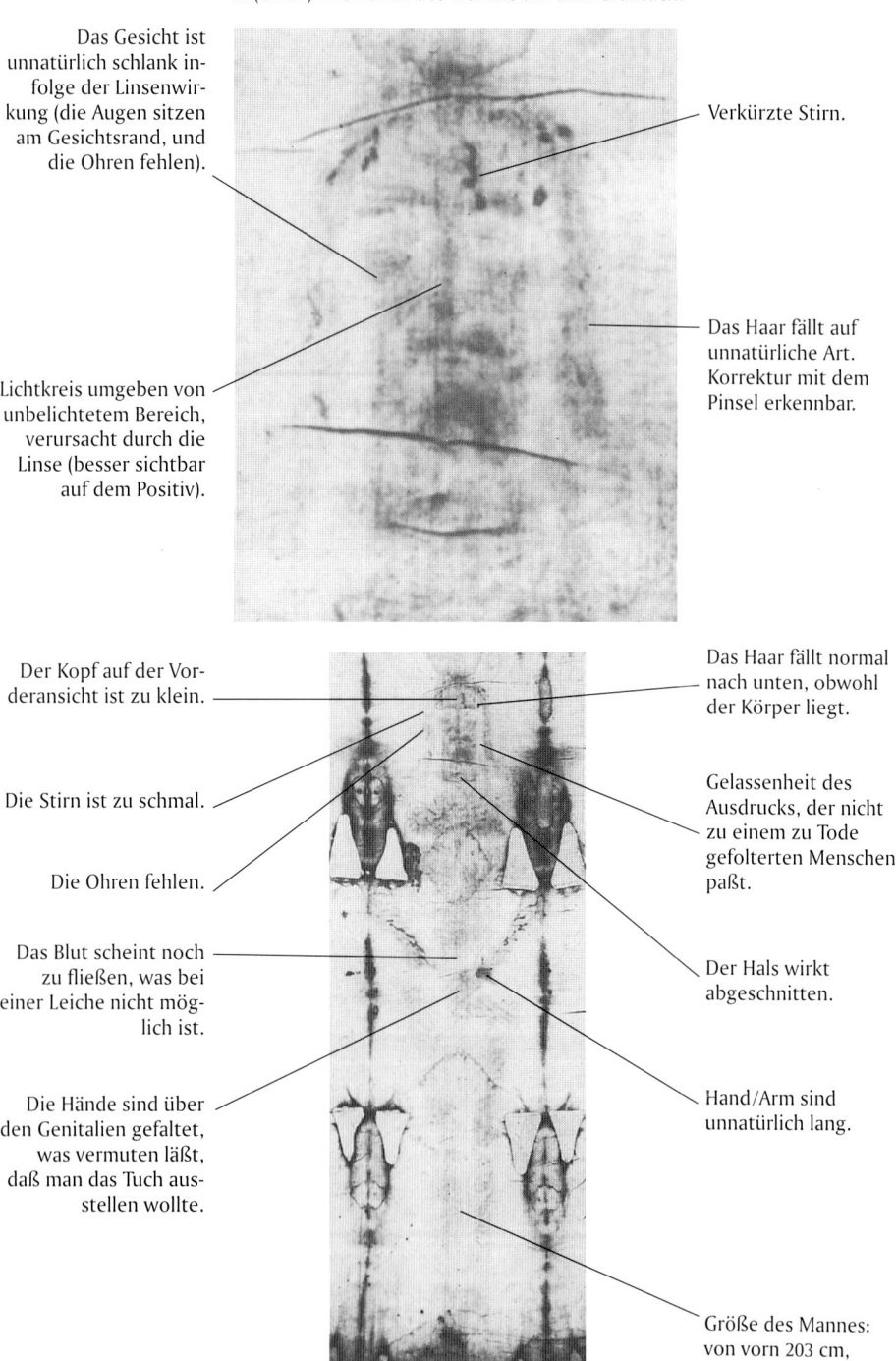

Das Gesicht ist unnatürlich schlank infolge der Linsenwirkung (die Augen sitzen am Gesichtsrand, und die Ohren fehlen).

Verkürzte Stirn.

Lichtkreis umgeben von unbelichtetem Bereich, verursacht durch die Linse (besser sichtbar auf dem Positiv).

Das Haar fällt auf unnatürliche Art. Korrektur mit dem Pinsel erkennbar.

Der Kopf auf der Vorderansicht ist zu klein.

Das Haar fällt normal nach unten, obwohl der Körper liegt.

Die Stirn ist zu schmal.

Gelassenheit des Ausdrucks, der nicht zu einem zu Tode gefolterten Menschen paßt.

Die Ohren fehlen.

Das Blut scheint noch zu fließen, was bei einer Leiche nicht möglich ist.

Der Hals wirkt abgeschnitten.

Die Hände sind über den Genitalien gefaltet, was vermuten läßt, daß man das Tuch ausstellen wollte.

Hand/Arm sind unnatürlich lang.

Größe des Mannes: von vorn 203 cm, von hinten 208 cm.

Ergebnisse immer ausbleiben werden. Das sind die falschen Alchimisten, die Scharlatane«[63].

Auch Leonardo greift die Scharlatane an: »Warum begebt ihr euch nicht in die Bergwerke, wo die Natur das Gold hervorbringt, und werdet dort ihre Schüler? Sie wird euch untrüglich von eurer Narrheit heilen und zeigen, daß sie nichts von dem, was ihr in eure Schmelztiegel gebt, zur Herstellung von Gold verwendet.« Er schränkt seine Ablehnung jedoch insofern ein, als er den Alchimisten »uneingeschränktes Lob für die nützlichen Dinge« ausspricht, »die sie zum Wohl der Menschheit ersonnen haben«[64].

Die wahren Alchimisten stimmten ihm zu. Sie empfanden die gleiche Verachtung für Scharlatane – und empfinden sie noch –, die viele Wissenschaftler für jene Menschen übrighaben, die noch immer an die Echtheit des Grabtuches glauben.

Im großen und ganzen sind die modernen Alchimisten – es gibt Institute in Frankreich und in den Vereinigten Staaten – genauso auf Geheimhaltung bedacht wie ihre Vorgänger. Das mutet vielleicht seltsam an, denn die Zeiten, da ihnen der Scheiterhaufen drohte, sind vorbei. Vielleicht ist die Geheimhaltung so in der Psyche der Alchimisten verankert, daß sie zur Tradition geworden ist, und doch steckt noch mehr dahinter. Anders ausgedrückt: Die Alchimie ist wie jedes andere okkulte Wissen nur für Eingeweihte bestimmt, und Geheimnisse müssen Geheimnisse bleiben. Mit den Worten Neil Powells: »Die Alchimisten haben ihre Schriften schon immer gern in rätselhafte Dunkelheit gehüllt, weil sie Angst hatten, ihr Wissen könne in falsche Hände geraten. Vielleicht machte ihnen aber auch die Geheimhaltung um ihrer selbst willen Spaß.«[65]

Die Alchimie bedient sich noch immer komplizierter, oft unentzifferbarer Geheimschriften und einer phantastischen Symbolik. Im Grunde ist sie jedoch ein nüchternes System, das darauf abzielt, nicht nur die Materie, die der Alchimist bearbeitet, zu verwandeln, sondern auch den Alchimisten selbst. Ein alchimistischer Spruch lautet: »Es gibt keinen Gott außer dem Gott im Menschen« – ein in den Tagen der Inquisition äußerst gefährliches Axiom, das aber das Lebensgefühl von Menschen wie Leonardo treffend charakterisiert.

Wir sind zu der Überzeugung gelangt, daß die tiefste *raison d'être* der Prieuré de Sion die Alchimie ist. Nicolas Flamel, einer der ersten Großmeister, will am 17. Januar 1392 das Magisterium vollbracht haben. Dieser Tag ist der alchimistischen Vollendung, dem Opus magnum, geweiht und somit ein besonderer Festtag für Alchimisten.[66] Auch Isaac Newton, Robert Boyle (1627–1691) und Robert Fludd sind passionierte Alchimisten und erscheinen auf der Liste der Großmeister. (Ebenso wie Leonardo steht Newton im Ruf eines überzeugten Rationalisten, doch auch für ihn war es kein Widerspruch, gleichzeitig Alchimist zu sein. Wissen zählte in jeglicher Form.)

Die Alchimie ist keine Freizeitbeschäftigung wie das Briefmarkensammeln oder Orchideenzüchten. Sie stellt ein umfassendes System zum Verständnis des Menschen und der Welt dar. Leonardos *Hexe mit Zauberspiegel* ist ein Beweis für seine Vertrautheit mit der alchimistischen Bildsprache.

Wir haben herauszufinden versucht, ob Leonardo die Mittel, das Motiv und die Gelegenheit gehabt haben könnte, das Turiner Grabtuch zu fälschen, und wir sind zu dem Ergebnis gekommen: Die Mittel verdankte er der Alchimie. Vielleicht waren aber auch Mittel und Motiv miteinander verknüpft, so daß die Alchimie ihm nicht nur das Know-how für eine kühne und geniale Fälschung an die Hand gab, sondern auch Zugang zu einem ausgedehnten Netz ketzerischer Geheimgesellschaften verschaffte – natürlich auch zu der Prieuré de Sion, deren Großmeister er angeblich wurde (siehe Kapitel 4).

Wir stießen bereits zu Beginn unserer Beschäftigung mit der Prieuré auf Widersprüche zwischen ihrer angeblichen Zielsetzung und den Verlautbarungen, die von verschiedener Seite, einschließlich der britischen Saunière Society, über sie zu hören waren. In *Der Heilige Gral und seine Erben* wird behauptet, die Prieuré widme sich dem Schutz der Nachkommenschaft Jesu und Maria Magdalenas; gleichzeitig betonten Sprecher der Saunière Society, deren Vorsitz Henry Lincoln führt, wiederholt, daß Jesus keineswegs ein Gott gewesen sei. Sie haben nur Verachtung für ihn übrig und durchkämmen die Schriftrollen vom Toten Meer sowie andere Quellen nach kritischen Äußerungen über ihn. Doch weshalb sind sie dann so sehr darauf bedacht, seine hypothetische Nachkommenschaft zu hüten? Und weshalb sollte so ein Freigeist wie Leonardo den Vorsitz bei diesem Mummenschanz übernommen haben?

Die Autoren von *Der Heilige Gral und seine Erben* setzen bei dem mysteriösen Reichtum an, zu dem der Priester Saunière von Rennes-le-Château buchstäblich über Nacht gelangte. Wilde Gerüchte über magische Sexualpraktiken (die okkulten Kräfte sollen sich beim Orgasmus steigern) und dunkle Geheimnisse verbreiteten sich damals. Wir wissen nicht, was sich in jenem abgelegenen Dorf des Languedoc abspielte, aber es muß unwiderstehlich gewesen sein. Noch heute ist nämlich die Anreise von Paris umständlich und langwierig (wir sprechen aus Erfahrung), doch vor über achtzig Jahren ließ sich selbst die vornehmste Pariser Gesellschaft, einschließlich der berühmten Opernschönheit Emma Calvé (die 1942 starb), nicht von der Mühe abschrecken. Sogar Habsburger Prinzen besuchten den winzigen Weiler.

Was veranlaßte diese Menschen zu einer so weiten Reise? Könnten sie Ruhm, Reichtum oder geheimes Wissen gesucht haben? Ersteres ist auszuschließen, denn viele waren bereits berühmt. Könnte es die Aussicht auf Unsterblichkeit, das Elixier des Lebens oder irgendein anderes angebliches Nebenprodukt des Magisteriums gewesen sein? Was immer Saunière tatsächlich oder in seiner Einbildung besaß, mußte auch in den Augen anderer wertvoll gewesen sein. Wir dürfen nicht vergessen, daß sogar Isaac Newton ein passionierter Alchimist war, der sich seiner Leidenschaft nicht schämte, und auch er diente angeblich als Großmeister der Prieuré. In dieselbe Reihe gehören Flamel, Robert Boyle, Robert Fludd ... und Leonardo da Vinci? All diese Männer zählten zu den Geistesgrößen ihrer Epoche, einige zu den größten Geistern aller Zeiten. Gerade sie wären doch sicherlich nicht auf ein System von infantilem Hokuspokus hereingefallen, oder?

Das Wort Alchimie soll sich von dem arabischen *al khem*, was »schwarzes Land« bedeutet, ableiten, womit Ägypten gemeint ist.[67] Einer Legende zufolge fand man die Smaragdtafel des Hermes Trismegistos in einer ägyptischen Höhle, und diejenigen, die Augen hatten zu sehen, konnten auf ihr die Geheimnisse der hermetischen Weisheit lesen.[68] (Der berühmteste Spruch lautet: »Wie oben, so unten« – möglicherweise eine Variante von: »Es gibt keinen Gott außer dem Gott im Menschen.«) Die Okkultisten glauben seit langem, daß die Hermetik, das älteste und mächtigste magische System, direkt aus dem alten Ägypten stammt, und die Alchimie ist ein Teil dieses Systems.

Es besteht ein enger Zusammenhang zwischen der großen ägyptischen Göttin Isis, die oft schwarzhäutig dargestellt wird, der Alchimie und den europäischen Schwarzen Madonnen. Ean Begg schreibt in seinem hervorragenden Buch *Die Unheilige Jungfrau*: »Das *Ankh* (Lebenskreuz), das Isis als höchste Einweihungsgöttin trägt, mag einige der merkwürdig geformten Zepter erklären, wie sie die Schwarzen Madonnen halten, die, ebenso wie Isis, häufig die Farbe Grün bevorzugen. Grün und Schwarz weisen auf den Anfang des Großen Werkes, dessen Geheimnis, den Alchimisten zufolge, in dem ›Geschlecht von Isis‹ zu finden ist.«[69]

Isis, die Schwarzen Madonnen und die Alchimie sind Interessengebiete der Prieuré. Ean Begg zitiert den ehemaligen Großmeister Pierre Plantard de Saint-Clair: »Die Schwarze Madonna ... ist Isis, und sie wird ›Unsere Liebe Frau des Lichts‹ genannt.«[70] Das mag verwirrend klingen, bis man sich klarmacht, daß es einen Zusammenhang zwischen dem Kult der Schwarzen Jungfrau und Maria Magdalena, der Zentralgestalt der Prieuré, gibt. Ean Begg nennt fünfzig Orte, an denen Maria Magdalena verehrt wird und an denen sich gleichzeitig ein Bild der Schwarzen Madonna befindet. In *Der Heilige Gral und seine Erben* spielt die Schwarze Madonna kaum eine Rolle, doch die Autoren müssen sich mit ihr befaßt haben, denn 1982 schrieben Michael Baigent und Richard Leigh eine Artikelserie über dieses Thema für *The Unexplained* (Das Unerklärte).[71] Im Städtchen Blois, wo die Großmeister der Prieuré gewählt werden, wird die Schwarze Madonna besonders verehrt. Jean Cocteau, ein Großmeister der Prieuré (1918–1963), schrieb in einer Touristenbroschüre eine Botschaft unter das Foto der Schwarzen Madonna von Saint-Jean-Cap-Ferrat (Alpes-Maritimes). Bei einem Mann, der so berühmt für seinen Surrealismus und Zynismus war, mutet das etwas merkwürdig an.[72]

Die Schwarzen Madonnen, die Göttin Isis, Maria Magdalena und die Alchimie scheinen Teile eines Puzzles zu sein und doch nicht zusammenzugehören, obgleich sie alle auf geheimnisvolle Weise auf die Prieuré de Sion hindeuteten. Sie wirbeln wie die Steinchen in einem Kaleidoskop herum, manchmal ergibt sich ein schönes, kompliziertes Bild, dann verrutschen sie, und aus Sinn ist abermals Unsinn geworden.

Wie wir gesehen haben, schmückt das Bild des Hermaphroditen, Symbol des vollbrachten Magisteriums, nicht nur viele Arbeitshefte Leonardos, sondern auch die Außenseite der Kathedrale von Chartres. Zwischen diesem Bauwerk, der Prieuré de Sion und Leonardo gibt es noch eine weitere Verbindung. Wer die Kathedrale von Chartres besucht hat, wird wissen, daß ihre Schirmherrin *Notre-Dame* ist, worunter man im allgemeinen die Jungfrau Maria versteht. Auch die große Pariser Kathedrale ist *Notre-Dame* geweiht, in diesem Fall ist aber nicht die Mutter Jesu, sondern die heilige Maria Magdalena gemeint. In der Tat stehen die meisten Kirchen dieses Namens im Großraum Paris unter dem Schutz Maria Magdalenas. Das ist bemerkenswert, besonders da sich in vielen dieser Gotteshäuser die Skulptur einer jungen Frau mit einem kleinen Kind befindet – die man selbstverständlich für Maria mit dem Jesuskind hält. Vielleicht dienten diese Kirchen, als sie errichtet wurden, jedoch einem ganz anderen Kult, nur war dessen Symbolik so obskur und »ketzerisch«, daß die durchschnittlichen Gläubigen nie erfuhren, welche Geheimnisse sich dahinter verbargen.

Wir haben allen Grund zu der Annahme, daß auch die Kathedrale von Chartres insgeheim der heiligen Maria Magdalena, der mutmaßlichen Frau Jesu, geweiht war. Ean Begg spielt darauf an, daß in Chartres eine Maria die »Bundeslade« sei[73]; Graham Hancock bezieht sich in seinem Buch *Die Wächter des heiligen Siegels* (1992) ebenfalls auf eine ähnliche Symbolik in Verbindung mit dem Heiligen Gral: »Das Bild des ›heiligen Blutes‹, das im allgemeinen mit dem Gral assoziiert wird, war eine Auslegung späterer Verfasser, die das ursprüngliche Thema erweitert, aber auch verändert haben. Im Verlauf meiner Recherche konnte ich feststellen, daß dieser Prozeß der ›Christianisierung‹ von den Zisterziensern unterstützt worden war. Dieser Orden wiederum wurde im wesentlichen von einem Mann beeinflußt und geformt, welcher der Bruderschaft im Jahre 1112 beigetreten war und von vielen Wissenschaftlern als die bedeutendste religiöse Gestalt seiner Zeit angesehen wird: Bernhard von Clairvaux.

Und es war Bernhard, der eine führende Rolle in der Entwicklung und Verbreitung des gotischen Architekturkonzeptes gespielt hatte. 1134, als der emporstrebende Nordturm von Chartres gebaut wurde, befand sich Bernhard im Zenit seiner Macht, die er einsetzte, um mit Nachdruck auf die Prinzipien der heiligen Geometrie hinzuweisen, so wie sie in diesem wunderbaren Bauwerk umgesetzt worden waren. Noch weit über seinen Tod im Jahre 1153 hinaus gehörten seine Predigten und Ideen zu den Quellen, aus denen man Anregungen für die Weiterentwicklung der gotischen Architektur und Skulptur schöpfte.«[74]

Eben dieser heilige Bernhard war übrigens eng mit dem Aufstieg der mächtigen Tempelritter verbunden, die von den Autoren des Buches *Der Heilige Gral und seine Erben* als die *militia Christi* der Prieuré bezeichnet werden (allerdings spaltete sich der Orden bereits nach kurzer Zeit). Der Onkel des heiligen Bernhard, André de Montbard, war einer der Ordensgründer, und die kometenhafte Karriere des Heiligen hatte eine Parallele in dem Aufstieg des Templerordens. De Montbard soll auch ein – vielleicht sogar hochrangiges – Mitglied der Prieuré gewesen sein. Gehörte der heilige Bernhard also ebenfalls dazu? Lincoln, Baigent und Leigh fragen:»Könnte der Orden der Prieuré de Sion tatsächlich hinter dem heiligen Bernhard und den Tempelrittern gestanden haben? Und könnten beide irgendeine sorgfältig geplante Politik verfolgt haben?«[75]

Ean Begg schreibt:»Als die Templer nach ihrer überraschenden Gefangennahme 1307 im Schloß von Chinon dem Tod entgegensahen, verfaßten sie ein Gebet an Unsere Liebe Frau, worin diese den heiligen Bernhard als den Begründer ihrer Religion anerkennt. Zusätzlich zu den zahllosen Hymnen und Predigten, die er ihr gewidmet hat, schrieb er mehr als zweihundertachtzig Predigten über das Hohelied, das Hochzeitsgedicht von Salomon und der Königin von Saba, dessen Vers ›ich bin schwarz, aber schön bin ich, ihr Töchter Jerusalems‹ der immer wiederkehrende Refrain des Kultes der Schwarzen Madonnen ist.«[76]

Wieder einmal quälten uns die ungeordneten Steinchen des Kaleidoskops: die Prieuré, die Tempelritter, Isis, die Schwarze Madonna und Maria Magdalena – war vielleicht sie es, die sich hinter der *Notre Dame* des Bernhard von Clairvaux verbarg? Und was hatte es mit der alchimistischen Symbolik jener Geistesschöpfung des heiligen Bernhards auf sich, der Kathedrale von Chartres? Ohne Zweifel steckte hier hinter der Marienverehrung ein altes, möglicherweise finsteres Geheimnis. Und dann ging uns eines Tages noch ein Licht auf, denn wir stießen auf einen weiteren roten Faden in diesem so unerhört feingesponnenen Netz.

Auf zahlreichen Statuten der *Dossiers secrets* findet sich auch die Unterschrift Jean Cocteaus, eines der neueren Großmeister der Prieuré de Sion. Als wir entdeckten, daß er für die Ausschmückung der französischen Kirche *Notre-Dame de France* in unmittelbarer Nähe des Leicester Square in London verantwortlich war, sahen wir uns die Kirche einmal genauer an.

Das ursprüngliche Gebäude war einer deutschen Bombe zum Opfer gefallen. Man hatte die Kirche jedoch nach dem Krieg wieder-aufgebaut und den Grundstein aus der Krypta der Kathedrale von Chartres kommen lassen. Wie alle Templerkirchen ist auch diese ein Weiblichkeitssymbol, das heißt ein Rundbau. Als wir uns die Kreuzwegstationen ansahen, fiel uns bei der Kreuzabnahme auf, daß über dem Querbalken ein Tuch zu flattern scheint. Dadurch entsteht genau das Symbol der »gekreuzigten Schlange«, das die Alchimisten seit Flamel verwenden. Noch faszinierter waren wir aber von Coc-teaus ungewöhnlichem Wandgemälde – und zwar nicht nur für die Dauer eines Besuches –, weil es eindeutig im Zeichen der Prieuré-Symbolik steht.

Es befindet sich an der Wand hinter dem Altar und stellt eine Kreuzigung dar. Das Opfer ist jedoch nur von den Knien abwärts zu sehen. Unterhalb seiner Füße befindet sich eine große rote Rose: ganz offensichtlich das Rosenkreuzersymbol. Für die Mitglieder des Ordens der Prieuré ist Jesus nicht bei der Kreuzigung gestorben; einige glauben sogar, daß an seiner Stelle ein anderer hingerichtet wurde, zum Beispiel Simon von Kyrene. Malte sich Jean Cocteau aus diesem Grund mit dem Rücken zum Kreuz, und blickt er deshalb den Betrachter mit einem leicht widerwilligen – oder sogar empörten – Stirnrunzeln an? Ein noch sehr junger Mann fast ohne Bartwuchs ver-zieht das Gesicht, und seine Augen sind fischförmig. Der Fisch ist ein frühchristliches Symbol; ist dieser Zuschauer der wahre Jesus oder sein Sohn, den einige Prieuré-Mitglieder für den biblischen Barabbas halten?

Die große schwarze Sonne erinnert an eine Spinne. Einige Glau-bensgrundsätze der Prieuré stellen Querverbindungen zur Göttin Arachne (griechisch: Spinne) her[77], und die schwarze Sonne ist, wie-der einmal, ein alchimistisches Symbol. Unser Kollege Craig Oakley hat uns darauf aufmerksam gemacht, daß eine schwarze Sonne das Gegenbild der normalen Sonne sei – ihr Negativ.

Auf dem Wandgemälde sind zwei Frauen durch ein sehr großes, langgestrecktes M verbunden. Die ältere, wahrscheinlich die Mutter Jesu, blickt zu Boden; die jüngere steht mehr im Hintergrund und wendet sich ganz offensichtlich ab. Hat Cocteau hier Jesu Ehefrau Maria Magdalena dargestellt, die von dem plumpen Täuschungsmanöver wußte, aber damit nicht einverstanden war?

Unter dem Kreuz knobeln römische Soldaten; wenn man die Zahlen auf ihren Würfeln zusammenzählt, erhält man achtundfünfzig, die heilige Zahl der Prieuré.[78]

Der Altar selbst greift das gedehnte M noch einmal auf: in Cocteaus Augen stand das M für Maria Magdalena. Betrachten wir die gesamte Symbolik vor dem Hintergrund des Grundsteines aus Chartres: Ist diese Kirche namens *Notre-Dame* in Wirklichkeit Maria Magdalena geweiht? Kommen hier die Überzeugungen der Prieuré zum Ausdruck, unabhängig davon, wie sehr sie sich vom Glauben der meisten Menschen, die in aller Unschuld in dieser Kirche beten, unterscheiden?

Bisher hatten wir entdeckt, daß es einen Zusammenhang zwischen dem Großmeister Leonardo da Vinci und der Alchimie gab und eine weiteren zwischen dem Großmeister Cocteau und der Prieuré-Symbolik. Aber das genügte noch nicht, wir suchten eine Bestätigung für all diese Andeutungen und Gerüchte in Leonardos eigenem Werk. Und merkwürdigerweise fanden wir sie ohne besondere Schwierigkeit.

Wie oben beschrieben, malte sich Cocteau mit dem Rücken zur Kreuzigungsszene. Handelte es sich dabei tatsächlich um eine feste Tradition der Prieuré, wie verschiedentlich behauptet wird?[79] Wir sahen daraufhin Leonardos Werk noch einmal durch; und sofort fanden wir auf seinem unvollendeten Bild *Anbetung der Heiligen Drei Könige* einen jungen Mann, der sich deutlich von der »Heiligen Familie« abwendet und in dem sich laut Überlieferung Leonardo selbst porträtierte.[80] Man hat diese Geste damit erklärt, daß der Maler sich nicht würdig fühle, die Heilige Familie anzublicken. Wenn wir uns jedoch sein Doppelleben vor Augen halten, ist es viel wahrscheinlicher, daß hier seine völlige Ablehnung der biblischen Darstellungsweise zum Ausdruck kommt.

Das Werk ist keine Verherrlichung des christlichen Glaubens. Den Hintergrund der Szene bildet ein Johannisbrotbaum, Symbol für Johannes den Täufer; die drei Weisen bringen dem Jesuskind Weihrauch und Myrrhe dar, jedoch kein Gold, denn Gold symbolisiert das Königtum und in der Alchimie die höchste Wahrheit und

Vollendung. Leonardo bezeichnete das Gold als »das edelste der Güter der Natur, ein wahrer Sohn der Sonne«[81]. Es sieht so aus, als seien nur diejenigen normale Menschen, welche die hohen Wurzeln des Johannisbrotbaumes anbeten. Das Jesuskind und seine Mutter sind von hageren, häßlichen Skeletten umgeben, die an wandelnde Tote erinnern. Die Jungfrau sitzt mit ausdruckslosem Gesicht inmitten zum Himmel gereckter Krallen und Tatzen; ein Mann hält seine Hand flach an die Kehle eines Zuschauers gedrückt, als wolle er die freimaurerische Geste des Halsabschneidens machen, die dem Verräter den Tod verkündet. Die gleiche Handbewegung finden wir auch auf Leonardos *Abendmahl*, auf das wir als nächstes eingehen wollen.

Von der einstigen Kirche Santa Maria delle Grazie in Mailand ist allein das Fresko vom *Abendmahl* übriggeblieben, und es steht in dem Ruf, Ausdruck der christlichen Frömmigkeit seines Schöpfers zu sein. In Wirklichkeit sagt es jedoch etwas ganz anderes aus.

Viele Kunsthistoriker sind der Meinung, daß Leonardo sich auf diesem Fresko in der zweiten Gestalt von rechts, dem heiligen Thaddäus, porträtierte. Das Modell muß von hohem Wuchs gewesen sein, denn um dem letzten Jünger am Tisch in die Augen blicken zu können, muß Thaddäus sich weit hinunterbeugen. Dabei wendet er sich völlig von Jesus, der zentralen Figur des Bildes, ab. Obwohl das Fresko in sehr schlechtem Zustand ist, kann man noch immer die entscheidenden Merkmale des Thaddäus erkennen: schulterlanges, in der Mitte gescheiteltes Haar, Bart und Schnurrbart und eine lange, etwas dicke Nase, wie die des Mannes auf dem Grabtuch. Am entgegengesetzten Ende des Tisches ist eine Hand mit einem Dolch zu sehen, der genau auf den Leib des nächsten Jüngers deutet. Wir haben keine kunsthistorische Abhandlung gefunden, die darauf verweist; auf der einzigen Kopie, die dieses ungewöhnliche Detail übernimmt, muß sich der Jünger wie ein Schlangenmensch verrenken, damit die Geste überhaupt anatomisch möglich ist. So, wie sie auf dem Fresko erscheint, gehört die Hand zu niemandem am Tisch.

Es ist verblüffend, daß das berühmteste Bild der Welt so wenig bekannt ist und mit Sicherheit sehr wenig verstanden wird. Dies mag andererseits von Vorteil sein, denn viele, die es lieben, könnten sonst davon abgestoßen werden. Beim biblischen Abendmahl setzte Jesus die Eucharistie ein, indem er sagte: »Nehmt und eßt; das ist mein Leib ... das ist mein Blut, das Blut des Bundes, das für viele ver-

gossen wird zur Vergebung der Sünden.« (Mt 26, 26 – 28) Doch abgesehen von einem winzigen, symbolischen Tropfen in dem kleinsten
vorstellbaren Glas ist auf Leonardos Tisch gar kein Wein vorhanden.
Vor dem Erlöser steht kein großer prächtiger Kelch – auch kein kleiner –, und man muß schon sehr genau hinschauen, um das bißchen
Wein im Glas zu erkennen. Will Leonardo denen, die da Augen haben
zu sehen, mitteilen, daß Jesus nicht am Kreuz gestorben sei und sein
Blut nicht für uns vergossen habe?

Man vergleiche Jesus in seinem roten Gewand mit blauem Umhang mit der sich von ihm abwendenden Gestalt zu seiner Linken,
die auf den ersten Blick wie ein junger Mann aussieht. Er wird in der
Regel für den Lieblingsjünger Johannes gehalten, doch wenn das
wirklich der Fall wäre, müßte er sich dann nicht an Jesu Brust lehnen,
wie es in der Bibel beschrieben wird? Man schaue genau hin: Er trägt
die gleiche Kleidung wie Jesus, nur die Farben sind vertauscht – das
Gewand ist blau und der Umhang rot. Sein Kinn ist schwach behaart,
aber im Vergleich zu dem großen, männlich wirkenden Jesus erscheint er zart und weiblich. Die Hände sind zierlich, man kann eine
goldene Halskette erkennen, und der dunkle Fleck auf dem Ober-
körper deutet auf Brüste hin. Diese Gestalt ist mit Jesus durch ein
großes, gedehntes M verbunden; es entspricht der Linie, mit der die
beiden Marien auf dem Wandgemälde Cocteaus verbunden sind. Es
handelt sich also nicht um den Lieblingsjünger Johannes, sondern
um Maria Magdalena, die zumindest für Leonardo nicht nur die
Gemahlin Jesu, sondern auch viel verehrungswürdiger als ihr Mann
war. Und eine Hand macht jenes unheimliche Freimaurerzeichen des
Halsabschneidens, eine unmißverständliche Warnung, genau vor
ihrer Kehle. Kein Maler der Prieuré, der etwas auf sich hielt, hätte das
Abendmahl ohne sie dargestellt, auch wenn er einen zarten kleinen
Bart anbringen mußte. Es gibt eine Kopie des Werkes, auf der die
Figur noch viel weiblicher wirkt, aber sie ist aus geheimnisvollen
Gründen unzugänglich, hinter den Mauern des Burlington House der
Royal Academy in London verborgen.

Als Leonardo schrieb: »Elende Sterbliche, öffnet die Augen«,
könnte er damit die Symbolik gemeint haben, die sein ganzes Werk
durchdringt und die, wenn man erst einmal darauf aufmerksam geworden ist, sehr offenkundig zu sein scheint.

Wir hatten geglaubt, die Überzeugungen und Zielsetzungen der

Prieuré zu kennen, aber wir hatten bisher nur die Oberfläche ange-
kratzt.

Wir sind aufgeschlossen, aber nicht leichtgläubig. Zwar haben
wir die Symbole der Prieuré in den Werken ihrer Künstler gefunden,
aber das beweist nicht, daß der Orden wirklich so alt ist, wie er
behauptet. Und wenn unsere These, daß Leonardo der Grabtuch-Fälscher ist, auch nicht von der Existenz der Prieuré abhängt, so hätte
Leonardos Mitgliedschaft doch als Tatmotiv dienen können. Aber so
faszinierend diese Symbolik auch war, mittlerweile hatten wir das
Bedürfnis, uns wieder auf den festen Boden der dokumentierten Geschichte zu begeben. Also befaßten wir uns erneut mit der Literatur
und fanden – merkwürdigerweise ausgerechnet in den Werken über
das Grabtuch – nicht nur den unumstößlichen Beweis für die Existenz der Prieuré, sondern auch dafür, daß sie seit langem an dem
wechselvollen Schicksal des Grabtuches interessiert ist.

6 DIE GRABTUCH-MAFIA

»Die Geschichte ist ein Bündnis
zwischen Wirklichkeit und Lüge. Die
Unwirklichkeit der Fabel wird zur
Wahrheit.«

Jean Cocteau

Wenn Leonardo da Vinci das Turiner Grabtuch wirklich im Jahre 1492 geschaffen hatte, mußte es jenes Leichentuch, das angeblich seit Mitte des vierzehnten Jahrhunderts existierte, ersetzt haben. Damit erheben sich zwei entscheidende Fragen. Erstens: Gab es Berichte darüber, daß sich das vor 1492 ausgestellte Grabtuch in wesentlichen Punkten von dem späteren unterschied? Denn wenn die Beschreibungen übereinstimmten, konnte Giovannis Information natürlich nicht zutreffen. Zweitens: Gab es irgendwelche Ereignisse aus der Zeit um 1492, die auf einen Austausch des Grabtuches oder zumindest auf dunkle Machenschaften hindeuteten?

Um die erste Frage beantworten zu können, überprüften wir die gesamte Grabtuch-Literatur nach Informationen über Kopien und Beschreibungen aus der Zeit vor 1492. Wir fanden jedoch so gut wie nichts. Erst im sechzehnten Jahrhundert stößt man auf entsprechendes Material, da das Grabtuch gegen Ende des fünfzehnten Jahrhunderts mit allerlei Ehren bedacht wurde, wodurch sein Status stieg. Wir sind nicht die einzigen, denen diese völlige Stille um das Tuch aufgefallen ist; von manchen wird sie als Hinweis auf einen Tüchertausch gedeutet. So stellte Magnus Magnusson bereits 1978 die Frage: »Hat man hinreichend geprüft, ob die Fälschung viel später [als im vierzehnten Jahrhundert] angefertigt worden sein könnte?«[1]

Man diskutierte auch die Möglichkeit, daß das Grabtuch, entsprechend der Gerüchte jener Zeit, bei dem Brand von 1532 vernichtet wurde. Die Apologeten des Grabtuches verweisen in diesem Zusammenhang indes auf die Kopie in der Kirche Saint-Gommaire in der belgischen Stadt Lierre. Die Geschichte dieses Grabtuches, welches das Datum 1516 trägt und somit sechzehn Jahre vor dem Feuer entstand, ist unbekannt. Die »Schürhakenspuren« sind vorhanden, aber insgesamt läßt die Qualität zu wünschen übrig. Die Blutrinnsale sind

ungenau, und Körperteile, die auf dem Original fehlen, wie zum Beispiel die Zehen, sind deutlich erkennbar. Man hat den Eindruck, daß
es aus dem Gedächtnis gemalt und nicht direkt vom Grabtuch kopiert wurde. Wenn das Original 1532 zerstört worden wäre, hätte
jedes Ersatztuch Schäden wie die »Schürhakenspuren« aufweisen
müssen (und der Fälscher hätte sich vielleicht sogar an den Schäden
der Kopie von Lierre orientiert). Wir glauben zwar nicht, daß das
Turiner Grabtuch ein Ersatz aus dem Jahre 1532 ist (an dem Rätsel
seiner Herstellung würde sich außerdem nicht viel ändern), doch die
Beweiskraft der Kopie von Lierre ist erheblich geringer, als die Grabtuch-Lobby glaubt.

Das Leichentuch von Lierre ist die älteste uns bekannte gemalte
oder gezeichnete Kopie. Einige Sindonologen glauben zwar, daß das
1855 in der Seine gefundene Pilgermedaillon älter sei; wie bereits erwähnt, steht die endgültige Datierung jedoch noch aus. Da es die
Wappen der Charnays sowie der Vergys trägt, vermutet man, daß es
anläßlich der ersten Ausstellungen in den Jahren 1357 oder 1358, zur
Zeit des ersten Geoffroi de Charnay oder seiner Witwe Jeanne de
Vergy, geprägt wurde.

Diese Mutmaßungen können natürlich auch falsch sein. Weder
die Form noch die Funktion des Medaillons liefern spezifische Hinweise auf seine Entstehungszeit. Dergleichen Andenken wurden im
ganzen Mittelalter und bis weit ins sechzehnte Jahrhundert hinein
verkauft, und ohne die Wappen könnten wir noch nicht einmal eine
ungefähre Zeitangabe machen. Man entdeckte überhaupt erst 1960,
daß es sich bei der Abbildung um das Grabtuch von Lirey handelt; zuvor dachte man, das Medaillon zeige ein gemaltes »Konkurrenztuch«
aus Besançon, das Mitte des sechzehnten Jahrhunderts entstand und
während der Französischen Revolution vernichtet wurde.[2] Noch vorhandene Kopien belegen, daß dieses Tuch vom Turiner Linnen, das
sich damals in Chambéry befand, abgemalt war. Der entscheidende
Unterschied zwischen den beiden Grabtüchern war jedoch, daß das
Tuch aus Besançon nur Jesu Vorderansicht wiedergab – also konnte
das Medaillon aus der Seine, das sowohl Vorder- als auch Rückansicht zeigt, gar nichts mit dem letzteren zu tun haben.[3]

Doch auch die beiden Wappen sind kein schlüssiger Beweis dafür,
daß das Medaillon zur Zeit der allerersten Ausstellungen in Lirey geprägt wurde: Sowohl Geoffroi II., Sohn Geoffrois des Templers, als

auch dessen Enkelin Marguerite durften die Wappen führen, da sie
von beiden Familien abstammten. Es ist also genausogut möglich,
daß das Medaillon anläßlich einer viel späteren Ausstellung entstand
und daß die edlen Wappen nur das Prestige des Pilgerabzeichens
steigern sollten. Aber angenommen, das Medaillon stammt tatsächlich aus dem vierzehnten oder frühen fünfzehnten Jahrhundert, erhalten wir dann Aufschlüsse über das Leichentuch? Können wir mit
seiner Hilfe beweisen, daß das abgebildete Tuch mit dem heutigen
identisch ist?

Für einen sinnvollen Vergleich ist das Medaillon, eine Art Bro-
sche, die gewöhnlich am Pilgerhut getragen wurde, viel zu klein.
Außerdem waren diese Medaillons Massenprodukte, bei denen es
nicht auf Genauigkeit ankam, sie sollten nur einen schnellen Gewinn
abwerfen. Wir finden keines der feinen Details des Grabtuches, sondern nur die groben Züge: das Doppelbild mit den keusch über den
Lenden verschränkten Armen. Da es aus Metall ist, können wir auch
keine Rückschlüsse auf die Farbe der Vorlage ziehen. Erstaunlicherweise kann man den Fischgratköper des Tuches erkennen, aber ein
geschickt gefälschter Ersatz wäre natürlich von derselben Gewebe-
art gewesen. Vielleicht hätte ein Fälscher sogar das ursprüngliche
Bild entfernt und dasselbe Stück Stoff wiederverwendet.

Das ausgeprägte Relief des Bildes auf dem Medaillon wird von
einigen Sindonologen als Indiz dafür interpretiert, daß die Vorlage
besser erkennbar gewesen sein müsse als das Bild auf dem heutigen
Turiner Grabtuch.[4] Liegt dem Medaillon also ein anderes Original zugrunde, oder ist das Turiner Grabtuch seit der Prägung des Medaillons verblaßt? Die Antwort darauf kann doch nur lauten: Es hätte
keinen Sinn gehabt, ein Medaillon zu prägen, das den Mann auf
dem Grabtuch nur ganz schwach wiedergibt. Wer kauft ein Medaillon, auf dem man kaum etwas erkennen kann?

In einem Punkt unterscheidet sich die Abbildung auf dem Medaillon allerdings vom Turiner Grabtuch: Es zeigt auf der Rückansicht
in der Nierengegend eine seltsam gedrehte dicke Schnur, die quer
über das Tuch gespannt ist. Was sie darstellen soll, ist völlig offen.
Ein anderes typisches Merkmal fehlt hingegen – der deutliche Fußabdruck der Rückansicht. Aber schließlich haben wir es nicht mit
einer Präzisionsarbeit zu tun.

Leider helfen auch die Urkunden aus der Zeit vor 1500 nicht wei-

ter. Die meisten beziehen sich auf die verschiedenen Auseinandersetzungen um das Tuch, doch niemand machte sich die Mühe, es zu
beschreiben. Das älteste Dokument, »d'Arcis' Memorandum«, erwähnt eine Vorder- und Rückansicht, doch keine weiteren Einzelheiten. Aber auch das will nichts besagen, denn jede halbwegs gute
Fälschung hätte das Doppelbild berücksichtigt.

Die Berichte eines Benediktinermönches namens Cornelius Zantiflet enthalten einen Hinweis auf eine mögliche Veränderung des
Grabtuches im Laufe der Jahrhunderte. Im Jahre 1449 wurde Zantiflet
Zeuge der Ausstellungen Marguerites de Charnay in Lierre; damals
befand eine vom dortigen Bischof einberufene Kommission, daß es
sich um ein Gemälde handele.[5] Dem stimmt auch Zantiflet zu und
fährt fort, es sei eine »bewunderungswürdige Darstellung«, wobei er
nicht auf Details eingeht. In diesem Zusammenhang sei wiederholt,
daß wir modernen Menschen die Möglichkeit haben, die Schönheit
des Grabtuches im fotografischen Negativ zu erleben, während dasselbe Tuch zu Zantiflets Zeit für das bloße Auge jedoch blaß und
glanzlos gewirkt haben muß. Man hätte es ganz bestimmt nicht als
eine »bewunderungswürdige Darstellung« des gekreuzigten Jesus
bezeichnet.

Wie Bischof d'Arcis hatte auch Zantiflet keinerlei Zweifel daran,
ein gemaltes Bild vor sich zu haben. Jeder, der vor der zweiten Hälfte des fünfzehnten Jahrhunderts seine Meinung über »das« Grabtuch
äußert, spricht von einem Gemälde. Trotzdem gibt es keinen hieb-
und stichfesten Beweis dafür, daß das nach 1492 ausgestellte Grabtuch mit dem davor gezeigten identisch – oder nicht identisch – war.
Jedenfalls ist es nicht möglich, die Vertauschungstheorie eindeutig
zu widerlegen, weshalb einige führende Sindonologen die Möglichkeit eines Tüchertausches durchaus einräumen.

Die Geschichte des Grabtuches vor dem Jahre 1500 ist so wenig
gesichert, daß Ian Wilson im Januar 1994, nachdem er jahrelang die
»orthodoxe« Version unterstützt hatte, erneut die Frage nach der
Herkunft aufwarf: »Befand sich das wahre Grabtuch vielleicht gar
nicht im Besitz der Charnays, sondern in Zypern, von wo es durch
eine zypriotische Prinzessin in den Besitz der Familie von Savoyen
gelangte?«[6] Er hat dabei eine Legende aus dem Norden der Insel im
Sinn, derzufolge das Grabtuch im Kloster von Lapithos aufbewahrt
worden war, bis man es den Savoyern übergab – wobei die Prinzes-

sin wahrscheinlich die mit der Herrscherfamilie Zyperns verwandte Anne de Lusignan sein soll. Wilson nahm diese Legende so ernst, daß er auf Kosten einer holländischen Fernsehgesellschaft nach Zypern reiste. Unglücklicherweise ist das Kloster heute eine Kaserne, und man fühlte sich gestört, als Wilson Einlaß begehrte. Für einige bedrohliche Momente hielt man ihm und seiner Frau ein Gewehr vor die Nase und forderte die beiden dann auf zu verschwinden.

In seinem 1986 erschienenen Buch *The Evidence of the Shroud* hatte auch Wilson die Möglichkeit eines Grabtuch-Tausches zu Lebzeiten Leonardos eingeräumt. Im Zusammenhang mit Noemi Gabriellis These, Leonardo oder einer seiner Schüler könne das Grabtuch fabriziert haben, schrieb er: »Diese Theorie setzt natürlich voraus, daß jemand aus dem Haus Savoyen ihm einen geheimen Auftrag gab, doch undenkbar ist das in den bekanntermaßen skrupellosen Zeiten der Renaissance keineswegs.«[7] Er lehnte die Theorie zwar ab, konnte jedoch keine zwingenden Gegenbeweise finden.

Das bringt uns zu unserer zweiten Frage. Liegt irgendein Indiz für einen Grabtuch-Tausch um das Jahr 1492 vor? Natürlich ist es unwahrscheinlich, daß ein Komplott, und noch dazu eines, in das so hochrangige Persönlichkeiten verwickelt waren, durch – öffentlich zugängliche – Urkunden zu belegen ist. Es müßte aber möglich sein, Anhaltspunkte für eine solche Verschwörung auf der Bühne und hinter den Kulissen der Geschichte zu finden.

Die frühen 1490er scheinen für einen Grabtuch-Tausch am ehesten in Frage zu kommen. Zwischen der vermeintlichen Übergabe des Grabtuches durch Marguerite de Charnay im Jahre 1453 und der ersten Ausstellung durch Bianca, Gräfin von Savoyen, am Karfreitag des Jahres 1494 scheint es niemand zu Gesicht bekommen zu haben.[8] Einige Sindonologen begründen diese vierzigjährige Unterbrechung damit, daß die Kapelle in Chambéry seit 1471 umgebaut wurde; die Arbeiten dauerten bis 1502 an (im selben Jahr brachte man die Reliquie mit großem Pomp in die Kapelle). Das Grabtuch wurde 1494 jedoch an einem anderen Ort gezeigt.

Wir haben oben von der »vermeintlichen« Übergabe des Leichentuches im Jahre 1453 gesprochen, denn das Datum ist keineswegs gesichert, wiewohl die Grabtuch-Lobby es immer wieder behauptet. In jenem Jahr schenkten die Savoyer Marguerite ein Schloß und Ländereien als Gegenleistung für »wertvolle Dienste«[9]. Die Grabtuch-

Apologeten meinen, damit werde auf die Aushändigung des Grabtuches angespielt. Dabei übersehen sie völlig, daß Marguerites Familie mit dem Haus Savoyen verwandt und ihr verstorbener Mann den Savoyern in verschiedenen Funktionen gedient hatte. Noch vier Jahre später prozessierten die Stiftsherren von Lirey mit Marguerite um die Rückgabe des Tuches, weil sie sich für die rechtmäßigen Eigentümer hielten; und 1459 verhandelte Marguerites Halbbruder mit den Stiftsherren über eine Entschädigung.[10] Das wäre ein sehr seltsames – um nicht zu sagen: nutzloses – Unterfangen gewesen, wenn sie das Grabtuch nicht länger besessen hätte! Die erste Urkunde, aus der hervorgeht, daß das Grabtuch in den Händen der Savoyer war, stammt aus dem Jahr 1464, als Ludwig von Savoyen die von den Stiftsherren geforderte Entschädigung von fünfzig Goldfranken bezahlte.[11] Mithin könnte das Grabtuch zu jeglichem Zeitpunkt bis 1464 in den Besitz der Familie Savoyen übergegangen sein.

Dem Jahr 1464 kommt auch deshalb eine besondere Bedeutung zu, weil die Kirche nun zum erstenmal behauptete, das Linnen sei das wahre Grabtuch Christi. Vorher hatte sich von kirchlicher Seite kaum jemand für das Tuch interessiert; man war ihm sogar mit beträchtlicher Feindseligkeit begegnet. Der neue Anspruch wurde von dem Franziskaner und späteren Papst Sixtus IV. (Francesco della Rovere) in seinem Traktat *Über das Blut Christi* erhoben.[12] Wir wissen nicht, ob der Papst das Grabtuch jemals mit eigenen Augen sah. In seiner Abhandlung erwähnt er die Reliquie nur kurz, da deren angebliche Echtheit jedoch seine theologischen Argumente erhärtet, spricht er sich vorbehaltlos für die Authentizität aus. Allerdings sorgte seine Einflußnahme auf das Schicksal des Grabtuches dafür, daß sich ein Komplott abzuzeichnen begann.

In jenen Tagen erlebte das Papsttum, dem auch zu anderen Zeiten Intrigen, Laster und Dekadenz nicht fremd waren, eine besonders schillernde Periode seiner Geschichte.[13] Verschiedene wohlhabende und einflußreiche Familien kämpften um die Kontrolle über die mächtige Position. Sixtus, der Erbauer der nach ihm benannten Sixtinischen Kapelle, gehörte zur Familie della Rovere; selbst wenn man die großzügigen Maßstäbe des fünfzehnten Jahrhunderts anlegt, war er einer der lasterhaftesten und machthungrigsten Päpste, die je amtierten. Er wurde als »die größtmögliche Konzentration menschlicher Bosheit« bezeichnet[14]; auf sein Konto gingen mehrere Kriege in Italien. Auch hatte er etliche uneheliche Söhne (»päpstliche Neffen«), einen davon sehr wahrscheinlich von seiner eigenen Schwester. Und um die Einnahmen des Heiligen Stuhls zu erhöhen, machte er unter anderem die Bordelle Roms lizenzpflichtig. Darüber hinaus ist er auch der geistige Vater der spanischen Inquisition, und er setzte den gefürchteten Torquemada als Großinquisitor ein.

Als Sixtus 1484 starb, kam es zu dem üblichen würdelosen Gerangel um seine Nachfolge. Die della Rovere konnten ihre Machtposition behaupten, hielten es aber für klug, ihren Einfluß durch eine Marionette und nicht durch ein Familienmitglied geltend zu machen. Sixtus' Neffe (anscheinend wirklich ein Neffe) brachte es zustande, daß Giovanni Battista Cibò gewählt wurde, der sich Innozenz VIII. nannte und einer der schwächsten Päpste des fünfzehnten Jahrhunderts war. (Der britische Schriftsteller Colin Wilson hat ihn als »streitlustige Null« bezeichnet.)

Doch immerhin gelang es Innozenz, eine wichtige Neuerung einzuführen: Er hielt sich einen Harem von Mätressen im Vatikan und erkannte die päpstlichen Kinder öffentlich an, was später zur Tradition wurde. Auch erteilte er dem *Malleus Maleficarum*, jener berüchtigten Anleitung zur Hexenjagd von Institoris und Sprenger, seinen Segen – eine weitere Entscheidung, die das Leben unzähliger Menschen so sehr beeinflußte, daß die Auswirkungen noch heute zu spüren sind. Entsetzlich langweilig geschrieben, verbreitete es dennoch den schrecklichsten Aberglauben und Verfolgungswahn in ganz Europa und kostete Millionen unschuldiger Menschen – meist Frauen – das Leben, bevor sich die Vernunft wieder durchsetzen konnte.[15]

Im Jahre 1492 war Innozenz noch an der Macht (er starb im August), und laut Giovanni gab er den Auftrag, ein Grabtuch zu fälschen. Nach seinem Tod verlor die Partei der della Rovere die Macht an Rodrigo Borgia, den berüchtigten Alexander VI., der von 1492 bis 1503 amtierte; er war der Vater von Lukrezia und Cesare (der Leonardo von 1502 bis 1503 als Militäringenieur beschäftigte). Während der Amtsperiode Alexanders erwies man dem Grabtuch keine weiteren Ehren, obwohl der Umbau der Kapelle in Chambéry abgeschlossen war und sich die Reliquie wieder dort befand.

Nach dem Tode von Alexanders Nachfolger Pius III. kamen die

della Rovere erneut an die Macht. Giuliano della Rovere wurde Papst Julius II.; er starb 1513. Nur wenige Monate nach seinem Amtsantritt verlieh er der Kapelle in Chambéry den Titel Sainte-Chapelle – ein seltenes Privileg, das bis dato nur der berühmten Reliquienkapelle des heiligen Ludwig in Paris gewährt worden war – und teilte dem Grabtuch seinen eigenen Festtag zu, den 4. Mai.[16] Ein deutliches Muster war sichtbar geworden: Wenn die della Rovere an der Macht waren, förderten sie die Verehrung des Grabtuches mit allen Kräften; wenn eine andere Fraktion den Papst stellte, blieb es unbeachtet.

Wir stießen auch auf enge Verbindungen zwischen Innozenz VIII. und Lorenzo de' Medici, der immer noch der Gönner Leonardos war, obwohl dieser inzwischen für den Hof der Sforza in Mailand arbeitete. (Man behandelte Künstler wie zwischenstaatliche »Geschenke«, wobei sie aber im Dienst ihres ursprünglichen Herrn blieben; diese Praxis führte gelegentlich zu erbitterten Streitereien, weil die Städte »ihre« berühmten Männer zurückverlangten.) Lorenzo lag viel daran, seine diplomatischen Beziehungen zu Innozenz auszubauen. Er verheiratete sogar seine Lieblingstochter Maddalena mit einem Sohn des Papstes, dem widerlichen Fransceschotto Cibò.[17]

Später hatte Leonardo Gönner, die mit dem Haus Savoyen verwandt waren. Um 1515, während seiner schwierigen Zeit in Rom – als Lorenzo de' Medicis Sohn Leo X. Papst war –, stand Leonardo unter dem Schutz des Alchimisten Giuliano, eines weiteren Sohnes von Lorenzo. Dieser junge Mann heiratete eine Tochter des Herzogs von Savoyen.[18]

Leonardos letzter Gönner, Franz I. von Frankreich, war der Sohn Louises von Savoyen, und Franz verheiratete eine seiner eigenen Tochter mit jenem Herzog Emanuel Philibert, der das Grabtuch nach Turin brachte.

Laut Giovanni hatte Leonardo das Grabtuch 1492 gefälscht. Das war in der Tat der ideale Zeitpunkt, denn genau zwei Jahre später tauchte das Linnen aus seiner vierzig Jahre währenden Versenkung auf. Hinzu kommt, daß sich Leonardo genau zur richtigen Zeit am richtigen Ort befand. Die Herzogtümer Mailand und Savoyen waren benachbart; und Vercelli – der Ort, an dem der Öffentlichkeit das Grabtuch »wiedergegeben« wurde – lag genau an der Grenze, weniger als fünfundsechzig Kilometer von Mailand entfernt, wo Leonardo damals arbeitete.

Wir wissen, daß Leonardo in den späten 1480ern oder den frühen 1490ern nach Savoyen reiste (das genaue Datum ist unbekannt). Er erwähnt den Besuch in seinen Aufzeichnungen vom Ende 1490, wo er Erinnerungen an einen dortigen Wasserfall und einen See wachruft.[19] Den Grund für seine Reise gibt er nicht an. Der fragliche See befindet sich jedoch in der Nähe von Genf, das weniger als achtzig Kilometer von Chambéry, der Hauptstadt Savoyens, entfernt ist. Dort wurde das Grabtuch von Lirey damals vermutlich aufbewahrt.

Ein letztes Indiz bildet das Schicksal der Arbeitshefte Leonardos. Wir wurden verschiedentlich gefragt, weshalb Leonardo nichts Schriftliches über das Grabtuch hinterlassen habe, obwohl er alles andere geradezu zwanghaft aufzeichnete. Natürlich war er zu äußerster Geheimhaltung genötigt, trotzdem ist es durchaus möglich, daß er sich Notizen über die Vorbereitungen gemacht hatte – zum Beispiel über seine Versuche zur Fotografie und seine anatomischen Experimente. Sie könnten sich in dem Drittel seiner Notizbücher befunden haben, das heute verschollen, dessen Schicksal aber zum Teil bekannt ist.

Leonardo hinterließ die gesamten Aufzeichnungen seinem treuen Gefährten Francesco Melzi, der sie sorgfältig aufbewahrte. Melzis Sohn maß ihnen jedoch weniger Wert bei als sein Vater, und so gingen sie nach und nach verloren. In den 1570ern kaufte ein Beauftragter des Herzogs Karl Emanuel von Savoyen ein einzelnes Arbeitsheft. Man stellte es in die herzogliche Bibliothek, und seither gilt es als verschollen.[20] Warum wollte die Familie unbedingt dieses eine Notizbuch erwerben – und warum ging sie dann so nachlässig damit um, daß es heute unauffindbar ist? David Sox und andere fragen sich, ob in den Archiven des Hauses Savoyen ein finsteres Geheimnis über das Grabtuch versteckt sein könnte. Umberto II. scheint an die Echtheit des Linnens geglaubt zu haben, nicht jedoch seine von ihm getrennt lebende Frau Maria José. Sie war in Genf ansässig und nutzte die Familienarchive, um die Geschichte des Hauses Savoyen zu schreiben. Das Werk wurde nie veröffentlicht, aber nach Aussage derjenigen, die das Manuskript gelesen haben, wird das Grabtuch in einer Fußnote als Fälschung abgetan. Sox meint dazu: »Was mag sie zu diesem Urteil veranlaßt haben?«[21] Vielleicht hatte Leonardos »verschollenes« Notizbuch etwas mit ihrer unzweideutigen Aussage über das Grabtuch zu tun. Sogar Ian Wilson muß angesichts dieser Umstände zugeben: »Es liegen zwar keine Dokumente über eine geheime Verbindung der Savoyer mit Leonardo vor, doch ist die Möglichkeit keineswegs auszuschließen.«[22]

Es gibt noch zwei weitere Begebenheiten im Leben Leonardos, die man als Indizien dafür ansehen könnte, daß zumindest einige wichtige Menschen über seine Rolle als Fälscher unterrichtet waren. Albrecht Dürer (1471–1528) bereiste Ende des fünfzehnten und Anfang des sechzehnten Jahrhunderts Italien, um sich die Techniken der dortigen Meister anzueignen. Kenneth Clark bezeichnet ihn als »den Künstler, der Leonardo am meisten glich«; Dürer war ein großer Bewunderer Leonardos und ahmte ihn bewußt nach.

Bezeichnend ist, daß Dürer Turin einen speziellen Besuch abstattete, um das Grabtuch zu besichtigen und eine ausführliche Studie davon anzufertigen.[23] Im Lichte dessen, was wir über Leonardo und das Grabtuch herausgefunden haben, ist es auch interessant, daß Dürer sich 1500 als Christus malte – eine zu seinen Lebzeiten unvorstellbare Blasphemie.

Dieses Bild wird häufig für ein Phantasieporträt Christi gehalten, und als solches zierte es 1993 den Umschlag eines Buches der Society for Promoting Christian Knowledge. Aus dem gleichen Grund hing es auch im Schloß Dracula in Francis Ford Coppolas Film *Bram Stoker's Dracula* (1992); dort hatte man es allerdings sehr geschickt verändert, damit es auch das Aussehen des Hauptdarstellers Gary Oldman wiedergab.

Ein weiterer großer Bewunderer Leonardos war der französische König Franz I., bei dem der Meister die letzten Jahre seines Lebens verbrachte. Nur sechs Monate nach Ankunft Leonardos unternahm Franz I. eine Reise nach Chambéry, um dort das Grabtuch zu besichtigen.

Nachdem wir zu unserer Zufriedenheit geklärt hatten, daß es wenigstens Indizien für eine Verschwörung gab, das ursprünglich vom Hause Savoyen erworbene Grabtuch durch Leonardos Tuch zu ersetzen, erschien es nur sinnvoll, die Anfänge dieses Komplotts aufzuspüren. Hatten die Savoyer befürchtet, ein immer kritischer werdendes Publikum werde das Grabtuch nicht länger akzeptieren? War das Tuch von Lirey schlicht eine Fälschung von vielen, mit der gut-

gläubige Pilger übervorteilt wurden? Und gibt es eine Verbindung
zwischen dem modernen Grabtuch und den Ereignissen von 1492?
Um diese Fragen zu beantworten, mußten wir uns die Akteure der
Lirey-Affäre genauer ansehen: den ersten überlieferten Besitzer der
Reliquie, Geoffroi de Charnay den Älteren, seinen Sohn Geoffroi so-
wie deren Ehefrauen und seine Enkelin Marguerite.

Wie viele andere Verschwörungen jener Epoche schien auch diese bis zu den Tempelrittern zurückzureichen, und zwar zu Geoffroi
de Charnay, der angeblich Beziehungen zu ihnen unterhielt. Wie
erwähnt, griff bereits Ian Wilson auf die Templer zurück, um eine
Brücke zwischen dem Verschwinden des Mandylions aus Konstantinopel im Jahre 1204 und dessen angeblichem Wiederauftauchen als
Grabtuch von Lirey in den späten 1350ern zu schlagen. Seine Theorie
gründete sich darauf, daß Geoffroi einen Onkel hatte, der ebenfalls
Geoffroi de Charnay hieß und ein hochrangiger Templer war (1314
wurde er hingerichtet).[24]

Das war kein Zufall. Man wußte, daß Geoffroi de Lirey die trei-
bende Kraft bei der Gründung eines neuen Ritterordens war, der
ohne Zweifel die Templeridee wiederbeleben wollte. Seit der Vernichtung der Tempelritter hatten viele neue Orden versucht, die
alten Ideale aufrechtzuerhalten (und die Templergeheimnisse wei-
terzugeben). Einige, zum Beispiel die Ritter Christi in Portugal und
der Montesa-Orden in Spanien, setzten sich aus überlebenden
Templern zusammen. Andere, wie Englands Hosenbandorden, wurden gegründet, um wenigstens das Überleben der Zeremonien zu
gewährleisten. Die Templeridee hatte sich all jener Menschen
bemächtigt, die sich nach hohen Idealen sehnten; diese Idee sollte
nicht so einfach im Dunkel der Geschichte verschwinden.

Parallel zur Stiftung der Kirche Notre-Dame de Lirey gründete
Geoffroi im Januar 1352 einen neuen Orden, den »Ordre de l'Etoile«
(Sternenorden), dessen Ideale, Regeln und Rituale eindeutig auf dem
Vorbild der Templer beruhten.[25] Ihm sollte kein langes Leben be-
schieden sein, denn Geoffroi und die meisten anderen Gründungs-
mitglieder starben viereinhalb Jahre später in der Schlacht bei Poitiers.
(Fast unmittelbar darauf wurde ein rein zeremonieller Orden ge-
gründet, doch er erlosch im siebzehnten Jahrhundert.)

Also sympathisierte Geoffroi de Charnay, erster Besitzer des mutmaßlichen Turiner Grabtuches, eindeutig mit den Templern, und sei

es nur aus familiären Gründen. Trotzdem muß man zahlreiche Tatsachen vom Tisch fegen, wenn man daraus ableiten will, daß das Grabtuch ursprünglich den Templern gehörte oder daß es nach der Plünderung Konstantinopels in ihren Besitz gelangte. Die Templer waren nämlich gar nicht an der Plünderung Konstantinopels beteiligt. Wilson und die anderen Vertreter der Mandylion-Theorie, insbesondere Currer-Briggs, nehmen etliche Ungereimtheiten in Kauf, um folgern zu können, daß das Grabtuch den Templern in die Hände gefallen sei.

Der Kern ihrer Argumentation lautet seltsamerweise, das Grabtuch und Baphomet, das Götzenbild der Templer, seien identisch. Wilson meint, Baphomet sei in Wirklichkeit das Grabtuch gewesen; man habe es so gefaltet, daß nur der Kopf sichtbar war.[26] Die Behauptung, die Templer trieben Teufelsanbetung, beruhe auf gezielten Verleumdungskampagnen ihrer Feinde. Doch diese Theorie ergibt keinen Sinn. Wilson erklärt, das Geheimnis des Mandylions (das in Wirklichkeit das Grabtuch war) sei noch in Konstantinopel entdeckt worden.[27] Doch wenn die Templer wußten, daß sie ein komplettes Grabtuch besaßen, warum falteten sie es dann wieder zusammen und verehrten nur das Gesicht? Entweder waren die wahren Maße des Tuches unbekannt, dann kann es schwerlich das *sydoine* des Robert de Clari gewesen sein, oder sie waren bekannt, dann konnte es sich nicht um das Götzenbild der Templer gehandelt haben.

Bei den Verhören nach der Zerschlagung des Ordens stellte sich heraus, daß Baphomet ein dreidimensionaler Gegenstand war, wahrscheinlich eine Art abgeschlagener Kopf, und kein flaches Bild.[28] Die Templer-Geständnisse liefern uns verschiedene Beschreibungen. Der Tenor der meisten Aussagen war, es sei der Kopf eines bärtigen Mannes, ein Schädel oder ein Reliquiar in Kopfform. In einigen wenigen Fällen war von einem Gemälde die Rede; es befand sich aber immer auf »einem Balken oder einer Wand«, nie auf einem Tuch. Einige Male wurde das Idol als Katzenkopf oder als ein aus zwei oder drei Katzen zusammengesetztes Bild bezeichnet. Keine dieser Beschreibungen erinnert an das Turiner Grabtuch.

Die Vertreter der Mandylion-Theorie haben unserer Meinung nach die Tatsachen verdreht, weil die Templer wahrscheinlich als einzige das fehlende Bindeglied zur Frühgeschichte des Grabtuches liefern können. Noel Currer-Briggs beruft sich zum Beispiel auf das Geständnis eines Ritters, der das Idol als »einen Kopf mit vier Füßen« schildert. Er sieht darin eine gute Beschreibung des Grabtuches; man müsse sich nur vorstellen, daß es über einem Stab gefaltet hing, so daß man die Beine der Vorder- und Rückansicht sehen konnte, deshalb »mit vier Füßen«[29]. Aber warum werden der Körper und die Hände nicht erwähnt? Und noch einmal, wenn die Templer das Grabtuch besaßen, warum bekannte sich kein einziger Ritter dazu, nicht einmal auf der Folter? Und warum wurde es nicht einfach aufgehängt, so daß man es in seiner vollen Länge verehren konnte? Außerdem fanden wir allen Anstrengungen zum Trotz keine Ähnlichkeit zwischen einer Katze und dem Grabtuch-Bild!

In seinem Buch *Das Jesus-Komplott. Die Wahrheit über das Turiner Grabtuch* zeigt Elmar Gruber, daß Wilson jene Teile der Templer-Geständnisse über ihr Götzenbild, die nicht auf das Grabtuch passen, einfach unterschlägt.[30]

Genauso unverständlich ist, daß eine hölzerne Tafel mit einem gemalten Männerkopf in der Grabtuch-Literatur eine so wichtige Rolle spielt; man fand dieses Bild in den vierziger Jahren in der Decke eines Bauernhauses in Templecombe, Devon.[31] Da Templecombe, wie bereits der Name verrät, einst den Tempelrittern gehörte und das Bildnis angeblich Ähnlichkeit mit dem Mann auf dem Grabtuch hat – es stellt einen bärtigen Mann mit langen Haaren dar –, muß es als Beweis für die »Götzenkopf-Theorie« herhalten, wobei man noch dazu voraussetzt, daß die Ritter es vom Grabtuch kopiert hätten. Es gibt aber nicht einmal den geringsten Hinweis darauf, daß das Gemälde überhaupt je dem Orden gehörte. Niemand weiß, weshalb man es versteckte, aber die Templer konnten kaum dafür verantwortlich sein, denn das Gebäude wurde erst Jahrhunderte, nachdem sie ihren Besitz in jener Gegend verloren hatten, errichtet. Zudem besteht keinerlei Ähnlichkeit mit dem Gesicht auf dem Grabtuch: Augen und Mund sind weit aufgerissen, die Blutspuren fehlen ganz – sie müßten unbedingt vorhanden sein, wenn wir es mit einer Grabtuch-Kopie zu tun hätten –, und statt des fleckigen Sepiatones finden wir eine völlig natürliche Farbgebung. So ist es aus unserer Sicht um die besten »Beweise« bestellt, mit denen Currer-Briggs, Wilson und andere ihre Theorie, daß die Templer einst die Wächter des Grabtuches waren, untermauern wollen.

Und doch sollte man die Tatsache, daß zwischen den Charnays aus Lirey und den Templern eine Verbindung bestand, nicht so ohne weiteres übergehen. Es hat nämlich durchaus den Anschein, als hätten im vierzehnten und fünfzehnten Jahrhundert jene Familien, die ihre Ziele am besten mit Hilfe von Grabtuch-Fälschungen erreichen konnten, ein finsteres Geheimnis geteilt.

Hellhörig geworden waren wir durch das Buch *The Shroud and the Grail* (1987) des BSTS-Mitgliedes Noel Currer-Briggs, eines hervorragenden Genealogen, der an *Debrett's* und *Burke's Peerage* mitgearbeitet hat. Currer-Briggs war von dem Gedanken fasziniert, es könne einen Zusammenhang zwischen dem Grabtuch und den Gralslegenden des späten zwölften und dreizehnten Jahrhunderts geben. In seinen Augen ist das Grabtuch (oder vielmehr, das Reliquiar des Grabtuches) mit dem Heiligen Gral identisch.[32]

Die Gralslegenden seien aufgekommen, als die Westeuropäer wieder Kontakte zum Byzantinischen Reich knüpften. Die Schätze Konstantinopels hätten das große Gesprächsthema im Westen geliefert. In den ersten Gralslegenden sei die Reliquie nicht beschrieben worden; in den meisten Legenden habe man darunter den Abendmahlskelch Jesu verstanden, der sein Blut oder seinen Schweiß enthalten und den Joseph von Arimathia nach Westeuropa gebracht habe. Currer-Briggs glaubt hingegen, daß die frühen Gralsgeschichten in Wirklichkeit das Grabtuch beschrieben hätten, in dem das Blut und der Schweiß Christi »enthalten«, weil vom Tuch aufgesogen, seien. Später habe man dann gedacht, der Gral müsse ein Kelch oder kelchähnliches Gefäß gewesen sein. So ist es seiner Ansicht nach zu dem großartigen Mythos gekommen. Die Radiokarbondatierung hat jedoch bewiesen, daß das Grabtuch zur Zeit der ersten Gralslegenden noch gar nicht existierte. Auf sehr viel weniger schwankendem Boden bewegt sich Currer-Briggs, wenn er in seiner Eigenschaft als Genealoge die Zusammenhänge zwischen den an der Plünderung Konstantinopels beteiligten französischen Kreuzfahrern und der späteren Geschichte des Grabtuches untersucht – jene Ereignisse, die auf den wahren Grund für die Entstehung eines Geheimbundes verweisen, den er die Grabtuch-Mafia nennt (wobei wir meinen, daß dieser Begriff eher auf die jüngsten Verehrer des Grabtuches paßt).

Die in das Komplott verwickelten Familien stammen sämtlich aus Frankreich, größtenteils aus Burgund und der Champagne, und die

Charnays sind, wie nicht anders zu erwarten, mit von der Partie. Sie sind auch unter dem Namen Mont Saint-Jean bekannt, nach einem Dorf ganz in der Nähe von Charnay. Ebenfalls zur Grabtuch-Mafia jener Tage gehörten die Vergys, in deren Familie Geoffroi eingeheiratet hatte, sowie zwei eng miteinander verwandte Familien aus der Champagne, die Joinvilles und die Briennes.

Im frühen dreizehnten Jahrhundert führte das Haus Brienne den Titel König von Jerusalem, der die Mitglieder laut der Prieuré de Sion als merowingische Nachfahren Jesu und Maria Magdalenas ausweist; diesen Titel erbte schließlich die Frau Ludwigs von Savoyen, Anne de Lusignan. Currer-Briggs zählt auch die Familien de la Roche, Courtenay, Montferrat und d'Anjou zur Grabtuch-Mafia.

Er stellte folgendes fest:

- Beide Familien besaßen das (oder ein) Grabtuch. Zwischen den Charnays und den Savoyern sowie den de la Roches und Vergys, in deren Familien die Charnays eingeheiratet hatten, bestanden vor, während und nach dem Auftauchen des Grabtuches von Lirey enge Bindungen. Am wichtigsten war die Verwandtschaft der Charnays mit dem Haus Savoyen, dem das Grabtuch schließlich übergeben wurde. (Was es um so wahrscheinlicher macht, daß Marguerite de Charnay den Savoyern nicht, wie angenommen, die Reliquie verkaufte, sondern überließ, »damit sie in der Familie blieb«.)

   Der Grad der Verschwägerung zwischen beiden Familien war selbst für damalige Verhältnisse bemerkenswert. Marguerite de Charnay und ihre beiden Ehemänner stammten in direkter Linie von (Marguerites Urgroßvater) Guillaume de Vergy ab. Sie wie auch ihr zweiter Mann Humbert de la Roche-Villersexel waren direkte Nachfahren von Otto de la Roche (über den wir später mehr hören werden). Ihr erster Mann, Jean de Beauffrémont, hatte Großeltern mütterlicherseits, die beide direkt von Jean de Joinville abstammten.

   In der damaligen Zeit war es üblich, dynastische Verbindungen durch Eheschließungen zu festigen. Doch bei diesen Familien waren die Verschwägerungen so ungewöhnlich häufig, daß sie gemeinsame Interessen verfolgt haben dürften.

- Dieselben Familien hatten ebenfalls enge Beziehungen zur Führung der Templer, besonders während der letzten dramatischen

Jahre der offiziellen Existenz des Ordens. So war Geoffroi de Charnay nicht nur der Neffe des Präzeptors der Normandie, sondern auch der Cousin zweiten Grades von Jacques de Molays Vorgänger Guillaume de Beaujeu, der zur Familie Mont Saint-Jean gehörte. (Zwischen den beiden gab es einen weiteren Großmeister, der aber nur kurz im Amt war.) Der Templer Geoffroi de Charnay wurde offiziell von Amaury de la Roche, Tempelmeister von Frankreich, in den Orden aufgenommen und kam aus derselben Familie wie der zweite Ehemann von Marguerite de Charnay.[33]

Da der Orden in der Champagne und in Burgund beheimatet war, nahmen diese Regionen die Tempelritter stets bereitwillig auf. Dennoch sind die engen Verknüpfungen zwischen den oben aufgezählten Familien und der Führung des Ordens bemerkenswert. Sowohl der Großvater von Geoffroi de Charnay als auch der seiner Frau Jeanne fungierten als Seneschalle. Geoffrois Großvater war Jean de Joinville, der durch sein Werk *Histoire de Saint Louis* (Leben des heiligen Ludwig) berühmt wurde; darin pries er die Frömmigkeit seines Freundes und Herrn Ludwig IX. Jean de Joinville war Seneschall der Champagne, und Jeannes Großvater, Jean de Vergy, hatte das gleiche Amt in der Grafschaft Burgund inne. Philipp IV. erteilte sämtlichen Seneschallen seines Reiches zwei Wochen vor der Zerschlagung des Ordens den Geheimbefehl, ihre Häscher für die Templer bereitzuhalten. Von allen Tempelrittern Frankreichs entkamen die meisten in Burgund; der Kommandeur des Pariser Tempels, Gérard de Villiers, konnte als einziger ranghoher Tempelritter der Verfolgung entgehen. Er war ein Verwandter der beiden oben erwähnten Seneschalle. Außer ihm überlebten nur sechzehn französische Ritter; davon waren zwei zum Zeitpunkt der Verhaftungen im Ausland. Und, so Currer-Briggs, »die restlichen vierzehn stammten zum Großteil aus Burgund und waren mit den Charnays, Joinvilles oder Vergys verwandt«[34].

• Hundert Jahre vor der Vernichtung des Templerordens und hundertfünfzig Jahre vor dem Auftauchen des Grabtuches von Lirey hatten dieselben Familien Schlüsselpositionen im Vierten Kreuzzug inne, bei dem das *sydoine* verschwand.
Angeführt wurde der Kreuzzug von Boniface, Marquis de Montferrat, dessen Familie eng mit dem Haus von Savoyen verwandt war. Später wurde der Titel der Montferrat von den Savoyern als einer der

niedrigen Titel des Herzogtums übernommen (das gleiche geschah mit dem Titel des Seigneur de Mont Saint-Jean). Einer der engsten Verbündeten von Boniface war Otto de la Roche, der Vorfahre des Gemahls von Marguerite de Charnay.

Hier ist jedoch Vorsicht geboten, denn buchstäblich jeder Adlige Frankreichs zu Lebzeiten von Geoffroi de Charnay hatte Vorfahren, die an dem hauptsächlich von den Franzosen bestrittenen Vierten Kreuzzug teilnahmen. Doch wie Currer-Briggs ausführt, »waren die Charnays und die Savoyer, die im vierzehnten und fünfzehnten Jahrhundert im Besitz des echten [sic!] Grabtuches waren, nicht nur miteinander verwandt, sondern hatten drei, wenn nicht sogar vier Ahnen, die 1204 zu den Befehlshabern gehörten. Man muß sich deshalb fragen, ob es nicht eine Mafia-ähnliche Verschwörung gab, die das Grabtuch mit allen Mitteln an sich bringen wollte«[35].

Also rekonstruiert Currer-Briggs die Ereignisse folgendermaßen: Die Familien der Grabtuch-Mafia waren der Meinung, sie hätten einen Anspruch auf die Reliquie, von der sie wußten, daß sie in Konstantinopel aufbewahrt wurde; sie heckten einen Plan aus, um das Tuch nach Westeuropa zu bringen, wo sie es anschließend versteckten. Die nächsten siebzig Jahre wurde es von Familie zu Familie weitergereicht, auch an Templer und deren Sympathisanten, die es zu einem Gegenstand der Anbetung machten. Gérard de Villiers rettete es aus dem Schatzhaus der Templer in Paris, da er durch seine Verwandten in Burgund von der bevorstehenden Verhaftung aller Tempelritter erfahren hatte; und schließlich, nachdem der Orden vernichtet worden war, ging es in den Besitz von Geoffroi de Charnay und später seiner Frau Jeanne de Vergy über; diese ließ es öffentlich ausstellen. Doch auch als Marguerite, die letzte Charnay, Humbert de la Roche-Villersexel heiratete, blieb es »in der Familie«, bis es an die Savoyer weitergegeben wurde.

Das alles klingt vielleicht ganz überzeugend, doch einige Probleme sind nicht zu übersehen:

Durch die Radiokarbondatierung steht fest, daß das Grabtuch zur Zeit des Vierten Kreuzzuges (1204) noch nicht existierte.

Currer-Briggs' Theorie erweckt den Eindruck, als sei der Vierte Kreuzzug um des Grabtuches willen organisiert worden. Das ist jedoch äußerst unwahrscheinlich, denn der Angriff auf Konstantinopel erfolgte erst nach etlichen unvorhersehbaren Ereignissen.[36]

Die Kreuzfahrer hatten sich verpflichtet, dem abgesetzten Sohn des Kaisers Isaak II. als Gegenleistung für dessen Unterstützung im Heiligen Land bei der Rückeroberung Konstantinopels zu helfen. Erst als einer der Kreuzritter – Balduin von Flandern – zum neuen Kaiser ausgerufen wurde, nahm Boniface de Montferrat laut Currer-Briggs das Grabtuch an sich. Seiner Meinung nach ist es dann durch Maria-Margareta von Ungarn, die Witwe von Boniface, nach Westeuropa gelangt.

Die Kreuzfahrer verfolgten auf diesem Kreuzzug ohne Zweifel ihre geheimen Absichten, die aber nicht das Grabtuch betrafen.[37] Sie hatten gehofft, daß der Kaiser nach der Rückgewinnung seines Reiches die Ostkirche wieder in die römische Kirche integrieren und damit die bisher tiefste Spaltung der Christenheit rückgängig machen würde. Als der Kaiser jedoch getötet wurde, war dieses Ziel nur noch erreichbar, indem sie einen der ihren – einen Kreuzfahrer – zum Kaiser machten. Das war alles völlig einleuchtend – nichts weiter als politische Taktik.

Die Familien der Grabtuch-Mafia hatten natürlich keinen Grund zu der Annahme, sie hätten einen Anspruch auf das Grabtuch. Die von Currer-Briggs geäußerte Vermutung, der Gralsgedanke habe sie zu ihrer eigenen Gralssuche inspiriert, ist wenig plausibel. Außerdem drängt sich die Frage auf, weshalb sie das Tuch jahrelang versteckt hielten, nachdem sie es endlich in Händen hatten. Und wieso veranstalteten sie dann plötzlich ohne ersichtlichen Grund Ausstellungen? Das alles paßt nicht zusammen. Sie müssen andere Motive gehabt haben, die tiefer liegen und vielleicht das Licht scheuen.

Zwei Bücher, *Der Tempel und die Loge* (1991) von Michael Baigent und Richard Leigh sowie *Born in Blood* (1990) von John Robinson, haben den für uns überzeugenden Nachweis erbracht, daß der Templerorden seine offizielle Auflösung überlebte und daß er bis auf den heutigen Tag existiert. In beiden Büchern wird behauptet, daß die ersten Freimaurer Tempelritter gewesen seien. Davon abgesehen ist es eine Tatsache, daß außerhalb Frankreichs viele Templer einfach anderen Orden beitraten. Einige, wie die Portugiesischen Ritter Christi, wurden ins Leben gerufen, um den flüchtigen Tempelrittern einen sicheren Hafen zu bieten, wohingegen andere, zum Beispiel die Deutschritter, zwar bereits existierten, aber ehemalige Tempelritter mit offenen Armen aufnahmen. Wenn das Grabtuch, wie behauptet, für die Templer ein so heiliger Gegenstand gewesen war, warum übergaben sie es dann nicht einfach einem dieser Orden, statt es den Charnays zu überlassen?

Die verwandtschaftlichen Verknüpfungen, die Currer-Briggs aufdeckte, scheinen in der Tat darauf hinzudeuten, daß die Grabtuch-Mafia etwas im Schilde führte, doch vor Lirey konnte es ganz gewiß nichts mit dem Grabtuch zu tun haben. Wenn man aber andere Indizien berücksichtigt, die erheblich kontroverser sind, dann beginnt sich ein äußerst aufschlußreiches Bild abzuzeichnen. Wir suchten – wieder einmal – nach Beweisen für eine Geheimgesellschaft, die lange vor dem Vierten Kreuzzug und lange nach dem Auftauchen des Grabtuches von Lirey aktiv war, und wir fanden sie in *Der Heilige Gral und seine Erben*.

Lincoln, Baigent und Leigh haben gezeigt, daß die Prieuré de Sion hinter der im Jahre 1118 erfolgten Gründung des Templerordens stand und daß die beiden Organisationen mindestens bis 1118 praktisch identisch waren.[38]

Die Anfänge des Templerordens sind mysteriös. Die offizielle Gründungsgeschichte, die von den Historikern unbesehen akzeptiert wird, ergibt wenig Sinn. Diente sie nur der Tarnung, wie verschiedentlich vermutet wird?

Laut der offiziellen Version reisten im Jahre 1118, nach der Eroberung Jerusalems im Ersten Kreuzzug, neun französische Ritter unter der Führung von Hugo de Payens und Geoffroi de Saint-Omer ins Heilige Land und gelobten dort, sich fortan dem Schutz der Pilger in Palästina zu widmen.[39] In den folgenden Jahren scheinen sie aber weder ihre Aufgabe erfüllt noch neue Mitglieder aufgenommen zu haben. Doch als sie 1127 nach Europa zurückkehrten, bereitete man ihnen einen triumphalen Empfang. Wenig später wurde der Orden auf der Synode von Troyes offiziell anerkannt und Hugo de Payens in das Amt des ersten Großmeisters eingesetzt; der Orden erhielt seine eigene Regel, die interessanterweise von Bernhard von Clairvaux entworfen worden war. Danach entwickelte sich die Ordensgemeinschaft mit großer Geschwindigkeit, so daß sie in kürzester Zeit zur einflußreichsten Institution des Mittelalters wurde.

Diese Version ist offensichtlich weit hergeholt. Wie sollten neun Ritter die Sicherheit der Pilger in Palästina gewährleisten? Dieser Aufgabe hatte sich zudem bereits der Johanniterorden verschrieben.

Auch entstand die Tarngeschichte der Tempelritter laut Lincoln, Baigent und Leigh erst frühestens fünfzig Jahre nach der Ordensgründung.[40] Und es macht stutzig, daß die Namen Hugos de Payens und seiner acht Gefährten von den damaligen Chronisten, die jede Begebenheit im Heiligen Land eifrig aufzuzeichnen pflegten, überhaupt nicht erwähnt werden.

Was führten diese neun Ritter also wirklich im Schilde? Der englische Schriftsteller Graham Hancock hat vor kurzem sehr überzeugend dargelegt, daß sie die Bundeslade suchten, die ihrer Überzeugung nach in Jerusalem unter dem Tempelberg versteckt war. Deshalb bezogen sie dort Quartier und nahmen – das ist belegt – Ausgrabungen vor.[41] Lincoln, Baigent und Leigh kamen zu einem ähnlichen Schluß; sie glauben allerdings, daß die neun Ritter eine Art Dokument entdeckten, das mit dem Geheimnis der Prieuré zusammenhängt. Es hat jedoch den Anschein, als hätten die Ritter Christi (wie die Tempelritter vor der Synode von Troyes hießen) 1118 bereits seit vier oder vielleicht sogar schon seit zehn Jahren existiert.[42] Und auch die Synode, auf der die Ordensgemeinschaft offiziell anerkannt wurde, scheint Gegenstand eines Komplotts gewesen zu sein.

Lincoln, Baigent und Leigh fanden Indizien dafür, daß der Orden von Sion (der auch manchmal den Namen »Orden Unserer Lieben Frau von Sion« trug) ebenfalls Gegenstand einer Verschwörung von mehreren Familien aus der Champagne war. Dieses Komplott hat den Tempelritterorden hervorgebracht. Der Drahtzieher sei Hugo, Graf von der Champagne, gewesen, der den Orden gründete und ihm schließlich 1125 persönlich beitrat. Einige Historiker sind der Ansicht, der Graf von der Champagne sei mit Hugo de Payens verwandt gewesen – die Urkunden sind nicht vollständig –, aber mit Sicherheit steht fest, daß Hugo de Payens sein Vasall war.

Die militanten Tempelritter und die kontemplativen Zisterzienser wurden immer mächtiger. Anfangs war der 1098 gegründete Zisterzienserorden, als dessen dritter General der heilige Bernhard amtierte, nicht besonders einflußreich. Doch André de Montbard, einer der neun ersten Tempelritter, war der Onkel des heiligen Bernhard. Graf Hugo schenkte Bernhard die Ländereien von Clairvaux, und dort entstand jene Abtei, die zum Machtzentrum des Zisterzienserordens wurde. Der heilige Bernhard übernahm daraufhin die Rolle des offiziellen Paten der Templer, und seinem Einfluß verdankte der Orden die päpstliche Anerkennung auf der Synode von Troyes, am Hof des Grafen von der Champagne. Hier entwarf Bernhard die Regel der Tempelherren nach dem Vorbild seines Zisterzienserordens, und hier wurden sie auch mit ihren weißen Umhängen ausgestattet, die später das auffällige rote Tatzenkreuz schmückte (ein Kreuz mit Armen gleicher Länge, die sich zum Rand hin verbreitern). Papst Innozenz II., ehemaliger Zisterziensermönch von Clairvaux und Schüler des heiligen Bernhard, entband den Templerorden von allen Gehorsamsverpflichtungen gegenüber jeglicher weltlichen und kirchlichen Macht mit Ausnahme des Papstes.

Lincoln, Baigent und Leigh behaupten, der Orden von Sion sei in den 1090ern von Gottfried von Bouillon gegründet worden, der in seiner Eigenschaft als Befehlshaber des Ersten Kreuzzuges für die Rückeroberung Jerusalems verantwortlich war. Der Orden habe hinter Hugo, Graf von der Champagne, und der Gründung des Templerordens gestanden: »Im Jahre 1104 war der Graf von der Champagne mit einigen Mitgliedern des Hochadels zusammengekommen, unter denen sich zumindest einer befand, der gerade aus Jerusalem zurückgekehrt war ... Außerdem war der Lehnsherr André de Montbards mit von der Runde.«[43]

Kurze Zeit nach dieser geheimen Versammlung begab sich Graf Hugo selbst ins Heilige Land und kam erst 1108 zurück. Im Jahre 1114 unternahm er eine zweite kurze Reise dorthin, kehrte in die Champagne zurück und überschrieb die Ländereien von Clairvaux dem heiligen Bernhard. Wiederum vier Jahre danach – berichtet die offizielle Ordensgeschichte – begaben sich sein Vasall und möglicher Verwandter, Hugo de Payens, André de Montbard und sieben Gefährten auf ihre Mission und gründeten die Keimzelle der Tempelritter. Im Jahre 1125 trat Graf Hugo selbst dem neuen Orden bei.

Die Ereignisse waren 1104 in Gang gesetzt worden. Wie es in *Der Heilige Gral und seine Erben* heißt: »Bei diesem Geheimtreffen waren Vertreter einflußreicher Familien – Brienne, Joinville und Chaumont – anwesend, die, wie sich später noch herausstellen sollte, eine wichtige Rolle in unserer Geschichte spielten.«[44]

Als wir unsere Ergebnisse genauer unter die Lupe nahmen, hatten wir das Gefühl, daß sich hier etwas sehr Seltsames abspielte. Waren die Mitglieder der von Currer-Briggs aufgedeckten Grabtuch-Mafia auch die Rädelsführer in unserer Geschichte? Wir erkannten bald,

daß Currer-Briggs sein Netz nicht weit genug ausgeworfen hatte.
Jene Familien waren in noch andere geheime Ränke im Zusammenhang mit der Gründung des Ordens der Tempelritter verstrickt – aber
mit dem Turiner Grabtuch hatten sie nichts zu tun.

Uns fiel auch auf, daß dieselben Familien, die bei der geheimnisvollen Gründung des Ordens mitgewirkt hatten, ebenfalls in seinen
gleichermaßen rätselhaften Untergang verwickelt waren. Außerdem
überraschte uns, wie oft der Name der Prieuré de Sion auftauchte:
Im zwanzigsten Jahrhundert erwähnte ihn Giovanni, im fünfzehnten
Jahrhundert war Leonardo da Vinci ihr Großmeister, und dann begegnete er uns erneut an der Wende zum zwölften Jahrhundert.

Die Existenz der Prieuré gilt nicht als gesichert. Wir glauben aber,
daß die Fakten die Existenz einer uralten Verschwörung bestätigen.
Vielleicht müssen manche Menschen gewisse Dinge aus Angst ins
Lächerliche ziehen, wir hingegen waren entschlossen weiterzuma-
chen.

Langsam wurde das Bild immer schärfer, und neue Familienban-
de tauchten auf. Guillaume de Champlitte, Angehöriger des Kreises
um Boniface de Montferrat während des Vierten Kreuzzuges, der in
die Familien Mont Saint-Jean/Charnay eingeheiratet hatte, stammte
von Hugo, Graf von der Champagne, ab, dem Rädelsführer bei der
Gründung des Templerordens. Als der Graf dem Orden 1125 schließlich selbst beitrat, überschrieb er seinem Neffen Theobald Länderei-
en und Titel. Guillaume de Champlitte war der Urenkel Theobalds.[45]
Man hatte übrigens den damaligen Grafen von der Champagne, der
ebenfalls Theobald hieß und eng mit Hugo verwandt war, ursprünglich zum Befehlshaber des Vierten Kreuzzuges ausersehen. Dieser
Theobald starb jedoch während der Vorbereitungen, und Boniface
de Montferrat nahm seinen Platz ein.

Wie bereits erwähnt, heiratete dieser Boniface die Witwe des
einstigen Kaisers von Konstantinopel, Maria-Margareta. Die Ehe dauerte nicht lange, denn er wurde 1207 in Griechenland getötet. Innerhalb von drei Monaten heiratete Maria-Margareta Nicholas de Saint-
Omer, ihren dritten Mann; er stammte aus derselben Familie wie
einer der ursprünglichen neun Tempelritter, Geoffroi de Saint-Omer,
der in der Rangfolge direkt hinter Hugo de Payens kam.[46] (Maria-
Margareta hatte wieder schlecht gewählt, denn Nicholas fiel 1212.)

Im Zusammenhang mit den Gründern des Templerordens sollten

wir noch darauf hinweisen, daß es ein Joinville war – André, Onkel
des Jean de Joinville –, der den sehr angesehenen Posten eines Tem-
pelpräzeptors von Payens erhielt und in dieser Eigenschaft die vom
ersten Großmeister des Ordens gestifteten Ländereien übernahm.[47]

Laut Currer-Briggs setzt sich seine Grabtuch-Mafia nur aus
Familien zusammen, »die von dem 1143 verstorbenen Fulk d'Anjou
abstammten oder mit ihm verwandt waren«[48]. Durch ihn wird eine
weitere wichtige Verbindung zwischen dem Templerorden und der
Prieuré de Sion hergestellt. Fulk d'Anjou stand den frühen Templern
so nahe, daß er zum Ritter »ehrenhalber« ernannt wurde.[49] Sein
Vater, der dem Orden 1120 beitrat, war der zehnte Tempelritter.
Durch seine Eheschließung mit der Nichte Gottfrieds von Bouillon
durfte Fulk ab 1131 auch den Titel König von Jerusalem tragen. Eines
seiner Enkelkinder, Prinzessin Sibylle von Jerusalem, heiratete zweimal, zuerst einen der Brüder von Boniface de Montferrat und dann
Gui de Lusignan; von ihm stammt Anne de Lusignan ab, die durch
ihre Heirat mit Ludwig von Savoyen dem Hause Savoyen den Königs-
titel von Jerusalem einbrachte.

Und damit wären wir wieder einmal bei der Prieuré de Sion. Wie
wir ausgeführt haben, besteht ihre scheinbare *raison d'être* darin, der
merowingischen Dynastie – die sich angeblich von Jesus und Maria
Magdalena herleitet – wieder zur Macht zu verhelfen. In unseren
Augen ist das nur Tarnung, doch die Prieuré möchte offensichtlich,
daß man an die Bedeutung dieser Dynastie glaubt.

Als Anne de Lusignan den Herzog von Savoyen heiratete, war der
Titel »König von Jerusalem« zwar sehr angesehen, aber eigentlich
wertlos. Doch für die Prieuré de Sion repräsentierte er eine symbo-
lische Macht, die Realität werden würde, sobald es wieder ein Königreich Jerusalem gab. Die Prieuré ist stolz auf die von ihr erstellten
Genealogien, die das Haus Lusignan mit einem Stammbaum versehen, der bis in die Mitte des zehnten Jahrhunderts zurückreicht –
aber warum?[50]

Die Familien der Grabtuch-Mafia scheinen besonderen Wert
darauf gelegt zu haben, daß der Titel »König von Jerusalem« in ihrer
Hand blieb. Fulks Sohn Amalric von Jerusalem, der 1174 starb, hatte
von seinen zwei Ehefrauen je eine Tochter, Isabella und Sibylle, aber
keinen männlichen Erben; deshalb ließ er den Papst, den Heiligen
Römischen Kaiser und die Könige von Frankreich und England ent-

scheiden, welche der beiden seine Nachfolgerin werden sollte. Die Töchter waren mit Brüdern von Boniface de Montferrat verheiratet, und dadurch war sichergestellt, daß der Titel in der Familie blieb. Doch einer der Brüder starb, und die Witwe, Sibylle, heiratete Gui de Lusignan. Die Nachfolgefrage war noch nicht geklärt, da wurde Conrad de Montferrat, der Mann Isabellas, ermordet. Innerhalb von zwei Tagen arrangierte man ihre Ehe mit Henri, Graf von der Champagne, und acht Tage später war das Paar getraut. Die Eile, mit der die Heirat betrieben wurde, mag auf eine Verwicklung Henris in den Mord hindeuten. Henri könnte aber vielleicht nur deshalb so rasch gehandelt haben, damit den Verschwörern der Titel nicht entschlüpfte, falls die Entscheidung zu Isabellas Gunsten ausfiel. Er war ein Nachfahre jenes Hugo von der Champagne, der hinter der Gründung des Templerordens stand, und außerdem der zweite Cousin von Guillaume de Champlitte. Die Entscheidung fiel schließlich zugunsten Sibylles, so daß der Titel an Gui de Lusignan ging. Aber als Henri starb, heiratete Isabella Guis Bruder Amalric de Lusignan, der nach Guis Tod den Titel erbte.

Der Titel des Königs von Jerusalem war einer der ruhmreichsten in der Geschichte, was seltsam erscheinen mag, wenn man bedenkt, daß kein Landbesitz damit verbunden war! Er wurde oft außerhalb der direkten Linie weitervererbt, so daß schließlich zwei Linien behaupteten, rechtmäßige Erben des Titels zu sein. Eine Zeitlang wurde er von dem Haus Brienne geführt; es verlor ihn aber 1264, als der Papst ihn (entgegen den Erbfolgeregeln) den Lusignans zuerkannte. Ein weiterer Anspruch leitete sich von der Einheirat des Heiligen Römischen Kaisers (eines Staufers) in die Familie de Brienne her, doch 1268 starb diese Linie aus, und die Lusignans waren eine Weile die unangefochtenen Erben. Dann meldete René d'Anjou seine Rechte an, denn sein Ahnherr Charles hatte einst den Titel einem weiteren Prätendenten abgekauft.

Die Savoyer dürfen in diesem Zusammenhang nicht unerwähnt bleiben, denn auch sie hatten Verbindungen zu den Merowingern, wenngleich hauptsächlich territorialer Art und weniger durch Blutsverwandtschaft. Das Haus Savoyen herrschte über das einstige Königreich Burgund (nicht zu verwechseln mit dem Herzogtum Burgund, das im zehnten Jahrhundert von Frankreich annektiert worden war).[51] Dieses »vergessene« Königreich bestand vom fünften bis ins fünfzehnte Jahrhundert, also fast ein ganzes Jahrtausend lang. In seinem Buch *Phoenix Frustrated. The Lost Kingdom of Burgundy* (1986) zeichnet Christopher Cope die zahlreichen vergeblichen Versuche nach, dieses Land wieder in seinen Rang als Königreich einzusetzen. Burgund, die Heimat des Stammes der Burgunder, wurde 534 von den fränkischen Merowingern unter Sigismund erobert. Sie ließen Burgund jedoch als separates Königreich bestehen und teilten es, entgegen ihrer Erbfolge, nach dem Tod des Königs nicht unter dessen Söhnen auf, sondern erhielten es bis zum Aussterben der Dynastie im Jahre 751.[52] Danach fiel es den Heiligen Römischen Kaisern zu, hatte jedoch weiterhin den Status eines Königreiches inne. Die Kaiser durften auch den Titel »König von Burgund« führen.[53]

Die Savoyer waren burgundische Adlige, die um das Jahr 1000 als Grafen von Maurienne bekannt waren – deren erster urkundlich erwähnter Vertreter hatte den köstlichen Namen Humbert I. Weißhand. Gegen Ende des dreizehnten Jahrhunderts beherrschten sie ganz Burgund. Während ihres Aufstiegs zur Macht legten die Savoyer großen Wert auf ihre historischen Verbindungen zu Burgund; sie erwarben die Insignien des burgundischen Schutzheiligen, des Märtyrers Mauritius, seine berühmte Lanze, seinen Siegelring und den Speer, die sich heute in Wien befinden.[54] Der Ordre de Saint-Maurice (Mauritiusorden) wurde von den Grafen von Savoyen gestiftet, die auch die Großmeister stellten. Aus den Reihen dieses Ordens bestimmte man die Wächter für die Ausstellungen des Turiner Grabtuches bis zum Ende der italienischen Monarchie im Jahre 1946. Also kam die Eheschließung zwischen Ludwig von Savoyen und Anne de Lusignan in gewisser Weise einer Wiedervereinigung der Merowinger-Dynastie mit Teilen ihres einstigen Reiches gleich. Es ist bedauerlich, daß das Schicksal ein so unwürdiges Paar für dieses erhabene Ereignis wählte.

Der Titel des Königs von Jerusalem birgt noch eine zweite Verbindung zur Prieuré de Sion. Als Anne de Lusignan Ludwig von Savoyen heiratete, wurde der Titel auch von René d'Anjou beansprucht, allerdings nur, weil ein Vorfahre im ausgehenden dreizehnten Jahrhundert den Anspruch auf den Titel von einem Mitbewerber abgekauft hatte. René war einer der bedeutendsten Herrscher der Frührenaissance, ein Mäzen der Künste und der Literatur. Und die Prieuré de Sion nennt ihn als ihren neunten Großmeister, der von

1418 bis 1480 amtierte.[55] Er stand also an der Spitze des Ordens, als das Haus Savoyen in den Besitz des Grabtuches gelangte. Es ist dem direkten Einfluß Renés zuzuschreiben, daß Cosimo de' Medici seine Kundschafter auf die Suche nach alten Manuskripten schickte (siehe Kapitel 5). Dies führte zu einer Wiederbelebung des Neoplatonismus und der Hermetik, die eine wichtige Rolle in Leonardos Leben spielen sollten.[56] Renés Vizekönig in Neapel war ein gewisser Arano Cibò, Vater von Papst Innozenz VIII., der laut Giovanni den Auftrag zur Fälschung des Grabtuches erteilt hatte.[57]

Die Prieuré de Sion und das Grabtuch sind auch territorial eng miteinander verknüpft. Die Geschichte von *Der Heilige Gral und seine Erben* kreist um das rätselhafte Dorf Rennes-le-Château im Languedoc. Die Region war einst das heilige Land Radae der Kelten, später wurde sie zu einem bedeutenden Zentrum des merowingischen Reiches und in der Folge unter dem Namen Razès bekannt. Hier stand die Wiege des katharischen Glaubens, dem die Sekte der Albigenser anhing.[58] Nachdem die Tempelritter das Heilige Land verloren hatten, versuchten sie, in dieser Region ihren eigenen Staat zu errichten, und man kann noch heute die Ruinen vieler Templerburgen in der Umgebung von Rennes sehen. Deshalb glaubten wir nicht an einen Zufall, als wir im französischen Nationalarchiv Urkunden fanden, denen zufolge Geoffroi de Charnay – obwohl er in Nordfrankreich lebte – Ländereien besessen hatte, die sich über Toulouse und Carcassonne erstreckten und zu denen auch der »heilige Ort« Rennes-le-Château gehörte.[59]

Inzwischen waren wir fest davon überzeugt, daß Currer-Briggs' Grabtuch-Mafia und der Bund von verschwägerten Familien, den Lincoln, Baigent und Leigh entdeckt hatten, identisch waren.

Diese Familien waren in viel mehr als nur den Diebstahl einer lukrativen Reliquie verstrickt. Ihre Verschwörung mußte älter sein als der Vierte Kreuzzug, sie mußte bis zur Gründung des Templerordens zurückreichen. Currer-Briggs hatte in groben Zügen recht mit seiner Verschwörungstheorie; sein Fehler lag in der Annahme, es sei dabei um das Grabtuch gegangen.

Wenn man die Dinge in diesem neuen Licht betrachtete und berücksichtigte, daß wir es hier mit jahrhundertealten Machenschaften zu tun hatten, kristallisierte sich ein ganz bestimmtes Bild heraus. Dreimal hatte man versucht, der Christenheit ein gefälschtes

Grabtuch unterzuschieben. Zuerst in den späten 1350ern in Lirey –
das wurde vereitelt, nicht so sehr durch den Bischof von Poitiers als
vielmehr durch den Tod Geoffrois de Charnay und die durch den
Krieg mit England heraufbeschworenen unsicheren Zeiten. Dann im
Jahre 1389 – dieser Versuch scheiterte an der Skepsis des Bischofs
d'Arcis. (Die offensichtlichen Aktivitäten hinter den Kulissen jener
Ausstellungen hatten Ian Wilson zu der Bemerkung veranlaßt:
»Hinter dieser Angelegenheit steckt mehr, als man glaubt.«) Und
schließlich folgte als Krönung des ganzen im Jahre 1492 der Versuch
mit Leonardos Turiner Grabtuch.

7 WIR NEHMEN MASS

»Warum ist sein Kopf so klein?«

Abigail Nevill

Nachdem wir uns noch einmal ganz ausführlich mit dem historischen Aspekt des Grabtuches befaßt hatten, wandten wir uns der nächsten Frage zu: Verriet irgend etwas an dem Bild, daß es »von Menschenhand« gemacht war? Konnten wir beweisen, daß es das Gesicht seines Schöpfers Leonardo zeigte? Obwohl die meisten unvoreingenommenen Befragten eine Ähnlichkeit entdeckt hatten, mußten wir eine objektive Methode finden, Leonardos Selbstporträt mit dem Gesicht auf dem Grabtuch zu vergleichen.

Wir untersuchten das Grabtuch so gründlich wie möglich und kamen zu dem Ergebnis, daß es eine Montage aus drei Bildern ist: dem Gesicht, der Vorderansicht des Körpers vom Hals bis zu den Füßen und der kompletten Rückansicht. Konnten wir das beweisen? Und konnten wir beweisen, daß es sich um eine Fotografie handelte? Wir wußten bereits, daß das Gesicht nicht zum Körper paßte, und es wäre durchaus sinnvoll gewesen, an diesem Punkt anzusetzen, aber wir hofften, daß irgend etwas an dem Bild selbst uns weiterhelfen würde.

Wir brauchten einen Experten, der über die technischen Möglichkeiten verfügte, den Mann auf dem Grabtuch bis ins kleinste Detail und unter vielfältigen Bedingungen zu prüfen. Am besten geeignet schien uns die Computeranalyse zu sein; man würde das digitalisierte Bild den verschiedensten Verfahren unterziehen können, bis es schließlich wenigstens einen Teil seines Geheimnisses preisgab.

Der in Großbritannien lebende Kanadier Mark Bennett, den wir seit längerem kannten, hatte uns bereits zu Beginn unserer Arbeit seine Hilfe angeboten. Er war Herausgeber der futuristischen Zeitschrift *Black Ice* und wollte unbedingt erfahren, welche Rolle Leonardo im Zusammenhang mit dem Turiner Grabtuch gespielt hatte.

Mark besorgte uns die inzwischen schwer greifbare italienische Fernsehserie *Leonardo*, eine Produktion der siebziger Jahre, die in vieler Hinsicht nützlich war. Er machte auch einige interessante Computerbilder des Mannes auf dem Grabtuch, aber dann ließen ihm seine beruflichen Verpflichtungen keine Zeit mehr für unser Projekt. Immerhin stellte er den Kontakt zu einer Fernsehgesellschaft her, die den Pilotfilm für eine geplante Serie der Zeitschrift *White Light* drehte. Wir freuten uns, daß wir daran mitwirken und unsere Reproduktionen vor der Kamera vorstellen durften.

Steve Pear, einer unserer Freunde, der sich mit modernen Kommunikationssystemen sehr gut auskennt, suchte mittels E-mail für uns nach einem Computergrafiker, der uns weiterhelfen konnte. Innerhalb eines Tages meldete sich Andy Haveland-Robinson, ein Experte auf diesem Gebiet, Desktop-Publisher und Berater für 2-D- und 3-D-Computergraphik aus Nord-London. Es dauerte nicht lange, und wir hatten in ihm einen unersetzlichen Mitarbeiter gewonnen.

Man kann die zeitgenössische Entwicklung auf dem Gebiet der Kommunikationstechnik vielleicht mit der gewaltigen Wissensexpansion in der Renaissance vergleichen. Die modernen Technologien haben es endlich vermocht, Wissenschaftlichkeit und Kreativität miteinander zu verknüpfen: Die Computergraphik und die Filmanimation ermöglichen neue Kunstformen, die den Abgrund zwischen Logik und Phantasie überspringen – so wie es auch für die Renaissancegelehrten keinen Unterschied zwischen der Wissenschaft und der Magie gab. Und ähnlich wie die erste Renaissance durch eine Revolution in der Kommunikationstechnik – den Buchdruck – gefördert wurde, beruht unsere moderne Renaissance auf dem Wachstum der Kommunikationsnetzwerke, mit deren Hilfe Millionen von Menschen und zahllose Archive von zu Hause aus direkt erreichbar werden.

Andy ist ein gutes Beispiel für den Menschentyp dieses neuen Zeitalters. Er ist nicht nur ein erfolgreicher Desktop-Publisher und im Bereich der Pop-Video-Animation tätig, sondern hat darüber hinaus noch viele andere Interessen wie zum Beispiel die Musik. Im Sommer 1993, als wir uns kennenlernten, zeigte er uns einige Beispiele seiner Arbeit; wir waren fasziniert und wußten, daß wir den richtigen Mann gefunden hatten. Wir müssen aber betonen, daß Andy immer streng objektiv blieb und nicht gänzlich von unserer

Theorie überzeugt war, auch wenn er einmal, nach vielen Stunden Bildanalyse, die Bemerkung fallenließ: »Ich glaube, Leonardo hatte hier tatsächlich irgendwo die Hand im Spiel.«

Wir hofften, mit Hilfe eines Computervergleichs zwischen dem Gesicht auf dem Grabtuch und Leonardos Turiner Selbstbildnis einwandfrei beweisen zu können, daß die Gesichter identisch sind, ähnlich wie Lillian Schwartz gezeigt hatte, daß die Mona Lisa ein Selbstporträt Leonardos ist.[1] Doch leider gibt es nicht genügend Informationen über Leonardos Aussehen, um hieb- und stichfeste Ergebnisse zu erhalten. Alle in Frage kommenden Techniken basieren zum einen auf bestimmten grundsätzlichen Bezugspunkten und zum anderen auf der Voraussetzung, daß man den Maßstab der einzelnen Bilder berechnen kann. Doch keines der von Leonardo überlieferten Porträts erfüllt diese Bedingungen.

Kurz gesagt: Die Fähigkeit des menschlichen Auges und Gehirns ist unübertroffen, was das Erkennen von Ähnlichkeiten anbelangt. Ein Computer kann sich damit nicht messen, es sei denn, man stattet ihn mit äußerst genauen Daten aus.

Die zu vergleichenden Bilder müssen absolut präzise sein. Man muß häufig einen winzigen Abstand messen – wie zum Beispiel den zwischen den inneren Augenwinkeln, der sich weder mit dem Alter noch durch Gewichtsschwankungen verändert –, und selbst kleinste Fehler im Bild führen zu verfälschten Ergebnissen. Natürlich sind alle (oder fast alle) Porträts von Leonardo Gemälde oder Zeichnungen, so daß es keine Garantie für Genauigkeit geben kann, vor allem nicht, was die feineren Details betrifft.

Das einzige mit Sicherheit ausreichend präzise Bild ist das letzte noch vorhandene Selbstporträt Leonardos, eine Rötelzeichnung (wenn man von Bildern wie die Anbetung der Könige und das Abendmahl absieht, auf denen er sich ebenfalls darstellte). Er war über sechzig, als er sie anfertigte, wirkt jedoch viel älter und mehr denn je wie ein Prophet des Alten Testamentes. Die Zeichnung hängt nun in der Biblioteca Reale in Turin. (Wir finden es amüsant, daß Serge Bramly seine Biographie Leonardos mit den Worten beginnt: »Unweit des Turiner Doms, in dem das Grabtuch Christi in drei ineinander verschachtelten Reliquienschreinen aus Eisen, Marmor und Silber aufbewahrt wird, hütet die Biblioteca Reale das am wenigsten umstrittene Selbstporträt Leonardo da Vincis.« Bramly zieht Parallelen zwischen der Verehrung, die den beiden Gegenständen zuteil wird: »So wie man das Grabtuch nur noch bei außergewöhnlichen Anlässen vor den Gläubigen enthüllt, wird auch dieses Selbstporträt kaum mehr ausgestellt. Im Laufe der Zeit hat es stark gelitten und muß vor den schädlichen Einwirkungen von Licht und Luft geschützt werden.«)[2]

Wir wissen, daß Leonardos Selbstporträt präzise ist, weil Lillian Schwartz es mit Erfolg heranzog, um den Mona-Lisa-Vergleich durchzuführen. Es entstand jedoch viele Jahre nach dem Leichentuch, das Leonardo mit vierzig Jahren schuf, und obwohl es noch eine Ähnlichkeit mit dem Gesicht auf dem Grabtuch aufweist, ist es für unsere Zwecke nicht ausreichend genau. Die Wangen sind eingesunken, und der Mund hat sich verändert, weil Leonardo im Laufe der Jahre vermutlich einige Zähne verloren hatte. Das Hauptproblem ist jedoch der unterschiedliche Blickwinkel: Das Selbstporträt ist ein Halbprofilbild.

Es gibt nur wenige Porträts von Leonardo, die zu seinen Lebzeiten angefertigt wurden. Spätere Bilder, zum Beispiel die Stiche in Vasaris Werk *Die Lebensbeschreibungen der berühmtesten Architekten, Bildhauer und Maler*, das 1550 erschien, haben zwar ältere Bilder zur Vorlage, sind jedoch keineswegs zuverlässig. Die zweite berühmte Zeichnung stellt Leonardo ungefähr im richtigen Alter dar, aber es handelt sich dabei um ein Profilbild, was einen Vergleich mit dem Grabtuch ausschließt. Es befindet sich heute in der Royal Library in Windsor (eine Kopie ist in der Ambrosiana in Mailand) und wurde wahrscheinlich von seinem Schüler Francesco Melzi gemalt. Raffael stellte Leonardo auf seinem Bild *Die Schule von Athen* als Platon dar, aber obwohl sich die beiden Künstler kannten, konnte Leonardo Raffael nicht Modell gesessen haben, denn er weilte zur Zeit der Entstehung des Gemäldes in Frankreich. Ein Porträt in den Uffizien, das dem Mann auf dem Grabtuch vielleicht am stärksten ähnlich sieht, galt lange Zeit als Selbstbildnis. Doch in den dreißiger Jahren wurde nachgewiesen, daß es in Wirklichkeit aus dem siebzehnten Jahrhundert stammt. Es hatte ohne Zweifel ein verschollenes Selbstporträt zur Vorlage, aber auch dieses Bild eignete sich nicht für einen Vergleich. (Es war übrigens auf eine Maria Magdalena gemalt.)

Wir suchten nach einer Darstellung Leonardos im Alter von vierzig Jahren, auf der er den Betrachter geradewegs anblickt. Natürlich gibt es eines – das Porträt des Mannes auf dem Grabtuch von Aggemian aus dem Jahre 1935 –, doch das konnten wir schwerlich für den Vergleich heranziehen! Wenn mehrere Selbstbildnisse von Leonardo erhalten wären, selbst aus den verschiedensten Blickwinkeln, hätten wir sie zu einem dreidimensionalen Modell kombinieren und dieses dann drehen können, so daß die Vorderansicht auf dem Bildschirm erschienen wäre. Aber daran war leider nicht zu denken.

Die wenigen vorhandenen Bilder lassen viele Ungenauigkeiten erkennen. Das Porträt in Windsor soll zum Beispiel überarbeitet worden sein, um Leonardo zu schmeicheln: Seine Nase – im wirklichen Leben ein prächtiges Exemplar, das lebhaft an eine Skischanze erinnerte – ist dank der plastischen Chirurgie durch einen geschickten Zeichenstift zu erheblich weniger alarmierenden Proportionen geschrumpft. Möglicherweise ist sogar das Turiner Selbstporträt im Laufe der Jahre verändert worden.[3]

Zusammen mit Andy überprüften wir alle in Frage kommenden Bilder und liebäugelten einen Moment sogar mit der *Mona Lisa*, mußten uns aber zu guter Letzt geschlagen geben. Wie Andy es ausdrückte: »Der Spielraum ist bei menschlichen Gesichtern sehr gering, und aufgrund der verschiedenen Blickwinkel und unserer Unkenntnis der Maßstäbe können die Ergebnisse nicht zuverlässig sein. Ohne eine Frontalansicht ist einfach nichts zu machen.« Dazu bestand außerdem noch eine gewisse Gefahr, daß Leonardos Gesichtszüge auf dem Grabtuch durch den Projektionsprozeß verzerrt worden waren.

Nachdem uns dieser Weg verschlossen war, wandten wir uns dem Bild selbst in der Hoffnung zu, verräterische Widersprüche zu finden, die unsere Theorie erhärten oder die Herstellungstechnik erhellen würden. Das auffälligste Detail des Grabtuches war in unseren Augen der »abgeschnittene Kopf«. Wie Abigail Nevill so scharfsinnig bemerkt hatte, sitzt der Kopf »schief« auf dem Körper und wirkt zu klein. Er befindet sich nicht nur in der falschen Stellung, es ist sogar eine deutliche Lücke zwischen Hals und Brust zu erkennen – der Kopf scheint geradezu über einer schwarzen Linie zu schweben. Man könnte diesen Zwischenraum auf die Faltung des Tuches zurückführen – dessen Echtheit vorausgesetzt –, doch die unnatürliche Stellung des Kopfes ist damit nicht zu erklären, genausowenig wie die Tatsache, daß er so sauber abgetrennt und abrupt in einer Quer-

linie endet. Auf einigen Fotos sieht man sogar (im Negativ) einen
scharfen weißen Strich an der Halswurzel, doch dabei könnte es sich
wirklich um eine Knitterfalte im Tuch handeln, da er nicht auf allen
Fotos erscheint. Aber auch ohne diese Linie scheint der Kopf am Hals
abgeschnitten zu sein, selbst auf den Infrarot- und Ultraviolettfoto-
grafien der STURP und auf den 3-D-Bildern von John Jackson und Eric
Jumper. Andys Computerbilder zeigen dieses ungewöhnliche Phänomen ebenfalls ganz drastisch. Damit war uns ein entscheidender
Durchbruch gelungen: Wir hatten endlich bewiesen, daß der Kopf
nicht zum restlichen Körper gehört.

Zu Beginn unserer Recherchen hatten wir die beiden Sindonologen
Ian Wilson und Ian Dickinson – beide sind von der Echtheit des
Tuches überzeugt – nach dem Phänomen des abgetrennten Kopfes
befragt, und wir erhielten zwei völlig entgegengesetzte Antworten.
Wilson meinte, er könne nichts Ungewöhnliches an dem Kopf erkennen[4], wohingegen Dickinson zugab, daß etwas nicht stimme,
aber er habe eine Erklärung.[5] (Bei unserer ersten Begegnung auf der
Ausstellung in Bath hatte er noch geäußert: »Ich habe jeden Faden
dieses Bildes unter die Lupe genommen, und da ist etwas ganz Merk-
würdiges: Der Kopf sieht wie versetzt aus.«) Seiner Ansicht nach hatte das Tuch bei der Entstehung des Bildes eine Knitterfalte unter
dem Kinn. Als man es später glättete, habe sie den Kopf gleichsam
nach oben verschoben, so daß der Hals abrupt in einer Waagerech-
ten zu enden scheine. Wir hatten bereits nachgeprüft, ob durch die
Faltung vielleicht auch an anderen Stellen eine ähnliche Verzerrung
bewirkt worden war. Wenn Dickinson recht hatte, müßte man weitere Verschiebungen finden können. Es sind jedoch keine vorhanden.
    Die seltsame Position des Kopfes und die scharfe Trennungslinie
zwischen Kopf und Körper können durch keine der Entstehungstheorien des Grabtuches erklärt werden. Wenn das Bild allerdings
eine Montage aus Leonardos Kopf und einem fremden Körper ist,
sieht die Sache ganz anders aus. Der Strich am Halsansatz wäre die
Schnittlinie, und auch das Rätsel des zu kleinen Kopfes wäre gelöst.
    Wir mußten die genauen Maße von Körper und Kopf ermitteln,
um die falschen Proportionen nachweisen zu können – das heißt,
wir mußten uns sehr genau mit dem Körperbau des Mannes auf dem

Grabtuch befassen. Das Ergebnis unserer Untersuchung war verblüffend.

Mein Bruder Keith, der sich als bildender Künstler gut mit den Proportionen des menschlichen Körpers auskennt, und ich (Clive) stellten ein paar Berechnungen an. Das normale Verhältnis zwischen Kopf und Gesamtgröße ist eins zu acht. Das ist der Durchschnittswert. Es gibt individuelle Abweichungen von etwa 1:7,5 und, sehr selten, bis zu 1:8,5. Vor allem bei kleinwüchsigen Menschen ist der Kopf im Vergleich zum Körper größer.

Um die Proportionen des Mannes auf dem Grabtuch ermitteln zu können, mußten wir seine genaue Größe kennen – ein altes Problem für Sindonologen. Dies liegt zum Teil an der Blässe des Bildes, das an den Rändern mit dem Hintergrund zu verfließen scheint. Auch ist man sich nicht einig über die Körperhaltung, die eine wichtige Rolle spielt, weil die Verkürzung durch die Beinstellung bei der Berechnung der Körpergröße berücksichtigt werden muß. Anhänger der Körperkontakt-Theorie müssen außerdem die durch die Drapierung des Tuches entstandenen Verzerrungen beachten. (Allerdings muß das Tuch bei der Entstehung des Bildes flach gewesen sein, wie wir bereits ausgeführt haben.) Ein großer Nachteil ist, daß man die Schultern infolge der Flicken nicht mehr erkennen kann. Wäre die Schulterpartie sichtbar, hätten wir erheblich leichter feststellen können, wie schlecht der Kopf auf dem Körper sitzt.

Am gründlichsten hat sich Isabel Piczek mit der Körperhaltung des Mannes auf dem Grabtuch befaßt. Sie ist eine der führenden Sakral-Künstlerin der Vereinigten Staaten, und ihre Wandgemälde schmücken zahlreiche amerikanische Kirchen und Kathedralen. Von der Echtheit des Grabtuches überzeugt, hält sie in ihrer etwas exaltierten Art einige seltsame Entstehungsprozesse für möglich (zum Beispiel könnte das Bild durch eine »Zeitumkehr« hervorgerufen worden sein), doch ihre Arbeit über die Körperhaltung war fundiert und schlüssig, und sie lieferte eine ausgezeichnete Rekonstruktion.

Isabel Piczek untersuchte die Verkürzung der Beine und die variierende Intensität des Bildes – zum Beispiel sind die Kniehöhlen weniger deutlich erkennbar als die Waden oder die Gesäßbacken. Sie kam zu dem Ergebnis, daß jede Einzelheit des Bildes der Haltung eines gekreuzigten Menschen entspricht, und vermutet, daß die Todesstarre bereits eingesetzt hatte, als der Leichnam auf das Tuch

gelegt wurde. Warum sollte jedoch ein Künstler, der sich der anatomischen Zusammenhänge bewußt war, den Körper nicht absichtlich
so dargestellt haben, damit er um so mehr an Jesus erinnerte? Oder
weshalb sollte Leonardo sein Modell nicht vorsätzlich so hingelegt
haben? Die angezogenen Knie und die flach auf dem Boden ruhen-
den Füße erklären, weshalb es nur einen Fußabdruck gibt, denn
möglicherweise lag der eine Fuß wegen der Art der Nagelung etwas
über dem anderen.

Isabel Piczeks Arbeit bestätigt auch das Fehlen jeglicher Verzerrung, die man auf ein Drapieren des Tuches um den Körper hätte
zurückführen können. Diese Aussage deckte sich mit unserer
Schlußfolgerung, daß das Tuch flach gewesen sein muß, als das Bild
geschaffen wurde.

Im November 1992 stellte sie ihre Ergebnisse in London auf einem
Treffen der BSTS vor, an dem wir mit ein paar Freunden teilnahmen.[6]
Ihr Vortrag überzeugte uns, daß ihre Rekonstruktion der Haltung des
Körpers auf dem Grabtuch gerecht wird. Ergänzend zeigte sie Dias,
auf denen Modelle ihre Theorie demonstrierten. Doch bei der an-
schließenden Diskussion kam ein Punkt zur Sprache, den sie in
ihrem Vortrag vergessen hatte. Unser Kollege Tony Pritchett wollte
wissen, zu welchen Schlüssen sie hinsichtlich des Kopfes gekommen
sei. Sie antwortete, die Stellung des Kopfes werfe Probleme auf,
denn kein Modell habe den Kopf wie der Mann auf dem Grabtuch
halten und dabei gleichzeitig die korrekte Position einnehmen
können. Wörtlich sagte sie: »Der Kopf scheint abgetrennt zu sein.«
Damit hatte eine Expertin eindrucksvoll bestätigt, daß die unschul-
dige Bemerkung Abigails in Bath den Tatsachen entsprach. Klipp und
klar: Der Kopf paßt nicht zum Körper.

Bereits ein kurzer Blick macht deutlich, daß das Antlitz (im Negativ) intensiver getönt ist als das übrige Bild, das heißt als der Rest der
Vorder- und Rückansicht. Die 3-D-Bilder zeigen das gleiche Ergebnis.
Zwar bezweifeln wir sehr, daß die aufgrund der Versuchsserie mit
dem Bildanalysator VP-8 aufgestellten Behauptungen zutreffen. Aber
davon bleibt die Tatsache unbeeinträchtigt, daß der Bildanalysator
beim Gesicht eine höhere Schwärzung als beim restlichen Körper
feststellte. Man kann dieses Phänomen nicht damit erklären, daß das
Gesicht eckiger sei. Wenn die Intensität des Farbtons von der Nähe
zum Körper abhängig gewesen wäre, hätten auch jene Teile, die an-

geblich das Tuch direkt berührten, also Nasenspitze, Brust und
Handrücken sowie die Knie, farblich ausgeprägter sein müssen. Statt
dessen ist das Gesicht insgesamt erheblich schärfer – für uns ein
weiteres Indiz dafür, daß es getrennt und vielleicht mit mehr Sorg-
falt geschaffen wurde.

Man sollte meinen, daß es nicht besonders schwierig sei, die
Größe des Mannes auf dem Grabtuch zu messen, selbst wenn man
oben und unten ein paar Zentimeter Spielraum gewährt. Aber als wir
die Grabtuch-Literatur auf dieses Problem hin untersuchten, trauten
wir unseren Augen nicht.

Meistens wird die Größe mit 1,80 Meter angegeben, unter Hinweis darauf, daß genaue Messungen wegen der Blässe des Bildes
sehr schwierig seien. Insgesamt grenzen die Unterschiede in den
Schätzungen jedoch ans Groteske.

Giulio Ricci, ein inbrünstiger (man könnte auch sagen: fana-
tischer) Anhänger des Grabtuches, berechnete die Größe des Mannes
auf 1,62 Meter, wobei er die Verzerrungen durch das (nie erfolgte)
Drapieren und eine merkwürdige »Dehnung des Tuches über die
Jahrhunderte« mit berücksichtigte.[7] Da er von der Echtheit des
Tuches überzeugt ist, dehnt es sich seiner Ansicht nach bereits seit
zweitausend Jahren aus. Das andere Extrem vertritt Professor Lorenzo Ferri von der Universität Rom, der, wie der Anatom Luigi Gedda,
den Mann auf dem Grabtuch auf 1,88 Meter schätzte.[8] Diese enormen Diskrepanzen bewogen uns, eigene Berechnungen anzustellen.

Das Problem ist, daß man das Bild auf dem Grabtuch stets nur in
Miniatur sieht, weil das Original weggeschlossen ist. Wenn es immer
ausgestellt würde, wären seine merkwürdigen Proportionen bekannter und würden intensiver diskutiert.

Wir mußten unbedingt die tatsächliche Größe des Grabtuch-Man-
nes vom Scheitel bis zu den Zehenspitzen herausfinden. Wenn wir
die Bildgröße zugrunde legten und die von Isabel Piczek festgestell-
te Verkürzung berücksichtigten, müßten wir zu einer vernünftigen
Schätzung kommen können. Da unserer Meinung nach das Gesicht
unabhängig vom restlichen Körper entstanden ist, wollten wir vor
allem prüfen, ob die Vorder- und die Rückansicht gleich groß sind.
Wir kauften eine Fotografie des vollständigen Grabtuches von der
Holy Shroud Guild in New York, maßen die Figur aus und ermittelten
die Werte.

Unseren Berechnungen nach war der Mann von vorn 2,03 Meter groß. Wir hatten keinen Fehler gemacht! Welche Länge hatte der Mann dann von hinten? Merkwürdig, merkwürdig: Er war 2,08 Meter groß! Und noch merkwürdiger war, daß man diese Maße sogar in der Grabtuch-Literatur findet, allerdings nicht gerade an prominenter Stelle.[9]

Das Bild ist also nicht nur absurd groß, die Rückansicht ist zudem fünf Zentimeter länger als die Vorderansicht! (Die Zehenspitzen fehlen bei der Vorderansicht, da sie an den Rand des Tuches stoßen, aber das kann keine fünf Zentimeter ausmachen.)

Man spricht selten von der Gesamtlänge des Bildes, obwohl sie allgemein bekannt ist. Wenn überhaupt darauf eingegangen wird, heißt es, die Maße seien durch die Umhüllung des Körpers verfälscht worden. Doch Isabel Piczek hat nachgewiesen, daß das Bild zwar verkürzt, aber abgesehen davon völlig natürlich ist und nur entstehen konnte, solange das Tuch ganz flach lag.

Eine mögliche Erklärung für die ungewöhnlichen Maße des Mannes wäre, daß er durch die Kreuzigungshaltung (angezogene Knie und Füße flach auf dem Boden) um die Länge der Füße vergrößert erscheint. Deshalb, behauptet Ricci, dürften wir nur bis zu den Fersen messen. Er hat zwar recht, andererseits verlieren wir aber einige Zentimeter durch die angewinkelten Beine. Um herauszufinden, welche Auswirkungen die Beinhaltung auf die Gesamtlänge hat, wenn man den Körper frontal betrachtet, legten Keith und ich uns flach hin, zogen die Beine bis zu dem von Isabel Piczek ermittelten Winkel an, wobei wir die Fußsohlen flach auf dem Boden ließen, und maßen unsere Größe. Dabei fanden wir die optimale Entfernung der Knie vom Fußboden. Setzt man die Füße absolut flach auf, sind die Knie viel zu scharf angewinkelt, wodurch das Bild geradezu lächerlich verkürzt gewesen wäre. Ein guter Kompromiß ergibt sich, wenn der Abstand der Kniekehlen vom Boden etwa fünfundzwanzig bis siebenundzwanzig Zentimeter beträgt.

Die Gesamtlänge – vom Scheitel bis zu den Zehenspitzen – verändert sich dadurch fast gar nicht. Was durch die Füße hinzugewonnen wird, verliert man ziemlich genau durch die Verkürzung. Natürlich gibt es von Mensch zu Mensch Unterschiede, die jedoch auch großzügig geschätzt maximal fünf Zentimeter nicht überschreiten.

Zwar hatten wir Ian Dickinsons Idee zurückgewiesen, daß der

Kopf nur deshalb »versetzt« wirke, weil das Tuch unter dem Kinn gefaltet war, aber nun wollten wir nachprüfen, ob die zusätzlichen Zentimeter nicht doch durch seine Vermutung zu erklären waren. Im Gegenteil. Die Rückansicht bestätigte nicht nur unsere Messungen, sie war sogar noch fünf Zentimeter länger als die Vorderansicht. Die Schlußfolgerung war unumstößlich: Wenn das Bild 2,03 Meter lang war, konnte das Modell nicht weniger als 1,98 Meter groß gewesen sein.

Jetzt verstanden wir die endlosen Diskussionen um das Einwickeln, die Knitterfalten und die Ausdehnung des Tuches. Das alles war nur ein Mummenschanz, der von einer sehr unbequemen Tatsache ablenken sollte: Wenn Jesus ein Riese gewesen wäre, gäbe es dann nicht einen Hinweis darauf im Neuen Testament? Doch die Evangelisten lassen kein Wort darüber verlauten – genausowenig wie über ein Grabtuch mit einem wundersamen Abdruck.

Wenn man das Grabtuch für ein Gemälde hält, ist die Größe belanglos; auch für uns, die wir von einer Projektion ausgingen, waren die Maße nicht problematisch. Aufnahmen geraten sehr leicht ein wenig zu klein oder zu groß (das sollten wir am eigenen Leibe erfahren). Rückt man einen Gegenstand nur wenige Zentimeter näher an das Objektiv heran, erhält man ein unverhältnismäßig vergrößertes Bild. Und die Erklärung für die Diskrepanz zwischen der Vorder- und Rückansicht ist, daß der Kopf nicht zum Körper gehört.

Rodney Hoares Buch *A Piece of Cloth* entnahmen wir eine andere selten erwähnte Tatsache: daß der Hinterkopf etwas breiter als das Gesicht ist.[10] Laut Hoare soll der Kopf auf einer Art Kissen gelegen haben, das man unter das Leichentuch geschoben hatte, dadurch sei das Tuch seitlich an den Kopf gedrückt worden, weshalb die Abbildung breiter erscheint. Doch wo bleibt die dann unumgängliche Verzerrung?

Nachdem wir eine ungefähre Vorstellung von der Körpergröße hatten, konnten Keith und ich uns daranmachen, das Körper-Kopf-Verhältnis auszurechnen. Die Kopfmessung ergab ein Verhältnis von 1:8,7 für die Vorderansicht, das heißt, wir befanden uns weit außerhalb der Norm. Das Bild ist so blaß, daß eine genaue Messung schwerfällt, aber wir hatten eine großzügige Fehlermarge einkalkuliert. Als wir die Kopfgröße von vorn mit der Rückansicht verglichen, erhielten wir ein Verhältnis von 1:9 bis zu 1:9,4, wobei wir wieder sehr vorsichtig waren. Damit hatten wir bewiesen, daß der Kopf für den Körper zu klein war. In mühevoller Kleinarbeit war es uns endlich gelungen, Abigails spontane Erleuchtung zu bestätigen. Und da der Körper wohlproportioniert ist, wird unsere Theorie erhärtet, daß der Kopf völlig unabhängig von ihm geschaffen wurde. Nun schien es so gut wie ausgeschlossen zu sein, daß wir es mit einem Gemälde zu tun hatten. Denn weshalb sollte ein Künstler den Kopf zu klein malen, wenn das übrige Bild so bewunderungswürdig genau ist? Das Gesicht auf dem Grabtuch würde übrigens zu einem Mann passen, der zwischen 1,78 Meter und 1,83 Meter groß war. Leonardo soll stattlich gewesen sein, aber seine genaue Körpergröße ist nicht überliefert. Doch es wäre ein Fehler, voreilige Schlüsse zu ziehen, denn eine Projektion kann ja jede beliebige Größe haben.

Durch unsere Beschäftigung mit dem Körperbau des Mannes auf dem Grabtuch waren uns weitere Widersprüche und Anomalien aufgefallen; einige stellten sich bei dem Versuch, Leonardos Technik aufzudecken, als sehr bedeutsam heraus; doch auch die übrigen sind wichtig genug, um hier kurz beschrieben zu werden.

Eine Besonderheit des Gekreuzigten, die von den Skeptikern immer wieder angeführt und von den Gläubigen meistens verschwiegen wird, war auch uns bereits recht früh aufgefallen: die vorteilhafte Anordnung der über den Genitalien gekreuzten Hände. Es ist ungewöhnlich, einen Leichnam so aufzubahren. Durfte er nicht entblößt sein, weil man das Tuch öffentlich auszustellen gedachte und die Gefühle der Gläubigen nicht verletzen wollte? Oder ging man auf diese Weise einem anderen Problem aus dem Weg? Da der Mann auf dem Grabtuch Jesus sein sollte, hätte er beschnitten sein müssen (wie die Christen des Mittelalters und der Renaissance sehr wohl wußten, denn mehrere heilige Vorhäute machten damals die Runde). Aber Peter de Rosa betont in der Einführung seines Buches *Gottes erste Diener* zu Recht, daß die Christen jener Tage keinen Wert darauf legten, an das Judentum Jesu erinnert zu werden. Deshalb war es zur Tradition geworden, den gekreuzigten Jesus mit einem Lendentuch abzubilden, was Peter de Rosa als »die größte Verschleierung der Geschichte« bezeichnet.[11] Wir finden es besonders amüsant, daß man auf vielen Grabtuch-Kopien ein Lendentuch hinzufügte.

Zudem können die Hände eines Leichnams in dieser Stellung nicht liegen bleiben, es sei denn, man habe sie zusammengebunden oder die Ellenbogen abgestützt. Wie nicht anders zu erwarten, argumentiert die Grabtuch-Lobby, daß man in der Tat Leinwandbündel unter die Ellenbogen geschoben habe.

Wenn das Bild jedoch eine Fälschung ist, wäre es ein Leichtes gewesen, die Hände unauffällig – etwa durch Zusammenbinden der Daumen – in der gewünschten Lage zu halten.[12]

Ein weiteres Problem ist das der Haare. Wenn der Mann, wie gemeinhin angenommen wird, auf dem Tuch lag, hätte das Haar sein Gesicht nicht einrahmen dürfen, sondern wäre nach hinten gefallen. Die Anordnung des Haares ist ganz unnatürlich, und zwischen den Seiten des Gesichts und den Haaren befindet sich ein merkwürdiger leerer Streifen. Seltsam ist auch, daß die Ohren fehlen und das Antlitz viel zu schmal ist: Die äußeren Augenwinkel sind praktisch am Rande des Gesichts. Dieser Mann hat nicht nur keine Ohren, sondern auch keine Schläfen.

Doch das bei weitem kurioseste Phänomen ist die Stirn. Jeder Künstler weiß, daß die Augen normalerweise den Mittelpunkt des Gesichts bilden, das heißt in der Mitte zwischen Scheitel und Kinn liegen. Auf dem Grabtuch sitzen sie jedoch viel zu hoch, weil die Stirn verkürzt zu sein scheint. Wir werden im nächsten Kapitel ausführen, was dies zu bedeuten hat.

Es gibt eine Besonderheit des Turiner Grabtuches, um die mehr Aufhebens gemacht wird als um alle anderen: die angeblich in ihm enthaltenen dreidimensionalen Informationen. Damit meint man eine genaue Beziehung zwischen der Intensität des Bildes (dunkel für das bloße Auge, hell auf dem Negativ) und der Entfernung des Körpers vom Tuch. Mit Hilfe dieser Relation kann ein 3-D-Bild rekonstruiert werden, indem man die helleren Bereiche – wie bei einer Reliefkarte – erhaben darstellt. Genau das wurde Mitte der siebziger Jahre äußerst plastisch mit Hilfe des Bildanalysators VP-8 demonstriert.

Die dreidimensionalen Informationen sollen eine seltsame und äußerst ungewöhnliche Eigenschaft des Grabtuches sein, weil sie weder bei Gemälden noch bei Fotografien auftreten, es sei denn, man macht die Aufnahmen unter ganz spezifischen Bedingungen. Keine Entstehungstheorie kann sie erklären, außer vielleicht die lächerliche Atomblitz-Theorie Jacksons, die man ohne weiteres aus Gründen des gesunden Menschenverstandes ignorieren darf.

Allerdings würden wir keinen 3-D-Effekt finden können, wenn das Grabtuch-Bild wirklich eine Fotografie war. Die Bildanalyse arbeitet mit Licht und Schatten, wobei eine direkte Beziehung zwischen der Intensität des Bildes und dem Abstand vom fotografierten Objekt besteht. Bei gewöhnlichen Fotos fällt das Licht unweigerlich stärker aus einer Richtung ein, so daß die beiden Hälften eines Gesichts bei gleichem Abstand von der Kamera unterschiedlich ausgeleuchtet sind. Nur wenn sich die Lichtquelle hinter der Kamera befindet, erhält man den dreidimensionalen Effekt. Ein über der Kamera angebrachter Scheinwerfer kann unter Umständen die gleiche Wirkung erzielen, doch der Helligkeitsunterschied wäre wahrscheinlich zu gering, als daß man die Entfernung zwischen Kamera und Objekt ermitteln könnte.

Als wir versuchten, das Bild auf dem Grabtuch zu duplizieren (siehe Kapitel 8), wurde uns klar, daß Leonardo die Sonne als Lichtquelle benutzt haben mußte. In diesem Fall war es unmöglich, den Helligkeitsunterschied in der Reflexion verschiedener Gesichtszüge sowie des Körpers zu messen.

Ursprünglich hatten wir vermutet, daß es eine Beleuchtungsart gab, die den 3-D-Effekt zufällig hervorrufen würde. Er hätte ein Nebenprodukt der Belichtungszeiten sein können. Der Sonnenstand mußte sich während einer Belichtungszeit von mehreren Stunden verändert haben, so daß beide Gesichtshälften zu verschiedenen Zeiten beleuchtet wurden, wohingegen die prominenten Stellen – Nase und Augenbrauen – ständig beleuchtet und deshalb stärker belichtet wurden.

Wir fragten Andy, ob er die VP-8-Bilder mit moderner Software reproduzieren könne. Er legte die Gesamt- und Detailaufnahmen des Gesichts auf den Scanner und konvertierte sie in Punkte, wobei jedem ein Helligkeitswert zugeordnet wurde. Andy: »Ich habe das Bild mit 300 dpi auf einem Flachbett-Farbscanner eingegeben und dann zu einem Grauskalabild konvertiert.« Die Daten wurden gespeichert, was die Anwendung verschiedener Programme ermöglichte, zum Beispiel die Umsetzung der einzelnen Helligkeitswerte in Farben oder in Höhen. Es war auch möglich, sie in Töne umzuwandeln (Andy fertigte einige sehr schöne abstrakte Bilder an, indem er Klänge als Formen und Farben wiedergab). Wir vergrößerten Bildteile, so daß winzigste Details erkennbar wurden, oder wir verschoben einen

Bildausschnitt, um ihn besser mit anderen vergleichen zu können. Andy legte beispielsweise die eine Hälfte der Vorderansicht neben die entsprechende Hälfte der Rückansicht, so daß die unterschiedlichen Längen sehr deutlich wurden.

Um die 3-D-Bilder von John Jackson und Eric Jumper zu reproduzieren, wandelte Andy die Daten in Höhen um. Mit seinen eigenen Worten:»Ich habe das Bild mit Hilfe eines 3-D-Graphikprogrammes als Relief dargestellt. Wegen der Fleckigkeit des Originals waren auf dem 3-D-Bild Zacken zu erwarten, die den Gesamteindruck beeinträchtigen würden; diese habe ich mit einem Gaußschen Filter entfernt.

Das neue Bild war aussagekräftiger, aber immer noch enttäuschend, was die ›Beweise‹ für die Dreidimensionalität anbelangt. Ich probierte verschiedene Blickwinkel aus und veränderte die Bildbeschaffenheit.«

Die »Kippung« des Bildes ermöglichte, jedes Verhältnis von Intensität und Entfernung als dreidimensionales Bild darzustellen. Das Ergebnis erwies sich, milde gesagt, als verblüffend. Andy war nicht in der Lage, die vom Bildanalysator VP-8 festgestellten 3-D-Informationen zu reproduzieren. Die vorhandene Dreidimensionalität war nicht ausgeprägter, als sie von einer gleichmäßig ausgeleuchteten Fotografie zu erwarten ist. Am auffälligsten war, daß es keinen meßbaren Unterschied zwischen der Helligkeit des Nasenrückens und der Augenbrauen gab, so daß der Computer keinen Höhenunterschied erfassen konnte. Obwohl wir mit verschiedenen Maßstäben arbeiteten, um auch den geringsten Unterschied in der Helligkeit sichtbar zu machen, erhielten wir immer das gleiche Resultat: ein flaches Gesicht mit Nase und Augenbrauen von identischer Höhe. Wir waren fassungslos und überprüften unsere Methode, konnten aber keinen Fehler entdecken. Allmählich begriffen wir: Konnte es wirklich sein, daß die vielgepriesenen dreidimensionalen Informationen, die angeblich einzigartige Eigenschaft des Grabtuch-Bildes, an der Gläubige und Skeptiker seit Jahren gleichermaßen herumrätselten, ganz einfach nicht existierten?

Wir fragten uns, ob Andys Geräte vielleicht dem Bildanalysator von Jackson und Jumper unterlegen seien, und dann befaßten wir uns erneut mit der Grabtuch-Literatur, weil wir nachvollziehen wollten, wie die 3-D-Informationen zu dem großen Werbeschlager für das Grabtuch geworden waren. Wir stellten fest, daß der Mythos einzig und allein auf den inzwischen zwanzig Jahre alten Experimenten von Jackson und Jumper beruhte. Außer uns hatte niemand versucht, ihre Versuche zu wiederholen, was angesichts der stürmischen Entwicklung der Computertechnologie äußerst überraschend ist.

Jackson und Jumper wurden durch ihre Gründung der STURP zu zwei Fixsternen am Grabtuch-Himmel. Trotz ihrer wissenschaftlichen Ausbildung hatten sie fest an die Authenzität des Tuches geglaubt, noch bevor sie sich näher damit beschäftigten. Die STURP versteht sich zwar als wissenschaftliche Einrichtung, doch die beiden gehören auch dem Vorstand der Holy Shroud Guild an, die für die Echtheit des Grabtuches eintritt, weil es der Menschheit eine besondere Botschaft zu verkünden habe.[13] In den von Jackson und Jumper 1977 bei der Konferenz in Albuquerque vorgelegten Arbeiten zum Grabtuch spiegelt sich ihre vorgefaßte Meinung insofern wieder, als sie ausschließlich von einem Bild des »Körpers Jesu« sprechen.[14] Laut Kersten und Gruber sagte Jackson auf dem internationalen Symposion 1989 in Paris, »er könne die Entstehung des Bildes nur durch ein Wunder erklären«[15].

Die beiden hatten bereits Jahre vor der Benutzung des Bildanalysators mit Hilfe von manuellen Verfahren versucht, die Dreidimensionalität des Bildes nachzuweisen. Sie griffen damit eine Idee auf, die Paul Vignon am Anfang des Jahrhunderts vorgebracht hatte. Wir wußten, daß ihre damaligen Experimente enorm fehleranfällig waren, aber die ein Jahr später vorgelegten Computerbilder hatten uns sowie alle anderen Skeptiker eines Besseren belehrt. Joe Nickell hatte in seinem Buch *Inquest on the Shroud of Turin* Jacksons und Jumpers ursprüngliche Experimente vor allem wegen der schlechten Protokollführung, Datensammlung und Datenanalyse heftig kritisiert und mit der Feststellung begonnen: »Die Methodik der 3-D-Rekonstruktion beruht auf einem Zirkelschluß und geht von der Prämisse aus, daß das Grabtuch einen menschlichen Körper umhüllte.«[16] Jackson und Jumper fanden jemanden, der ihrer Meinung nach in Körperbau und Größe mit dem Mann auf dem Grabtuch identisch war. Da dieser Mann jedoch schwerlich vorn 2,03 Meter und von hinten fünf Zentimeter größer gewesen sein kann, fragen wir uns natürlich, wie sie zu ihrem Schluß gelangten. Nun bedeckten sie ihn mit einem Tuch, auf das sie zuvor das Bildnis des Grabtuches skizziert

hatten. Dabei scheint sehr viel Wunschdenken im Spiel gewesen zu
sein: Erstens wählten sie jemanden, der auf ihre Skizze paßte, zweitens entschieden sie, wie der Körper in das Tuch gehüllt worden sei,
und legten ihn flach auf den Boden. Wir wissen inzwischen jedoch
von Isabel Piczek, daß die Beine angewinkelt gewesen sein müssen.
Jumper und Jackson machten viel Aufhebens von der »einzig korrek-
ten Art, den Körper zu umhüllen«. Doch wenn sie eine andere Position für die Beine und Füße und einen Freiwilligen von anderem Körperbau gewählt hätten, wären sie gewiß davon überzeugt gewesen,
daß es auch für ihn nur eine einzige Methode der Umhüllung gab.

Danach maßen sie die Abstände zwischen den verschiedenen
Körperteilen des Modells und dem Zentrum des Bildes; außerdem
stellten sie mit Hilfe eines Densitometers Messungen zum Schwär-
zungsgrad an. Sie erhielten zwei Kurven, die angeblich genau übereinstimmten. Diese Methode war äußerst anfechtbar. Ihre Schätzung,
was Größe und Körperbau des Modells anbelangte, und ihre Schlüsse
über die Drapierungsweise konnten durchaus falsch sein. Sie machten ihre Messungen an Fotografien, die man von der Seite aufgenommen hatte, wobei die Versuchsperson auf- und zugedeckt war.
Die Messungen des Densitometers bezogen sich nur auf den mitt-
leren Bereich des Bildes – wie konnten sie wissen, daß der übrige
Körper die entsprechenden Werte liefern würde?

Am bedenklichsten scheint uns ihre »Angleichung« der beiden
Datenreihen der Kurve zu sein. Es war zu großen Abweichungen gekommen, die vielleicht auf Meßfehler zurückzuführen waren, doch
Jackson und Jumper verbanden die Punkte durch eine Linie, die
einen Mittelwert ergab. Ian Wilson beschreibt die Ergebnisse folgendermaßen: »[Sie] fanden enge Korrelationen zwischen Densito-
meterkurven einerseits und den Abständen, die sie zwischen Tuch
und Körper gemessen hatten, andererseits: je geringer der Abstand,
desto kräftiger die Zeichnung im Bild.«[17] Joe Nickell berichtet jedoch, daß die Korrelation anfänglich nur »recht gut« gewesen und
daß die Kurve später nach dem Ermessen der Forscher fortgeführt
worden sei: »Man hätte jede Menge anderer Kurven wählen können,
um die Datenstreuung auszugleichen und eine glatte Funktion zu erzielen. Man habe noch weitere Anpassungen vorgenommen und
dann die Daten ›iterativ modifiziert‹, so daß eine menschlicher wirkende Gestalt zustande kam.« Mit anderen Worten, die Verläßlich-

keit der Ergebnisse von Jackson und Jumper dürfe angezweifelt werden. Letztendlich, schließt Nickell, laufe ihre Methode darauf hinaus, »daß einige Eigenschaften des Grabtuch-Bildes auf das Relief
des Modells übertragen wurden. Daher war das Resultat in Wirklichkeit eine Mischung aus dem Grabtuch-Bild und dem Modell«.

Nickell hatte sich jedoch nicht mit Jacksons und Jumpers Arbeit
am Bildanalysator befaßt; sie schien weniger anfechtbar zu sein, da
sie nicht vom Erstellen von Kurven abhing, sondern ein leicht ver-
ständliches Bild lieferte. Ian Wilson beschreibt die Ereignisse in seinem Buch *The Evidence of the Shroud* (1986): Eines Tages besuchte John
Jackson den Bildauswertungsspezialisten Bill Mottern in den Sandia
Scientific Laboratories in Albuquerque. Mottern experimentierte gerade mit dem Bildanalysator, der, ursprünglich von der NASA entwickelt, inzwischen auch industriell angewendet wurde. Um die
Arbeitsweise des Geräts zu demonstrieren, schlug er vor, eines der
Grabtuch-Dias, die Jackson bei sich hatte, einzulegen. Ganz spontan,
ohne daß irgendwelche Veränderungen am Bildauswerter nötig
waren, erschienen die 3-D-Bilder, die heute aus der Grabtuch-Literatur so bekannt sind, auf dem Bildschirm.[18] Dieser Augenblick hat in
der Grabtuch-Geschichte fast den gleichen emotionalen Stellenwert
wie jener Moment, als Secondo Pia zum erstenmal das Positiv des
Grabtuch-Bildes (auf dem fotografischen Negativ) erblickte.

Der gesunde Menschenverstand sagt jedoch, daß sich die Sache
nicht so abgespielt haben kann. Man erhält kein Bild ohne Kalibrie-
rung. Der Bildanalysator stellt nur die relative Intensität verschiedener Punkte eines Bildes fest. Damit er diese für uns sichtbar wiedergeben kann, muß er den Abstand kennen, den eine Veränderung in
der Intensität bewirkt, das heißt den Maßstab. Andy demonstrierte
den Sachverhalt, indem er uns verschiedene Ansichten des Gesichts
unter Verwendung unterschiedlicher Entfernungs/Intensitäts-Maß-
stäbe vorführte. Der Unterschied zwischen einem hellen und einem
dunklen Punkt kann zum Beispiel als fünfzehn, fünf oder ein Zentimeter dargestellt werden. Kein Gerät, wie modern es auch sein mag,
ist in der Lage, diesen Maßstab selbständig zu ermitteln; er muß unbedingt vorgegeben werden. Allerdings kann man ihn variieren, bis
er für die anstehende Aufgabe optimal ist.

Damit wird nicht automatisch nachgewiesen, daß das Bild auf
dem Grabtuch keine 3-D-Informationen enthält, doch es zeigt, daß

die Geschichte vom spontanen Erscheinen des Gesichts auf dem Bildschirm nicht stimmen kann. Dazu wäre wiederum ein Wunder erforderlich. Andys Computerbilder bestätigten jedoch ein Phänomen, das auch für das bloße Auge erkennbar ist – oder es wäre, wenn wir nicht der Technik des Bildanalysators VP-8 mehr Vertrauen schenken würden als unseren eigenen Augen. Der Bildanalysator arbeitet nach dem Prinzip: Je heller ein Bildbereich, desto erhabener erscheint er auf dem Computerbild. Welche Teile des Gesichts auf dem Grabtuch sind am hellsten? Der Schnurrbart und der Bart. Doch auf den Reliefbildern des Analysators VP-8 sind sie *tiefer* als die Nasenspitze, die nicht so hell ist! Wurden hier ebenfalls »iterative Modifikationen« vorgenommen?

Einige Mitglieder der STURP begegneten den Behauptungen von Jackson und Jumper von Anfang an mit Vorsicht. So spielte Lawrence Schwalbe in seinem Bericht über die Arbeit der STURP die Ergebnisse herunter und warf der Presse Sensationsmache vor. Er schloß mit der Bemerkung, daß Jacksons und Jumpers Bilder »bisher weder auf einen spezifischen Entstehungsmechanismus hinweisen noch die Folgerung zulassen, daß ein dreidimensionaler Gegenstand das Bild hervorgerufen hat … Deshalb können keine direkten Schlüsse über die Echtheit des Grabtuches aus ihnen abgeleitet werden«[19].

Solange uns keine weiteren Einzelheiten bekannt sind, können wir keine Aussagen darüber machen, weshalb Andy – dessen Geräte mindestens so gut wie die von Jackson und Jumper waren – nicht das gleiche sehen konnte wie jene beiden in den siebziger Jahren. Wir haben jedoch keine Veranlassung, Andys Resultate in Zweifel zu ziehen. Und angesichts der Kritik, die gegen Jacksons und Jumpers frühere Arbeiten mit dem Mikrodensitometer erhoben wurden, sind uns ihre Experimente mit dem Bildanalysator suspekt. Andys Schlußfolgerung war wie immer objektiv und behutsam: »Meine Ergebnisse erhärten nicht notwendigerweise eure Hypothese, sie bestätigen jedoch eure Annahme, daß der Kopf völlig abgetrennt ist und mit Hilfe einer fotografischen Technik gefälscht worden sein könnte.«

Es liegen auch dreidimensionale Modelle des Mannes auf dem Grabtuch vor, die nicht von einem Bildanalysator geschaffen wurden, sondern von Künstlern. Am bekanntesten ist die 1960 entstandene Skulptur des britischen Modefotografen Leo Vala, der ein Dia des Grabtuch-Gesichtes auf einen Tonklumpen projizierte und den Ton bearbeitete, wobei er die Vertiefungen mit Hilfe der Schatten schätzte. Diese Technik kann aber ebensogut für ein Gemälde verwendet werden – und tatsächlich stellte Vala auch einen Prototyp der Mona Lisa her.[20]

Zu Beginn unserer Arbeit mit Andy teilten wir die allgemeine Überzeugung, daß das Grabtuch erstaunliche, unerklärliche und einzigartige 3-D-Informationen enthalte. Wir glaubten zwar fest daran, daß Leonardo der Schöpfer des Bildnisses sei, konnten uns aber überhaupt nicht vorstellen, wie er jenen besonderen Effekt erzielt hatte. Deshalb fürchteten wir, daß es schwierig sein würde, ihn bei unseren Experimenten zu reproduzieren. Plötzlich hatte sich das Problem aufgelöst, denn die vielgepriesenen 3-D-Informationen existieren einfach nicht. Wie immer die genauen Umstände gewesen sein mögen, die Jackson und Jumper zu ihren Behauptungen veranlaßten, wir sind der Ansicht, daß sie durch ihre falsche Darstellung der Eigenschaften des Bildes eine ganze Forschergeneration und Millionen gewöhnlicher Menschen in die Irre geleitet haben.

Unsere Aufgabe war allerdings immer noch keineswegs einfach. Wir wollten Leonardos fotografische Pionierleistung reproduzieren und mußten dazu etwas erreichen, was bisher noch niemandem gelungen war – die Neuerschaffung der Technik, mit der das Turiner Grabtuch hergestellt worden war.

Wir holten tief Luft und machten uns an die Arbeit.

8 POSITIVE ENTWICKLUNGEN

»Jeder Körper füllt die umgebende Luft mit seinem Ebenbild, welches das Ebenbild im Ganzen und in allen Teilen ist. Die Luft ist voll unendlich vieler gerader und strahlenförmiger Linien, die einander überschneiden und miteinander verwoben sind [und die] jedwedem Ding die wahre Form ihres Ausgangspunkts darstellen.«[1]

Leonardo da Vinci

Viele der rätselhaften Eigenschaften des Grabtuch-Bildes schienen erklärbar zu sein, wenn wir davon ausgingen, daß es sich um eine Art Fotografie handelte, aber wir waren noch immer skeptisch. Konnte Leonardo der Wissenschaft rund 350 Jahre vorausgeeilt sein? Und selbst wenn er über das Know-how verfügte, waren die in der Renaissance bekannten Materialien der Aufgabe überhaupt angemessen? Und weshalb hielt er seine Erfindung geheim?

Die letzte Frage ist am leichtesten zu beantworten. Seine »verbotenen« Beschäftigungen mit der Magie und Hermetik zwangen ihn ohnehin zur Heimlichtuerei, aber auch in anderen Bereichen war Leonardo von einer zwanghaften Geheimhaltungsmanie besessen. Natürlich mußte er als Erfinder vorsichtig sein, denn es gab noch keinen Patentschutz, aber manchmal spielten auch sehr viel kompliz[i]ertere Gründe eine Rolle. Zum Beispiel weigerte er sich, Einzelheiten über sein Unterseeboot aufzuzeichnen, weil er wußte, daß eine solche Erfindung den Tod von Hunderten unschuldigen Menschen zur Folge haben konnte, wenn sie in die falschen Hände geriet.[2] Und was das Fotografieren betraf, so gehörte es für ihn wahrscheinlich in den Bereich der Magie.

Für uns moderne Menschen ist die Fotografie etwas so Alltägliches, daß wir uns nur mit größter Mühe in die Lage derjenigen versetzen können, die zum erstenmal mit ihr konfrontiert werden. Für den Durchschnittsitaliener der Renaissance wäre sie reiner Zauberei gleichgekommen. Wie hätte man die allen Neuerungen gegenüber außerordentlich mißtrauische Kirche davon überzeugen können, daß es sich dabei um einen völlig natürlichen Prozeß handelte? Wie hätte man den fotografierten Menschen erklären können, daß man ihnen nicht etwas Lebenswichtiges gestohlen hatte, vielleicht sogar die Seele? Selbst gebildete Menschen hätten solche Empfindungen gehabt, und auch für Leonardo scheint das Fotografieren eine Art magischer Vorgang gewesen zu sein. Das ist keine Spekulation, denn wir wissen, daß während des Mittelalters und der Renaissance alle Versuche mit optischen Geräten und Licht streng geheimgehalten wurden, weil sie fest in den Bereich der Magie, der Alchimie und des Okkulten gehörten.

Leonardo war vom Licht und der Optik fasziniert und forschte auf diesem Gebiet vermutlich mehr als auf allen anderen. Seine Vorstellungen über die Natur des Lichtes und des Sehens waren erstaunlich fortschrittlich.[3] Im fünfzehnten Jahrhundert glaubte man, das Auge könne sehen, weil es eine Art Strahl aussende. Leonardo wußte jedoch, daß das Auge nichts weiter als ein Empfangsapparat für die Lichtstrahlen ist, die von den Gegenständen reflektiert werden. Er verglich die Strahlen mit den Wellen, die entstehen, wenn man einen Stein ins Wasser wirft. Er wußte um die wellenförmige Fortbewegung des Lichtes und darum, daß es eine Geschwindigkeit haben mußte – er machte sogar Berechnungsversuche. (Bemerkenswert ist, daß auch Roger Bacon, das hochangesehene englische Universalgenie des dreizehnten Jahrhunderts, ähnliche Versuche anstellte.) Leonardo sezierte Augen, entdeckte die Linse und erkannte, daß das Auge nach dem Prinzip arbeitet, das wir von der Kamera her kennen. Auch entwarf er Geräte zur künstlichen Nachahmung der Augenfunktion.

Leonardo experimentierte ausführlich mit Linsen, besonders um das Problem der chromatischen Aberration zu lösen – das Verschwimmen der Bildränder, das bei den ersten Linsen ein großes Problem darstellte. Spiegel waren eine nie versiegende Quelle der Faszination für ihn. Auch widmete er sich Experimenten zur Erforschung des Verhaltens von Licht. Zum Beispiel entdeckte er das Entfernungsgesetz, nämlich daß die Beleuchtungsstärke einer Fläche dem Quadrat ihres Abstandes von der Lichtquelle umgekehrt proportional ist. Außerdem erfand er das Fotometer zur Messung von Lichtstärken – erst der Fotopionier Graf Rumford entdeckte es im späten achtzehnten Jahrhundert erneut.[4]

Hinter Leonardos Beschäftigung mit Linsen, Spiegeln, der Funktionsweise des Auges, selbst hinter seinen neuen Maltechniken stand seine Leidenschaft für das Licht. Seinen Arbeitsheften kann man entnehmen, wie er das Licht und den Übertragungsmechanismus der Bilder zu verstehen suchte; darin geht er auch auf die zahlreichen Methoden ein, wie reflektierte Bilder eingefangen werden können. Deshalb besteht für uns kein Zweifel daran, daß er über die Möglichkeit des Fotografierens nachdachte.

Auch der große Historiker der Fotografie, Dr. Josef Maria Eder, ist der Ansicht, daß Leonardo von der Fixierung lebensechter Bilder besessen war. In seinem in den dreißiger Jahren entstandenen Standardwerk *Geschichte der Photographie* stellt er die Verfahren dar, mit denen man wirklichkeitsgetreue – jedoch nicht gemalte oder gezeichnete – Bilder anfertigte. Eine einfache Technik, der »Naturdruck«, bestand darin, in Farbe getauchte Gegenstände, zum Beispiel ein Blatt, auf entsprechend präpariertes Papier zu drücken. Leonardo hatte diese Methode entwickelt; sie findet sich in seinen Schriften aus den Jahren um 1490 (*Codex Atlanticus*).[5] Er empfahl Papier mit einer Schicht Lampenruß und »süßem Öl«, worauf ein mit Bleiweiß eingefärbtes Blatt gepreßt wurde. Auf diese Weise erhielt man ein Negativ des Blattes.

Nicht nur Leonardo träumte davon, Bilder für immer festzuhalten. Bereits im ersten Jahrhundert nach Christus erwähnt der römische Dichter Statius, daß man die Bilder von Menschen auf versilberten oder vergoldeten Spiegeln einzufangen versuchte. Solche Ideen geisterten jahrhundertelang durch die Köpfe; sie könnten durchaus auch Leonardos Phantasie beflügelt haben und der Auslöser für seine fortschrittlichen Erfindungen gewesen sein.

Giovannis Behauptung, daß sich Leonardo der Fotografie bedient habe, erschien uns anfangs gänzlich abwegig, doch je mehr wir uns mit dem Thema befaßten, desto plausibler wurde der Gedanke. Ein großer Verehrer Leonardos aus unserem Bekanntenkreis meinte einmal, daß der Meister heutzutage bestimmt Fotograf wäre. Wenn zu seinen Lebzeiten auch nur elementare technische Voraussetzungen für die Fotografie gegeben waren, dann dürfte Leonardo die ersten Aufnahmen gemacht haben. Doch sofort befielen uns wieder Zweifel: Benötigte man für die Fotografie nicht Chemikalien, die erst nach der Industriellen Revolution herstellbar waren, sowie hochwertige Linsen? Selbst ein Genie ist auf die verfügbaren Materialien angewiesen. Schließlich sagte Leonardo auch das Telefon voraus, war aber zu seinen Lebzeiten natürlich nicht in der Lage, einen funktionierenden Apparat anzufertigen![6]

Wir mußten also ausprobieren, ob es möglich war, eine »Fotografie« im Stil Leonardos zu machen, indem wir nur Materialien und
Geräte verwendeten, die er zur Verfügung hatte oder die zumindest
im Rahmen der damaligen technischen Möglichkeiten lagen. Ein Erfolg würde unsere Theorie nachhaltig untermauern, denn die Grabtuch-Lobby macht viel Aufhebens davon, daß es nicht einmal mit Hilfe der modernen Technik möglich sei, das Bild auf dem Grabtuch zu
reproduzieren. Selbst der Leitartikler von *The Times* schrieb einen
Tag nach der Radiokarbondatierung: »Die moderne Wissenschaft
kann es [das Grabtuch] zwar diskreditieren, doch sie ist nicht in der
Lage, ein Duplikat herzustellen.«[7]

Sogar Künstler, die nur optisch befriedigende Duplikate anfertigen wollen, ohne eine von Leonardos möglichen Techniken zu verwenden, stoßen auf Schwierigkeiten. Der Designer John Weston
sollte zum Beispiel zwei Kopien für den Film *The Silent Witness*
liefern; er experimentierte mehrere Wochen, bevor er ein auf Farbe
beruhendes Verfahren fand. Er brauchte fünf Wochen für jede Kopie.[8]

Als wir uns vor rund fünf Jahren an die Arbeit machten, war es ein
großes Hindernis, daß keiner von uns auch nur eine vage Vorstellung
von der Technik der Fotografie, geschweige denn von Optik und
Chemie hatte. Glücklicherweise half uns Keith Prince weiter, der
nicht nur ein begabter Künstler ist, sondern auch hervorragende
Kenntnisse der Fotografie, Physik und Chemie besitzt. Wir stehen tief
in seiner Schuld; er verfügt über ein ausgezeichnetes Gedächtnis,
viel Phantasie und die einzigartige Gabe, aus allem möglichen
Kleinkram in Windeseile die kompliziertesten Apparaturen zu fabrizieren.

Wenn wir Leonardos mutmaßliches Verfahren reproduzieren
wollten, mußten wir uns erst einmal von dem ganzen Drumherum
der modernen Fotografie freimachen. Heutzutage sind wir an komplizierte Linsen, Filme, die auf Hundertstelsekunden Belichtung
reagieren, und Aufnahmen gewöhnt, die mehreren chemischen Pro-
zessen – entwickeln, fixieren, abziehen – unterzogen werden müssen, bevor das Bild fertig ist. Wir suchten nach einer viel einfacheren
Methode. Deshalb erschien uns eine Beschäftigung mit den Anfängen der Fotografie sinnvoll; indem wir die Techniken der bekannten
Pioniere kennenlernten, hofften wir, Leonardos Verfahren auf die
Spur zu kommen.

Die Fotografie war das Ergebnis des Zusammentreffens zweier Erfindungen: der Kamera, die das Bild einfängt, und des Filmes, der es aufzeichnet. Kameras gibt es seit Hunderten von Jahren in Form der Camera obscura – wörtlich »dunkle Kammer« – oder der Lochkamera. Ursprünglich handelte es sich tatsächlich um einen verdunkelten Raum, in dessen einer Wand sich ein Loch befand; später benutzte man transportable Geräte, die mit einer Linse ausgestattet waren, um die Schärfe des Bildes zu erhöhen. Viele Landschaftsmaler des siebzehnten Jahrhunderts bedienten sich dieser Apparate. Mit Hilfe einer tragbaren Camera obscura projizierten sie das Bild ihres Sujets auf Leinwand oder Papier und malten es dann nach – fast wie beim »Malen nach Zahlen«! Im Laufe der Zeit wurde die Camera obscura vervollkommnet, indem man bessere Linsen verwandte und den Kasten verkleinerte. Die Camera obscura beflügelte die Phantasie derjenigen, die auf der Suche nach einem Verfahren waren, das den Bildern Dauer verlieh.

Das Prinzip der Camera obscura ist seit Jahrhunderten bekannt, doch sie galt in erster Linie als ein Kuriosum. Wenn Licht durch eine kleine Öffnung in einen dunklen Raum dringt, werden die Bilder der sich draußen befindenden Dinge auf die gegenüberliegende Wand des Raumes projiziert, und zwar auf dem Kopf stehend und seitenverkehrt. Aristoteles erwähnte das Phänomen bereits im vierten Jahrhundert v. Chr. ebenso wie der arabische Philosoph Ibn al-Haitham im elften Jahrhundert und der englische Alchimist John Peckham, von dem eine Beschreibung aus dem Jahre 1279 überliefert ist.[9] Die Ehre, die Camera obscura als erster wissenschaftlich genau geschildert zu haben, wurde dem Neapolitaner Giovanni Battista della Porta zuteil, der im Jahre 1552 ein Traktat über das Thema veröffentlichte.[10] Sogar in einigen modernen Lehrbüchern gilt er immer noch als der Wegbereiter der Fotografie. Erst als gegen Ende des neunzehnten Jahrhunderts die bis dahin nicht beachteten Arbeitshefte Leonardos entschlüsselt und übersetzt wurden, zeigte sich zweifelsfrei, daß er della Porta um fünfzig Jahre zuvorgekommen war. Der *Codex Atlanticus* enthält ein Diagramm, welches das Prinzip der Camera obscura erläutert (die Leonardo als *oculus artificialis* [künstliches Auge] bezeichnete). Daneben steht die Erklärung: »Wenn die Fassade eines Gebäudes, ein Platz oder eine Landschaft von der Sonne beleuchtet werden und man in ein gegenüberliegendes Gebäude ein kleines Loch bohrt, das nicht direkt von der Sonne angestrahlt wird, dann schicken alle von der Sonne beleuchteten Gegenstände ihre Bilder durch die Öffnung und erscheinen umgekehrt auf der gegenüberliegenden Wand.«[11]

In einem anderen Notizbuch finden wir die Eintragung: »Man kann diese Bilder auf einem Blatt weißem Papier einfangen, das senkrecht im Zimmer, nicht weit von dem Lichtloch plaziert sein muß... Das Papier sollte sehr dünn sein, und man muß es von der Rückseite betrachten.«[12] An anderer Stelle schreibt er, daß dünnes Tuch sich ebenfalls eigne. (Bei della Portas Kamera bestand eine Seite aus Leinwand.)

Im Zusammenhang mit der Geheimniskrämerei, die diese Experimente umgab, lohnt es sich, einen Blick auf das Schicksal der Fotografie-Pioniere zu werfen. Della Porta zum Beispiel war Hermetiker und Alchimist – er gründete einen Geheimbund, die Akademie der Geheimnisse, die später vom Papst aufgelöst wurde. Die Beschreibung seiner Arbeit mit projizierten Bildern findet sich in dem Traktat *Natürliche Magie*. Della Porta ist sich dessen bewußt, daß er ein Geheimnis enthüllt, denn in der Einleitung schreibt er: »Nun will ich etwas verkünden, worüber ich bisher Stillschweigen wahrte, weil ich glaubte, daß es geheim bleiben müßte.« Er beansprucht die Entdeckung nicht für sich, und wir können nicht wissen, wie alt sie ist oder auf wen er sich beruft. Seine Zurückhaltung erwies sich als völlig berechtigt. Als er die Camera obscura öffentlich vorstellte, indem er eine Gruppe Schauspieler auf die Wand eines Hauses projizierte, wurde er prompt verhaftet und der Hexerei angeklagt. Er konnte seine Unschuld nur unter größten Schwierigkeiten beweisen.[13]

Offenbar hatte er jedoch keine Lehre daraus gezogen, denn später zeigte er bewegliche Bilder und hielt somit die erste Kinovorführung ab.

In den 1640ern erfand der Jesuit Athanasius Kircher eine magische Laterne (eine Art Vorläufer des Diaprojektors), mit deren Hilfe er auf Glas gemalte Bilder projizierte. Die Vorführungen lösten ebenfalls den Verdacht aus, er sei ein Zauberer und Geisterbeschwörer. (Kircher war trotz seines geistlichen Standes Alchimist, Hermetiker und Kabbalist.)[14]

Auch Leonardos Versuche mit der Camera obscura hatten zur Folge, daß man ihn der Geisterbeschwörung anklagte. Seine ersten Experimente auf diesem Gebiet fanden in den späten 1480ern in Pavia statt. Für Maurice Rowden begründen sie Leonardos Ruf als Zauberer:»In Pavia beschäftigte er sich mit der Camera obscura, um seine Theorie zu untermauern, daß der Winkel, in dem das Licht auf das Auge trifft, entscheidend für das Sehen ist. Das mit Hilfe einer Camera obscura projizierte umgekehrte Bild auf einer Wand war ein plastischeres Argument als Worte, und es ist nicht weiter erstaunlich, daß er in den Ruf geriet, Zauberer und Alchimist zu sein.«[15] Es gibt also genug Hinweise darauf, daß optische Forschungen einen wesentlichen Teil des Okkultismus der Renaissance ausmachten und daß nur ein Narr damit an die Öffentlichkeit trat.

Das Prinzip der Kamera (Johannes Kepler [1571–1630], der einen tragbaren Apparat erfand, benutzte als erster die Kurzform) war folglich bereits bekannt, und Leonardo leistete einen entscheidenden Beitrag zu ihrer Entwicklung. Die Fotografie als solche entstand, sobald man die Bilder auf chemischem Weg fixieren konnte.

Die Menschen zu Lebzeiten Leonardos wußten bereits seit langem, daß es theoretisch möglich war, das Bild eines Gegenstandes festzuhalten, denn sie waren von vielen lichtempfindlichen Materialien umgeben. So vergilbten zum Beispiel Papier und Tuch. Man suchte nach Mitteln, diesen Prozeß zu beschleunigen und das Bild zu fixieren. Viele Erfinder des siebzehnten und achtzehnten Jahrhunderts widmeten sich dieser Aufgabe.[16]

Im achtzehnten Jahrhundert entdeckte man die schnellreagierenden Substanzen; vor allem die Silbersalze wurden zur Bildherstellung verwendet. 1802 stellte Thomas Wedgwood, Sohn des berühmten Töpfers Josiah, in Zusammenarbeit mit Sir Humphrey Davy (1778–1851) zum erstenmal Bilder auf Papier her, das mit Silbernitrat behandelt worden war. Dabei handelte es sich um mit Hilfe einer Camera obscura verfertigte Silhouetten. Sobald das Papier allerdings aus der Kamera entfernt wurde, reagierte das Licht mit dem Bildbereich, und die Silhouette verschwand. Als nächstes galt es, das Bild»festzuhalten«.

Eine Aufnahme des Franzosen Nicéphore Niepce (1765–1833), die dieser 1826 in der Provence machte und bei der er eine Asphaltschicht als lichtempfindliche Substanz verwendete, gilt als das erste permanente Foto. Die Methode war jedoch nicht sehr praktisch. Louis Jacques Daguerre (1787–1851) fixierte 1839 als erster ein Silber-

jodidbild mit gewöhnlichem Salz. Er entdeckte auch das latente
Bild – einige Chemikalien reagieren zwar sehr schnell auf Licht,
zeigen aber kein sichtbares Bild, bis sie mit Hilfe einer weiteren
chemischen Behandlung »entwickelt« werden. Um 1841 hatte
Daguerre seine Methode verfeinert, hauptsächlich indem er bessere
Linsen verwendete, so daß er seine Belichtungszeiten von ursprünglich zehn bis fünfzehn Minuten auf fünfzehn Sekunden reduzieren
konnte. Fox Talbot (1800–1877) hatte ebenfalls 1841 als erster Erfolg
mit fotografischen Abbildungen auf Chlorsilberpapier. Seitdem haben
viele Menschen an der Weiterentwicklung der Fotografie mitgewirkt.

Doch uns interessierten die Vorgeschichte der Fotografie, die
Entdeckungen, die zu ihren Anfängen führten, und vor allem die
lichtempfindlichen Chemikalien, die es vielleicht schon vor der Industriellen Revolution gab. Wir sollten herausfinden, daß auch die
Pioniere der Fotografie auf der Arbeit der Alchimisten aufgebaut
hatten.

Bei einem ersten Versuch, unsere Theorie zu entkräften, hatte
der Vorsitzende der BSTS, Rodney Hoare – ein ehemaliger Fotogra-
fielehrer –, eingewandt, daß das Bild auf dem Grabtuch deshalb unmöglich eine Fotografie sein könne, weil es »unvorstellbar sei, daß
[Leonardo] die Wirkung des Lichts auf Silbersalze entdeckt hat«[17].
Unserer Ansicht nach ist dieses Argument aus zwei Gründen nicht
stichhaltig. Erstens: Silbersalze sind nicht die einzigen lichtempfindlichen Substanzen. Und zweitens: Ihre Funktionsweise war unzweifelhaft bereits vor Leonardo bekannt. Plinius d. Ä. macht in seiner
Naturgeschichte aus dem ersten Jahrhundert nach Christus eine
Andeutung, die man so interpretiert, daß er mit der lichtbedingten
Schwärzung von Silberchlorid vertraut war (Leonardo kannte dieses
Werk sehr genau).[18] Doch auf jeden Fall wußten die Alchimisten des
zwölften Jahrhunderts um die Lichtsensibilität der Silbersalze; sie
erzeugten und untersuchten viele der Halogenide, die später für die
Fotografie bedeutsam wurden.[19]

Dschabir ibn Haijan, der große Alchimist des achten Jahrhunderts, der auch unter dem Namen Geber bekannt ist, soll bereits Silbernitrat verwendet haben; die früheste Ausgabe der *De inventiones
veritatis*, eines ihm zugeschriebenen Werkes, in dem diese Tatsache
erwähnt wird, stammt allerdings erst aus der Mitte des sechzehnten
Jahrhunderts. Albertus Magnus (um 1200–1280) wußte, daß Silber-

nitrat schwarz wird, wenn man es dem Licht aussetzt. Angelo Sala und Johann Glauber sollen um 1600 mit Silbernitraten gearbeitet haben. Robert Boyle (angeblicher Großmeister der Prieuré) experimentierte mit der Wirkung des Lichtes auf Silberchlorid. Auch die Reaktion der Eisensalze auf Licht war bereits untersucht worden.

Ein weiterer sehr wichtiger Prozeß für die Fotografen des neunzehnten Jahrhunderts, die Erzeugung von Silberchlorid aus einer Silbernitratlösung unter Verwendung von Natriumchlorid, war den Alchimisten spätestens seit dem frühen fünfzehnten Jahrhundert bekannt. Josef Maria Eder widmete den Alchimisten ein ganzes Kapitel seines Buches *Geschichte der Photographie* (1932) – wobei man sich darüber im klaren sein muß, daß ihre Forschungen nur die Spitze des Eisbergs darstellten – und zog das Fazit: »Daraus entwickelte sich die Wissenschaft der Photochemie.«[20]

Am wesentlichsten war jedoch jene Entdeckung, die als »der Anfang der Fotografie« in die Geschichte einging: die erste wissenschaftliche Beschreibung der Lichtempfindlichkeit der Silbersalze durch Johann Heinrich Schulze im Jahre 1727.[21] Es wird niemanden erstaunen, daß ihm der große Durchbruch gelang, als er versuchte, ein alchimistisches Experiment zu wiederholen, das ursprünglich im siebzehnten Jahrhundert von Balduin durchgeführt worden war. Laut *The Focal Encyclopaedia of Photography* (1993) »entwickelte sich die Fotografie aus Schulzes Entdeckungen«[22]. Eder sagt es noch nachdrücklicher: »Die Verwendung der Silbersalze in der Photographie geht ohne Zweifel auf Schulze zurück.«[23]

In unseren Augen war es sehr bedeutsam, daß die beiden Bestandteile, die später für die Fotografie wichtig wurden – die Projektion eines Bildes und die Lichtempfindlichkeit bestimmter Chemikalien –, von den Alchimisten seit Jahrhunderten erforscht worden waren.

Im Rahmen einer ganz anderen Untersuchung stießen wir im Sommer 1993 noch auf ein weiteres Indiz. Der im fünfzehnten Jahrhundert erbaute, geheimnisumwitterte Landsitz Rushton Hall in Northamptonshire – wie auch seine ehemaligen Besitzer, die Familie Tresham – steht seit jüngstem im Mittelpunkt regen Interesses. Heute dient das Anwesen als Kinderheim des Royal National Institute for the Blind, für das Clive damals arbeitete.

Thomas Tresham (1545–1605), einer der letzten Besitzer des Hauses (es wurde konfisziert, als sich sein Enkel 1605 an der Pulververschwörung der Katholiken beteiligte), war Architekt und hinterließ der Nachwelt einige rätselhafte, symbolträchtige Bauten. Das verblüffendste ist die Triangular Lodge, die inzwischen nicht mehr zum Gelände des Landsitzes gehört, sondern unter der Verwaltung von English Heritage steht. Das Gebäude hat die Form eines spitzwinkligen Dreiecks, ragt drei Stockwerke in die Höhe und ist völlig mit in Stein gehauenen Symbolen und Inschriften bedeckt. Man erklärt sie gewöhnlich damit, daß Thomas katholisch war. Es ist jedoch viel wahrscheinlicher, daß wir es mit alchimistischen Symbolen zu tun haben.

Wir hatten gehört, daß eine der Absonderlichkeiten des Gebäudes mit seinen kleinen dreieckigen Fenstern zusammenhängt, die im Souterrain eingelassen sind. An sonnigen Tagen werden die Schatten der Menschen im Freien umgekehrt auf eine gegenüberliegende kahle Wand geworfen. Wir statteten dem Haus mit unserem Freund und Kollegen Craig Oakley bei gutem Wetter einen Besuch ab und schauten uns das Phänomen an. Dabei stellten wir fest, daß nicht der Schatten, sondern ein schwaches Bild der Person im Freien umgekehrt auf der Wand erscheint. Das gesamte Kellergeschoß der Triangular Lodge ist eine Camera obscura. Die Fenster sind zugegebenermaßen so groß, daß die Bilder verschwommen und schemenhaft wirken, aber vielleicht hatten Thomas und seine alchimistischen Kollegen eine Methode, das Bild schärfer zu machen. Ob die Fotografie früher eines der großen Geheimnisse der Alchimie war?

Zu jenem Zeitpunkt konnten wir oft nur Mutmaßungen anstellen, denn unsere Alchimiekenntnisse waren sehr lückenhaft. Wir wußten allerdings, daß man in der Antike neben den Silbersalzen auch andere lichtempfindliche Substanzen kannte. Der große römische Architekt Vitruv (erstes Jahrhundert v. Chr. bis frühes erstes Jahrhundert n. Chr.) warnt in seiner Schrift *De architectura* davor, Zinnober (Quecksilbersulfid) für Außendekorationen zu verwenden, weil es auf Licht reagiere. Seine Werke wurden in der Renaissance sehr geschätzt, und auch Leonardo gehörte zu seinen Bewunderern.

Noch älter ist das Wissen um den Farbstoff der Purpurschnecke, mit dem die römischen Kaisergewänder gefärbt wurden. Auch er wird nur rot, wenn man ihn dem Licht aussetzt. Doch erst im siebzehnten Jahrhundert bediente man sich seiner für fotografische Experimente.

Leonardo war also ganz gewiß mit mehreren chemischen Substanzen vertraut, die auf Licht reagieren. Doch wir hielten es für unwahrscheinlich, daß er Silbersalze für das Grabtuch verwandt hatte, denn dann müßte das Bild grau oder schwarz sein, nicht sepiafarben. Eisensalze waren eine weitere Möglichkeit, aber das Problem der Fixierung war damit noch immer nicht geklärt.

Wir mußten eine Methode finden, die auch er hätte anwenden können. Das beste war, es selbst auszuprobieren, denn nur so würden wir erfahren, welche Schwierigkeiten er überwinden mußte. Von nun ab widmete ich (Clive) mich zusammen mit meinem Bruder Keith in jeder freien Minute dieser Aufgabe.

Wir begannen damit, uns eine Camera obscura zu bauen. Das war einfach. Wir nahmen einen Holzkasten von etwa fünfzig Zentimetern im Quadrat und bohrten ein kleines Loch in den Boden. Dann entfernten wir die Decke und ersetzten sie mal durch Papier, mal durch Stoff – wie Leonardo empfahl –, und nachdem wir ein dunkles Blatt darüber gelegt hatten, konnten wir uns abwechselnd betrachten, während wir von einem Scheinwerfer angestrahlt wurden. Obwohl wir mit Fernsehen und Kino aufgewachsen sind, kam uns das Phänomen doch sehr geheimnisvoll vor.

Wenn die Lampe voll auf unser Gesicht schien, tauchte ein blasses Bild auf dem Schirm auf. Es erinnerte außerordentlich an das ätherische, geisterhafte Grabtuch-Bild. Mit einem transparenten Blatt Papier erreichten wir eine fast holographische Wirkung: Ein blasser und scheinbar körperloser lebendiger Kopf schien im Kasten zu schweben. Es war nur ein einfaches Experiment, das uns helfen sollte, uns mit der Camera obscura vertraut zu machen, doch es war wirklich eindrucksvoll, wie leicht ein solches Bild zu erzeugen ist.

Wir konnten uns einfach nicht denken, daß Leonardo nichts Ähnliches versucht haben sollte, und da er von einer solchen Leidenschaft für das Licht und die Darstellung des Lebens erfüllt war, muß er wie vom Donnerschlag gerührt gewesen sein, als er die ersten Ergebnisse erzielt hatte. Doch bisher war alles sehr einfach gewesen. Schwieriger würde es sein, das Bild auf ein Stück Baumwolle zu bannen.

Wir kannten die wichtigsten Eigenschaften des Bildes, das wir herstellen wollten: Es mußte ein sepiafarbenes Negativ sein und wie versengt wirken; es mußte sehr blaß und für das bloße Auge unscheinbar sein – mit anderen Worten, es durfte bei weitem nicht so beeindruckend ausfallen wie die ersten fotografischen Experimente im neunzehnten Jahrhundert.

Es galt, mehrere Teilprobleme zu lösen. Erstens brauchten wir eine Lichtquelle, um den Gegenstand zu beleuchten, zweitens eine Vorrichtung, mit deren Hilfe wir das Bild auf das Tuch ausrichten konnten. Und dann mußten wir eine Methode finden, das Bild zu fixieren.

Die Beleuchtung war für Leonardo keine Schwierigkeit gewesen. Er kannte mehrere Methoden, helles Licht zu erzeugen; mit einer konnte er sogar »einen Raum erleuchten, als stünde er in Flammen«[24], doch wahrscheinlich benutzte er die stärkste und verläßlichste aller Lichtquellen, die Sonne. Ganz bestimmt ergänzte er das Sonnenlicht mit Spiegeln, die noch mehr Licht auf das Objekt lenken sollten. Für uns war ausreichende Helligkeit ein viel größeres Problem als für ihn. Er verfügte über das goldene Licht und die langen Sommertage Italiens, wohingegen wir uns mit dem launischen englischen Sommer begnügen mußten. (Selbst das beste Licht Readings verblaßt zur Bedeutungslosigkeit im Vergleich mit einem typischen Mailänder Sonnentag.) Fest stand auch, daß Leonardos Belichtungszeit ziemlich lang gewesen sein mußte, unabhängig davon, wie er im einzelnen vorgegangen war. Niepces erste Fotografie des Hofes seines provenzalischen Bauernhauses dauerte acht Stunden, und ein interessanter Nebeneffekt der langen Belichtung war die scheinbar gleichzeitige Ausleuchtung beider Hofseiten. Obwohl wir in jenem Stadium noch nicht wußten, welche Chemikalien wir benutzen würden, war mit Sicherheit anzunehmen, daß die Belichtungszeit mehrere Stunden überschreiten würde, und da wir unsere Versuche ohne vorherige Berechnungen machten, brauchten wir soviel Licht wie möglich.

Leider war der Sommer 1993 nicht gerade der beste. Hinzu kam, daß wir sehr von unseren historischen Grabtuch-Forschungen beansprucht waren (zudem mußten wir uns auch noch unseren Lebensunterhalt verdienen). Für Experimente blieb also nicht viel Zeit. Schließlich näherte sich der Herbst, und die Tage wurden immer kürzer. Nach einigem Zögern entschlossen wir uns, auf künstliche Beleuchtung zurückzugreifen, und kauften Lampen, die sonnenähnliches Licht mit hohem UV-Anteil abgaben (Osram Ultra-Vitalux, die in der Industrie dazu eingesetzt werden, Materialien unter Tropenbedingungen zu testen). Die Substanzen, die wir verwenden wollten, reagierten hauptsächlich mit dem UV-Anteil des Spektrums.

Als die Versuche anliefen, verbannte ich das Auto aus der Garage meines Hauses in Reading – das zufällig nicht weit von dem Ort entfernt steht, wo Fox Talbot seine Entdeckungen zur Fotografie machte – und verwandelte sie in ein provisorisches Studio.

Wir mußten uns gleich zu Beginn für ein Modell entscheiden und festlegen, wie genau wir Leonardo imitieren wollten. Da wir nicht genau wußten, wie wir vorgehen mußten, war es wenig sinnvoll, ein Ganzkörperbild anzustreben. Außerdem fehlte es uns dafür einfach an Platz. Wenn man ein lebensgroßes Bild mit einer Camera obscura projizieren will, muß man eine einfache Regel beachten: Der genaue Abstand zwischen dem Objekt und dem Träger der lichtempfindlichen Substanz hängt von der Größe der Öffnung ab, doch muß sich diese immer genau in der Mitte zwischen Objekt und Bildträger befinden. Wenn man einmal davon absieht, daß es schwierig gewesen wäre, ein lebensgroßes Modell zu finden, hätten wir einen freien Raum von fast sieben Metern benötigt, um ein vollständiges Bild im richtigen Maßstab zu erhalten. Da wir weder ein geräumiges Studio noch eine ausreichend große Werkstatt zur dauernden Verfügung hatten, war es uns unmöglich, ein solches Foto zu machen. Wieder einmal hatte Leonardo uns geschlagen.

Also beschlossen wir, unsere Kräfte auf die Herstellung eines Kopfbildes zu konzentrieren. Da wir wußten, daß Leonardo es separat angefertigt hatte, hielten wir es für durchaus legitim, in der gleichen Weise vorzugehen. Für einen lebensgroßen Kopf würden wir sehr viel weniger Platz benötigen. Und wenn wir schließlich das richtige Verfahren entdeckt hatten, würde der Körper an die Reihe kommen.

Die Collage des Bildes war kein Problem für Leonardo. Er mußte nur die entsprechenden Teile des Grabtuches während der Belichtung abdecken, oder noch einfacher, die lichtempfindliche Emulsion im Kopfbereich erst auftragen, nachdem das Körperbild fertig war. (Wir werden wahrscheinlich nie erfahren, wessen Körper Leonardo

fotografierte und unter welchen Umständen die Kreuzigung stattfand.)

Für die meisten unserer Experimente griffen wir auf einen frat-
zenhaften Gipskopf zurück, den wir »Bok« tauften, nach einer ähnlichen Gestalt in einer Geschichte aus der Fernsehserie *Dr. Who*. Er
war vom Kinn bis zu den Hörnern etwa zwanzig Zentimeter hoch.
Der Kopf sollte uns die Arbeit erleichtern, weil wir noch nicht wußten, von welcher Belichtungszeit wir auszugehen hatten, und keiner
von uns hatte Lust, viele Stunden lang stillzusitzen. Damit erhob sich
natürlich die Frage, was genau Leonardo verwendet hatte. Auch
wenn sein eigener Kopf als Modell gedient hatte, war es sehr
unwahrscheinlich, daß er Stunden, wenn nicht vielleicht sogar Tage,
ruhig vor der Kamera gesessen hatte. Zwar hätte er die genaue Position einhalten, vielleicht seinen Kopf auf einen Rahmen stützen und
so mehrere Sitzungen durchführen können, doch bei einer Belichtungszeit von mehr als vier oder fünf Stunden wäre es praktischer
gewesen, eine Plastik oder einen Gipsabdruck zu benutzen. (Leonardo besaß viel Erfahrung im Abnehmen von Totenmasken und hätte mühelos seinen eigenen Gesichtsabdruck herstellen können.) Es
mag eine aufregende Vorstellung sein, daß das Bild auf dem Grabtuch ein direktes Foto von ihm ist, doch wahrscheinlich handelt es
sich um die Fotografie einer Skulptur oder einer Maske seines Gesichtes.

Was den Körper betrifft, so dürfte das Stillhalten kein Problem
gewesen sein, da der Mann vermutlich tot war, doch das muß zu
anderen Schwierigkeiten geführt haben. Ohne eine sehr sorgfältige
Einbalsamierung hätte sich der Körper in der prallen Sonne zersetzt,
was auf dem Foto erkennbar gewesen wäre. Andererseits war die
Belichtungszeit vielleicht gerade kurz genug, um diesen Fall nicht
eintreten zu lassen. Doch selbst dann spricht einiges dafür, daß
Leonardo auch für den Körper eine Skulptur oder ein Gipsmodell
benutzt hat – das Abnehmen von Körperformen war eine Fertigkeit,
die er bereits als Lehrling bei Verrocchio gelernt hatte. Wir glauben
allerdings, daß seine Chemikalien in einem oder höchstens zwei
Tagen reagierten.

Das Modell mußte unabhängig davon, ob es ein lebendiger
Mensch oder eine Skulptur war, das Licht so gut wie möglich reflektieren. Diesen Effekt erzielten wir, indem wir Bok mit weißer Lack-

farbe anmalten, und Leonardo dürfte ähnlich vorgegangen sein. Er wird sein Gesicht und den fremden Körper weiß geschminkt haben; mit Make-up-Techniken kannte er sich gut aus, da er etliche Aufführungen am Hof des mailändischen Herzogs Ludovico Sforza organisierte, der von 1482 bis 1499 sein Gönner war.

Wir mußten eine Methode finden, die Kamera richtig einzustellen. Die ersten Lochkameras hatten nur eine Öffnung. Das Problem dabei war, daß die Helligkeit und die Bildschärfe voneinander abhingen. Je größer die Öffnung, desto mehr Licht konnte eindringen und um so heller wurde das Bild – dafür war es aber weniger scharf. Die erste Verwendung einer Linse in einer Camera obscura wird zwar erst 1568 erwähnt, aber warum sollte Leonardo dem nicht zuvorgekommen sein – wenn man bedenkt, wie fasziniert er von Linsen war, hätte er durchaus darauf zurückgreifen können. Die 1568 verwendete Linse war einer normalen Brille entnommen, dennoch bleibt natürlich die Frage nach ihrer Qualität. Darüber konnten wir in diesem Stadium noch nicht viel sagen. Die Schwäche der ersten Linsen war ihre chromatische Aberration – die Brechung des Lichtes an den Rändern. Die Tiefenschärfe war ebenfalls problematisch. Diese Schwierigkeit entfällt bei der Lochkamera, da alles im Blickfeld unabhängig von der Entfernung gleichmäßig scharf ist. Leonardo schliff seine Linsen selbst, und er mag hochwertige Exemplare besessen haben. Dessen konnten wir uns zu diesem Zeitpunkt aber noch nicht sicher sein.

Eine weitere Möglichkeit war die Verwendung eines Parabolspiegels oder vielleicht einer Reihe von Spiegeln. Als man noch keine ausreichend guten Linsen schleifen konnte, wurde die richtige Schärfe oft mit Hilfe solcher Spiegel erzielt. Giovanni Battista della Porta benutzte einen konkaven Spiegel, den er gegenüber der Öffnung seiner Camera obscura plazierte, um das Bild auf einen Bogen Papier über dem Loch zu projizieren. Dadurch konnte er das Loch vergrößern und erhielt ein helleres Bild, ohne daß es an Schärfe ein büßte. Man weiß, daß Leonardo Anfang des fünfzehnten Jahrhunderts in Rom eine große Anzahl Parabolspiegel bei einer geheimnisvollen Versuchsreihe verwendete, über die noch heute lebhaft spekuliert wird.[25] Wir fanden nur mit Mühe einen Parabolspiegel, denn sie werden kaum noch benutzt, da heutzutage die Herstellung hochwertiger Linsen sehr einfach ist.

Die Beleuchtung und die Einstellung der richtigen Schärfe waren ein Kinderspiel im Vergleich zu unserer Suche nach der lichtempfindlichen Substanz, die Leonardo eingesetzt haben könnte. Die Pioniere arbeiteten mit zahlreichen Chemikalien; diese sind heutzutage jedoch allenfalls von historischem Interesse, und deshalb war es schwierig, Informationen über sie zu finden. Wir durchkämmten alte Lehrbücher und Werke über die Anfänge der Fotografie nach Anhaltspunkten über jene ersten Stoffe, denen später kompliziertere und schneller reagierende Emulsionen folgten.

Bei den frühen Experimenten hatte man entweder natürliche Substanzen oder Chemikalien gewählt, die im Rahmen der technischen Möglichkeiten der Alchimisten lagen. Und diese waren recht umfassend; wenn man die Elektrizität ausklammert, entsprachen sie durchaus denen des Chemiesaals einer modernen Schule. Man konnte destillieren, Verbindungen herstellen, Erz schmelzen und so weiter.

Niepce hatte seine erste Fotografie mit Hilfe einer einfachen Asphaltschicht, und zwar mit Bitumen aus Palästina, gemacht. Alle Bitumenarten sind bis zu einem gewissen Grad lichtempfindlich, ihre chemische Zusammensetzung ist aber je nach Herkunft unterschiedlich – das Bitumen vom Toten Meer weist eine besonders hohe Lichtempfindlichkeit auf. Niepce beschichtete eine Metallplatte und belichtete sie in der Kamera. Die belichteten Stellen wurden hart; die nicht erhärteten Teile – das heißt diejenigen, die nicht dem Licht ausgesetzt waren – wurden mit Lavendelöl oder Alkohol abgewaschen. Von dem verbleibenden Negativ konnten Positive auf Papier gemacht werden.

Asphalt war eine natürliche Substanz, die Leonardo ohne weiteres benutzt haben könnte. Das Grabtuch-Bild kann jedoch nicht damit hergestellt worden sein, weil sich das Bitumen im Laufe der Jahre durch das Falten und Rollen abgelöst hätte.

Uns hatte immer schon eine Möglichkeit interessiert, die von den Grabtuch-Forschern übergangen worden war und die das versengte Aussehen des Bildes erklären würde: die Verwendung unsichtbarer Tinte. Das klassische Beispiel ist Zitronensaft oder jene leicht verfügbare Substanz, die von den Spionen der Weltkriege benutzt wurde: Urin. Unsichtbar, wenn aufgetragen, erscheinen die Botschaften, sobald das Papier erhitzt wird. Die »Tinte« verbrennt bei einer gerin-

geren Temperatur als das Papier, und während des Verbrennungs-
prozesses kommt es zu einer Reduktion des Kohlenstoffes im Papier
unter der Schrift. Wie beim Grabtuch erkennen wir ein Bild, nicht
weil etwas auf das Tuch aufgetragen wurde, sondern weil das Leinen
oxidiert und dehydriert wurde – abgebaut in einer Weise, die nach
einem beschleunigten Alterungsprozeß aussieht. (Hitze, Alterung
und Säure bewirken die gleichen Veränderungen des Gewebes.)
Schon zu Anfang machten wir aus schierer Neugierde ein paar Versuche mit Zitronensaft und konnten einige der rätselhaften Eigenschaften des Grabtuches mühelos reproduzieren – vorausgesetzt,
wir überhitzten das Leinen nicht.

Natürlich war das Grabtuch viel zu groß und detailliert, um mit
unsichtbarer Tinte gemalt worden zu sein. Man hätte es zwar mit
einem Druckstock herstellen können, doch auch dann wäre wohl
kaum diese fotografische Genauigkeit entstanden. Laut Keith tat sich
durch Niepces Methode eine weitere fesselnde Möglichkeit auf: Das
Bild war auf ein anderes, mit Asphalt beschichtetes Tuch projiziert
worden. Die unbelichteten Teile – die Schatten – wurden dann ausgewaschen, wobei sie ein gehärtetes, leicht erhabenes Bild hinter-
ließen, das danach als Druckstock verwendet wurde.

So genial einfach die Methode auch war, wir konnten sie nicht
testen, da man in Großbritannien kein Bitumen vom Toten Meer
bekommt. Wir versuchten es mit modernen Chemikalien, wie sie
für die Seidenmalerei verwendet werden, und erhielten gute Bilder.
Das Grundprinzip funktionierte: Nun mußten wir herausfinden, wie
lange die Reaktion in unserer Versuchsanordnung dauerte. Niepce
hatte bei einer achtstündigen Belichtungszeit erstens Linsen verwandt und zweitens nur ein kleines Bild hergestellt, wohingegen wir
ein lebensgroßes Bild anstrebten und zwar möglichst ohne Linse.

In diesem Stadium suchten wir eher nach praktikablen Verfahren
als nach spezifischen Chemikalien, da Leonardo offenbar keine einfache Momentaufnahme auf ein mit lichtempfindlicher Emulsion be-
strichenes Tuch gemacht hatte. Denn wenn er Chemikalien auf die
Leinwand aufgetragen hätte, wären sie schon längst entdeckt worden. Immer wieder kamen wir auf die Silbersalze zurück, denn sie
waren zu Leonardos Lebzeiten bekannt, aber auch sie wären sehr
leicht nachzuweisen gewesen. Außerdem wäre das Bild – wie das
von Wedgwood – schon längst wieder verschwunden.

Da stießen wir eines Tages bei der Durchsicht eines Fotografie-lexikons vom Anfang des Jahrhunderts auf ein Verfahren aus den ersten Tagen der Fotografie, das aber längst von praktischeren Methoden abgelöst worden war. Es beruht nicht darauf, daß der Film seine Farbe verändert, sondern es macht sich die Eigenschaften von lichtempfindlichen Chemikalien zunutze, die, wenn man sie mit einer organischen Substanz zusammenbringt, den organischen Anteil der Mischung wasserunlöslich machen.[26] Am häufigsten nahm man dazu Chromsalze, hauptsächlich Kaliumdichromat oder Ammo-niumdichromat. Als organische Komponente kamen zahlreiche gewöhnliche Substanzen in Frage: Gelatine (die man durch das Kochen von tierischer Haut und Knochen erhält), Gummi arabicum (Pflanzenschleim der afrikanischen Akazie[27]) und Albumen (Eiklar).

Als erstes fiel uns auf, daß jeder dieser organischen Stoffe seit dem Mittelalter von Künstlern für die Herstellung von Farben be-nutzt wurde.[28] Also versuchten wir herauszufinden, wie die frühen Fotografen sie einsetzten.

Der größte Nachteil dieser Substanzen war, daß sie zwar wie ge-wünscht reagierten, gleichzeitig aber nur ein sehr schwaches Bild er-gaben. Das ließ sich leicht durch die Hinzufügung eines Pigments in Pulverform korrigieren; die Wasserunlöslichkeit der Mischung unter Lichteinfluß wurde dadurch nicht beeinträchtigt. Ähnlich wie bei Niepces Asphaltverfahren wusch man die unbelichteten Teile später aus; allerdings benötigte man dazu kein Öl, sondern konnte Wasser nehmen. Der Fotograf erhielt ein Bild, dessen belichtete Stellen in-folge des Pigments deutlich sichtbar waren. Eine zweite Möglichkeit bestand darin, nach dem Waschen eine Tinte zu verwenden, die an den belichteten Bereichen haftete. Diese Methode wurde eine Zeit-lang sehr geschätzt, weil damit äußerst detaillierte, farblich fein ab-gestufte Bilder hergestellt werden konnten. Sie eignete sich jedoch nur für Negative, da allein die hellen Bereiche von den Pigmenten eingefärbt wurden.

Das Verfahren war außerordentlich einfach. Wenn wir die richtige lichtempfindliche Substanz fanden, lag es durchaus im Rahmen der Möglichkeiten Leonardos. Doch die Methode konnte nicht die rich-tige sein: Das Bild wurde nur aufgrund der Pigmente sichtbar, und wir waren überzeugt, daß das Grabtuch pigmentfrei war. Oder sollte Walter McCrone doch recht gehabt haben? Eines der Pigmente, die für dieses Verfahren im neunzehnten Jahrhundert benutzt wurden, war Venezianischrot – das McCrone auf dem Tuch entdeckt haben wollte. Aber die vielen Argumente, die gegen Pigmente sprachen, waren immer noch gültig. Hinzu kam, daß die auf diese Weise hergestellten Bilder zwar nicht wie andere Fotografien fixiert werden müssen, daß sich aber dennoch bei Lichteinwirkung eine unerwünschte chemische Reaktion einstellt. Deshalb müssen sie letztlich doch behandelt werden, damit sich das Bild nicht weiter verändert. Das Grabtuch hätte einen deutlichen »Glanz« gehabt, und das Bild wäre im Laufe der Zeit rissig geworden.

Ich mußte wieder an die »unsichtbare Tinte« denken, und dann kam mir die Erleuchtung: Die beiden Verfahren ließen sich ohne weiteres miteinander verbinden, denn die organischen Teile der Kolloidmischung würden sich wie unsichtbare Tinte verhalten, wenn man sie erhitzte. Man benötigte gar kein Pigment. Die Erhitzung des Tuches, die zu seiner Versengung durch die Kolloidmischung führen würde, war eine einfache, aber wirksame Methode, das Bild zu »fixieren«. Danach konnte man die Mischung mit Hilfe eines Reinigungsmittels auswaschen, so daß nur die versengten Stellen übrigblieben. Die Grundreaktion zwischen den lichtempfindlichen Substanzen und dem organischen Stoff würde sich auch mit der Zellulose des Leinens vollziehen.

Keith und ich machten uns daran, unsere Idee in die Tat umzusetzen. Bei aller theoretischen Plausibilität konnte dennoch ein Bild dabei herauskommen, das ganz anders aussah als das Grabtuch. Wir besorgten uns etwas Ammoniumdichromatlösung – ein in ungelöstem Zustand orangerotes Kristall –, um die Mischung lichtempfindlich zu machen. Eiklar war die einfachste Quelle für den organischen Teil der Mixtur (Gummi arabicum führte jedoch zu ähnlichen Ergebnissen). Es war etwas ärgerlich, daß wir soviel herumexperimentieren mußten, weil wir das Verfahren auf völlig neue Weise anwenden wollten. Zum Beispiel mußten wir das richtige Mischungsverhältnis herausfinden, feststellen, wie lange die Mixtur brauchte, um in der Kamera zu reagieren (mit und ohne Linse), und so weiter.

Wie wir betonen müssen, gibt es weder einen Beweis dafür, daß unsere spezielle Mischung zu Leonardos Lebzeiten bekannt war, noch dafür, daß Leonardo selbst sie verwandte. Es ist jedoch nicht auszuschließen. Unser wichtigstes Ziel war, ein praktikables Verfahren zu finden, denn wir hatten nicht die Zeit, alle geeigneten Substanzen zu testen.

Die Standardstudie über lichtempfindliche Stoffe wurde von Jean Senebier erstellt, der eine große Zahl katalogisierte: verschiedene Holzextrakte, viele Harze, alkoholische Tinkturen, die aus Blütenblättern gewonnen wurden, Lösungen von Koschenille, Hennawurzel, Saft der Aloeblätter und viele andere. Zu den anorganischen lichtempfindlichen Stoffen werden die Eisensalze, Kupfersalze und Quecksilbersalze gezählt – und alle waren den Alchimisten bekannt. Man kann auch Pflanzenchlorophyll und Senföl als lichtempfindliche Substanz verwenden, desgleichen verschiedene Säuren und einige Farben, die Derivate von Natriumsalzen sind.

Bei den Verfahren, die uns am meisten interessierten, wurden einige Chromsalze, aber hauptsächlich Ammonium- und Kaliumdichromat verwandt, und sie eigneten sich gleichzeitig am besten für die Methode, die wir ausprobieren wollten. Man kennt sie offiziell erst seit dem Ende des achtzehnten Jahrhunderts, es spricht aber nichts dagegen, daß Leonardo in der Lage war, sie herzustellen.

Wir arbeiteten mit Derivaten von Chromeisenerzen, in denen das Chrom (das in der Natur nicht in reiner Form vorkommt) mit Eisen und anderen Verunreinigungen gemischt ist. Der französische Chemiker Nicolas Louis Vauquelin entdeckte es 1798 in sibirischem Rotbleierz. Kommerziell genutzt wurde es erst, als man die riesigen Erzvorkommen in Sibirien und Südafrika fand. Doch auch in Europa ist es keineswegs selten; es kommt in Skandinavien, auf dem Balkan, in Frankreich und auch in Italien vor.

Die Gewinnung des Chroms aus dem Roherz ist sehr einfach, man benötigt dazu nur einen Ofen. Natriumdichromat entsteht, wenn man das Erz mit Soda und Kalk glüht, und Kaliumsalz, wenn man statt Soda Pottasche verwendet. Einfache chemische Reaktionen des Rückstandes mit gewöhnlichen Säuren ergeben Ammoniumdichromat – jene Chemikalie, die wir benutzten.[29] Mit Ausnahme des Erzes wurden alle anderen Materialien und die dazu erforderlichen Apparaturen zu Leonardos Lebzeiten täglich verwendet (wenn sie auch nicht sehr entwickelt waren). Es ist nicht auszuschließen, daß die Alchimisten bereits mit den Chromverbindungen experimentierten, obwohl ihnen davon keine großen Mengen zur Verfügung gestanden haben können. Zwar erfolgte die offizielle Entdeckung erst 1798, doch auch die Entdeckung der Lichtempfindlichkeit der Silbersalze wird mit 1727 angegeben. Dabei kannten die Alchimisten sie schon mindestens dreihundert Jahre früher, wie wir gezeigt haben.

Wir dürfen Leonardos chemisches Wissen nicht unterschätzen. Nicht nur die Alchimie, sondern auch seine tägliche Arbeit brachten ihn mit der Chemie in Berührung. Ein Renaissance-Künstler konnte nicht umhin, sich auf diesem Gebiet auszukennen, denn er mußte in der Lage sein, Farben, Lasuren und Ähnliches selbst herzustellen; und alle Künstler waren stets auf der Suche nach neuen Substanzen zur Herstellung besserer Werkstoffe. Leonardo tat sich hierin besonders hervor. Er erfand sogar eine Art Plastikmaterial (von ihm »vetre parrichulato« – plastisches Glas genannt), ein synthetisches Harz, das er für die Produktion von Schachfiguren und Ziergegenständen vertreiben wollte. Das Rezept hielt er geheim, es steht auch nicht in seinen Arbeitsheften. (Es könnte durchaus mit seinen fotografischen Experimenten zusammenhängen. Auch unsere Mixturen wurden zu einem plastikartigen Klumpen, wenn sie einige Tage lang in einer Schale in der Sonne standen, und man hätte sie leicht formen können.)[30]

Nachdem wir uns alle erforderlichen Apparaturen und Chemikalien besorgt hatten, stellten wir eine Mischung aus Eiweiß und Dichromat her. Aus irgendeinem Grund ist frisches Eiklar am besten geeignet; außerdem beschleunigt sich die Reaktion, wenn es geschlagen wird, bevor man das Dichromat in die Mischung gibt. Wir probierten verschiedene Mischungsverhältnisse aus und erzielten die besten Ergebnisse mit etwa zehn Milliliter Lösung pro Eiklar. (Wenn man zuviel Dichromat hinzufügt, wird die Reaktion verhindert.) Anschließend ließen wir die Mischung zwei Stunden im Warmen stehen, damit sich das Dichromat und das Eiweiß gut verbinden konnten. (Einige Versuche scheiterten, weil wir die Mischung zu kalt lagerten.) Nun konnte man die leuchtendgelbe Masse auf das Tuch streichen und trocknen lassen. Wir nahmen Baumwolle statt Leinen, weil es billiger ist, aber die Reaktion war identisch. Sobald die Baumwolle trocken war, spannten wir sie über einen Holzrahmen, den wir in die Camera obscura schoben.

Als Kamera verwendeten wir unseren Holzkasten und legten ein lichtundurchlässiges Tuch über den Emulsionsträger. Unsere einzige

Konzession an moderne Methoden war die Verwendung einer Blen-
de, die wir einer antiken Kamera entnommen hatten und mit deren
Hilfe wir mühelos die Größe der Öffnung verstellen konnten. Sowohl
draußen in der Sonne als auch im Haus, wo wir mit den UV-Lampen
arbeiteten, leuchteten wir das Objekt so gut wie möglich durch zusätzliche Spiegel aus.

Unsere ersten Experimente machten wir ohne Linse und im Frei-
en. Wir legten ein beschichtetes Tuch in die Sonne, und es reagierte
sofort; doch in der Kamera war keine Reaktion zu erkennen, obwohl
wir einen Tag warteten und Bok durch zusätzliche Spiegel noch besser ausleuchteten. Der Helligkeitsverlust durch die Kamera war zu
stark. Wir variierten unseren Versuch, aber die Tage vergingen, und
wir kamen nicht weiter.

Um sicherzugehen, daß wir auf dem richtigen Weg waren, probierten wir eine andere Technik aus. Wir wollten kontrollieren, ob es
mit Hilfe dieser Mischung tatsächlich möglich war, durch Lichteinwirkung ein Bild zu erzielen. Deshalb malte Keith mit schwarzer Farbe das Grabtuch-Gesicht auf eine Glasscheibe. Wie bei einem Diaprojektor leiteten wir die Sonnenstrahlen durch das Glas auf ein Stück
Tuch und erhielten prompt ein zufriedenstellendes Bild. Als wir die
noch weichen Bereiche – das heißt jene Stellen, an denen die
schwarze Farbe die Mixtur vor den Sonnenstrahlen schützte – in kaltem Wasser ausgewaschen hatten und das Tuch erhitzten, wurde das
Eiweiß wie erwartet braun und versengte das Tuch (wobei das Haus
von Schwefelgeruch erfüllt wurde!). Mit heißem Wasser und etwas
Waschmittel entfernten wir den Rest der Mischung und erhielten ein
negatives, versengtes Abbild des ursprünglichen Bildes, ganz wie auf
dem Grabtuch.

Obwohl wir mit diesem Experiment nicht unsere ganze Theorie
beweisen konnten, waren wir doch von einem Gefühl des Triumphes
erfüllt, denn zumindest hatten wir eine schnelle Methode zur
Reproduktion des Grabtuches gefunden. Wenn zum Beispiel John
Weston die Kopien für den Film *The Silent Witness* mit dieser Technik
angefertigt hätte – hätte er also eine schwarze Version des Grabtuch-
Bildes auf eine große Glasscheibe gemalt oder sogar ein Transparent
in Lebensgröße verwendet und es über ein beschichtetes Tuch
gelegt –, wäre nur ein Bruchteil der Zeit nötig gewesen, um ein Grabtuch herzustellen.

Einmal, nach einem ganzen Tag Belichtung, konnten wir Spuren
eines Bildes erkennen, aber die Mischung hatte nicht ausreichend
reagiert, um die Wäsche zu überstehen. Wir hatten einen Punkt erreicht, an dem wir die Hilfe eines erfahrenen Fotografen benötigten.
Lynn setzte sich mit Amanda Nevill von der Royal Photographic
Society in Bath in Verbindung, und am 13. Oktober 1993 – dem Templ-
lertag und fünften Jahrestag der Bekanntgabe der Radiokarbonda-
tierungsergebnisse – fuhren wir nach Bath, um uns mit Amanda und
Michael Austin, einem Professor für Holographie und einstigem Prä-
sidenten der RPS, zu treffen. Wir kehrten sozusagen zum Ausgangs-
punkt unserer Geschichte zurück.

Nun legten wir die Grundzüge unserer Methode dar und waren
sehr erleichtert darüber, daß sich Michael weniger skeptisch zeigte,
als wir befürchtet hatten. Überraschenderweise brachte er keinerlei
Einwände gegen die chemische Seite unseres Verfahrens vor – er
akzeptierte, daß es zu Lebzeiten Leonardos lichtempfindliche Substanzen dieser Art gegeben haben könnte. Die von uns eingesetzten
Chromsalze ließen ihn sogar vermuten, daß sich die Methode aus
der Gerberei entwickelt hat, da beide Komponenten der Mischung –
der die Lichtempfindlichkeit auslösende Stoff und die organische
Substanz – beim Gerbprozeß verwendet werden. Michaels Bedenken galten den optischen Voraussetzungen. Seiner Ansicht nach ist
das Licht, das bei einer linsenlosen Camera obscura auf das Tuch
trifft, so reduziert, daß man wochenlange Belichtungszeiten
braucht; besonders bei einem Ganzkörperbild ginge ein großer Teil
des vom Körper reflektierten Lichtes zwischen dem Körper und der
Kamera verloren. Er wollte jedoch nicht kategorisch behaupten, daß
unser Versuch undurchführbar sei – vor allem, weil bisher niemand
ein so großes Bild hergestellt hat. (Von Anfang an haben die Fotografen mit Verkleinerungen gearbeitet, da lebensgroße Fotografien
hoffnungslos unpraktisch waren.)

Michael machte auch ein paar interessante Bemerkungen zum
Grabtuch-Bild. Er war vor allem erstaunt darüber, daß Haar und Bart
mehr oder weniger denselben Farbton wie das restliche Gesicht und
der Körper hatten, was dem Negativcharakter widerspreche. Auch
Grabtuch-Forscher hatten das zur Kenntnis genommen, hatten sich
aber nicht weiter darum gekümmert. Wenn der Mann auf dem Grabtuch nicht weißhaarig war, hätte das Haar auf den negativen Foto-

grafien dunkler sein müssen. Besonders der Schnurrbart und der Bart sind jedoch eher heller. Aber das Haar des Modells für die Rückansicht kann durchaus weiß gewesen sein, und was die Vorderansicht betrifft, so ist bekannt, daß Leonardo recht früh plötzlich ergraute; allerdings ist nicht überliefert, ob das um sein vierzigstes Lebensjahr herum der Fall war, denn in diesem Alter fälschte er das Grabtuch. Leonardo wußte ohnehin mit Sicherheit, daß dunkles Haar das Licht weniger reflektieren und vielleicht gar nicht auf dem Bild erkennbar sein würde, weshalb er das Haar gepudert haben könnte. Andererseits wäre dieses Problem bei der Verwendung einer Plastik oder eines Abdrucks nicht aufgetaucht.

Michael wies auch darauf hin, daß das Gesicht selbst zwar realistisch aussehe, die Haare der Vorderansicht jedoch wie gemalt wirkten. Er hatte recht. Wir haben bereits die bizarre Verkürzung der Stirn und den unnatürlichen Fall der Haare erwähnt: Das Haar scheint nach unten zu hängen, was sich nicht mit einem liegenden Körper verträgt.

Als wir von Bath nach Hause fuhren, ging uns sehr vieles durch den Kopf. Wie konnten wir mit Linsen arbeiten, und was hatte es mit den rätselhaften Haaren auf sich? Offenbar waren sie nicht auf dem Foto erschienen. (Die Ursache wurde uns erst später klar.) Zuerst dachten wir, daß das Haar unsichtbar geblieben sein könnte, weil es nicht hell genug war. Wenn man eine dunkelhaarige Person vor einem schwarzen Hintergrund aufnimmt, wie im Falle des Grabtuches, kann man das Haar nur schwer erkennen. Auf dem blassen Grabtuch-Foto wäre es völlig unsichtbar gewesen, und das gleiche traf auf Schnurrbart und Bart zu. Sie mußten später hinzugefügt worden sein.

Die chemische Mixtur hätte nicht nur als Beschichtung, sondern auch mit dem Pinsel auf das Leinen aufgetragen worden sein können, um bestimmte Stellen zu retuschieren. Danach konnte man das Bild der Sonne aussetzen, es erhitzen und schließlich auswaschen. Das würde das unnatürliche Aussehen des Haares erklären sowie die Tatsache, daß der Bart auf den Negativen viel heller ist, als er sein dürfte: Die gemalten Stellen wären der Sonne direkt ausgesetzt gewesen und nicht in der Kamera belichtet worden; die Gefahr einer Überbelichtung wäre sehr groß gewesen. Doch dann mußten wir feststellen, daß unsere Überlegungen nur zum Teil zutrafen.

Für unsere nächsten Experimente benutzten wir Linsen. Wir entnahmen sie einem alten Diaprojektor sowie alten Kameras und versuchten unser Glück. Moderne Kameras haben ein kompliziertes Lin-
sensystem, mit dem man das Bild verkleinert oder vergrößert und
die chromatische Abweichung ausgleichen kann, aber wir wollten
das Ganze so einfach wie möglich halten.

All das kostete viel Zeit, denn wir mußten sehr lange herumpro-
bieren, um die passende Linse zu finden. Allerdings befreite sie uns
von den Beschränkungen, die uns die linsenlose Kamera auferlegt
hatte. Nun brauchte sich die Öffnung nicht mehr genau in der Mitte
zwischen Bok und dem Emulsionsträger zu befinden. Wir versuchten es mit allen möglichen Kombinationen, wobei unser größtes Problem die Tiefenschärfe war. Manchmal war Boks Nasenspitze scharf
und genau zu erkennen, doch sein Gesicht blieb verwischt, und
wenn wir ein scharfes Gesicht erhielten, war die Nasenspitze verschwommen. Wieder wirkte es sich nachteilig aus, daß wir mit so be-
grenzten Mitteln arbeiten mußten.

Schließlich fanden wir eine Linse, die ein gutes, lebensgroßes
Bild von Bok auf unseren Baumwollemulsionsträger warf. Es war
sehr viel heller als das ohne Linse gemachte Bild, wenn auch nicht
hundertprozentig scharf – aber auch das Grabtuch-Bild ist nicht ganz
scharf. Außerdem mußte Bok weniger als dreißig Zentimeter von der
Linse entfernt sein, damit er die richtige Größe hatte, wodurch eine
Verzerrung entstand, über die wir alles andere als glücklich waren.

Mit dieser neuen Apparatur versuchten wir erneut, eine Aufnahme zu machen. Dieses Mal begann sich nach acht Stunden Belichtungszeit ein Bild abzuzeichnen. Es war etwas verzerrt, aber endlich,
endlich war es relativ scharf!

Wir wuschen die unbelichteten Stellen aus und hielten eine Aufnahme von Bok in der Hand. Nun mußten wir herausfinden, wie sie
wirken würde, nachdem sie versengt war. Wir hielten das Tuch vor
ein Feuer und achteten darauf, daß es gleichmäßig erhitzt wurde.
Die Chemikalien verkohlten, bevor das Tuch irgendwelche Spuren
von Überhitzung zeigte. Wir hielten es so lange wie möglich ans Feuer, dann wuschen wir es in kochendem Wasser aus. Alle Spuren der
Eiweiß/Dichromat-Mischung verschwanden. Übrig blieb eine lebensgroße Aufnahme von Bok (das heißt, sie war etwas verkleinert, weil
wir uns beim ersten Versuch verrechnet hatten) – als Negativ und nur

in die Oberfläche der Fasern eingebrannt! Wir machten ein Foto davon und stellten fest, daß das Positiv nicht nur kontrastreicher war (wie es auch beim Grabtuch der Fall ist), sondern daß das Negativ auch ein viel schärferes Bild der Teufelsfratze zeigte. In den folgenden Wochen machten wir noch einige Aufnahmen, wobei wir verschiedene Fehler behoben; es war allerdings nicht möglich, die Verzerrung völlig zu eliminieren.

Auch das Versengen des Tuches war etwas unbefriedigend. Wenn wir nur Eiweiß oder Gummi arabicum für die Mischung verwendeten, brauchten wir soviel Hitze, daß die unbehandelten Flächen manchmal Schaden nahmen. Dann fiel uns eine unkomplizierte Verbesserungsmethode ein – in Anlehnung an die frühen Fotografen, die Pigment in ihre Mixtur gestreut hatten: Wir mußten eine weitere, leichter verbrennbare Substanz hinzumischen. Die besten Resultate erbrachte – auch wenn das nicht besonders fein ist – Urin. (Auch dieser, ob tierischer oder menschlicher Herkunft, war ein alltäglicher Bestandteil der Farben vieler Maler der Renaissance, einschließlich Leonardos.)

Aber das alles war erst der Anfang. Bok hatte uns großartige Dienste geleistet, doch nun mußten wir ein größeres Bild von einem menschlichen Kopf anfertigen. Bok war nur knapp halb so groß wie ein durchschnittlicher menschlicher Kopf, und da er in seiner Fratzenhaftigkeit die Karikatur eines menschlichen Gesichtes darstellte, war die Verzerrung in der Mitte der Linse besonders übertrieben hervorgetreten.

Keiner von uns beiden konnte sich mit dem Gedanken anfreunden, stundenlang regungslos unter den UV-Lampen zu sitzen – aus der Nähe waren sie stärker als eine Sonnenlampe, und nach einer halben Stunde hatte man eine sattbraune Hautfarbe. Deshalb erstanden wir die Büste eines Mädchens. Da sie silbergrau war, malten wir sie weiß an, ließen aber das Haar um des natürlichen Kontrastes willen unberührt. Wir bauten unsere Versuchsanordnung auf und belichteten zehn Stunden lang. Die Aufnahme war nicht so blaß wie das Grabtuch, und da die Lampen weniger UV-Licht als die Sonne produzieren, war eine kürzere Belichtungszeit möglich. Doch einige unserer Versuche mit Bok waren fehlgeschlagen, weil wir nicht lange genug belichtet hatten, also wollten wir auf Nummer Sicher gehen, damit wir nicht wieder einen Tag verloren. Wir machten uns

ohnehin kaum Gedanken über die Belichtungszeit, da wir nicht wuß-
ten, welche Chemikalien Leonardo benutzt hatte. Unsere beiden
Lampen produzierten außerdem höchstens zwanzig Prozent des
Sonnenlichtes eines englischen Hochsommertages.[31]

Unsere erste Aufnahme einer menschlichen Gestalt zeigte gleich
zwei Dinge, die bei Bok nicht in Erscheinung getreten waren (weil er
kleiner war und groteske Gesichtszüge hatte). Die Mitte des Gesichts
war zwar noch leicht verbreitert, jedoch nicht so ausgeprägt, daß es
unnatürlich oder entstellt aussah. Doch etwas anderes war sehr auffällig: der Umriß des Gesichts. Erstens war die Stirn stark verkürzt,
so daß der Abstand von den Augen zum Scheitel absurd gering war.
Zweitens hatte die Verzerrung zur Folge, daß die Seiten des Gesichts
viel zu gerade wurden, es eckig machten und die Ränder mit dem
Hintergrund verschwimmen ließen. Die Ohren, die beim Modell
deutlich sichtbar waren, waren auf der Aufnahme überhaupt nicht
vorhanden. Auch der Mann auf dem Grabtuch scheint keine Ohren zu
haben; sein Gesicht ist eckig mit leeren Streifen rechts und links, und
seine Stirn ist verkürzt. Keine Theorie, ob sie auf dem direkten Körperkontakt basiert oder von einer Fälschung von Künstlerhand ausgeht, kann diese seltsamen Phänomene erklären. Wir meinen, die Erklärung gefunden zu haben: *Quod erat demonstrandum.*

Unterschied sich das Bild noch in anderen Punkten von dem
Boks? Allerdings. Zuerst waren wir etwas verärgert, bis uns die volle
Bedeutung aufging. Nachdem wir die Fotografie durch Waschen und
Erhitzen »entwickelt« hatten, hielten wir ein perfekt schattiertes,
etwas blasses, versengt wirkendes Bild in den Händen, das nur auf
einer Seite des Tuches sichtbar war. Die lange Belichtungszeit hatte
jedoch in der Mitte des Bildes eine kreisrunde Stelle entstehen lassen: die Aufnahme der Linse selbst. Um den Kreis, der sich dort gebildet hatte, wo ein wenig mehr Licht eingefallen war, lag ein blasser
Bereich von unbelichtetem Tuch, eine Art »Corona«.

Zunächst fürchteten wir, dieses Phänomen auch bei Benutzung
anderer Linsen nicht ausschalten zu können. Dann fiel uns ein, daß
Leonardo vielleicht das gleiche Problem gehabt hatte. Also untersuchten wir eine der zahllosen Reproduktionen des Gesichts auf
dem Grabtuch (Lynns Wohnzimmer ist vom Fußboden bis zur Decke
mit solchen Bildern tapeziert). Zu unserer größten Freude entdeckten wir über der Nasenwurzel, dem genauen geometrischen Zen-

trum des Gesichts, einen ähnlichen Kreis. Merkwürdigerweise war er den Grabtuch-Forschern nie aufgefallen: ein deutlicher Lichtkreis, der auf zwei Seiten von einer dunklen Corona flankiert war.

Nach allem, was man im Laufe der Jahre auf dem Grabtuch entdeckt haben wollte – Münzen auf den Augen und so fort –, schien es uns ratsam, auch andere Aufnahmen des Grabtuches zu untersuchen, angefangen bei denen Secondo Pias bis zu den Fotografien der STURP. Auf allen – sogar auf Positiven – war dieser Kreis unleugbar vorhanden. Ein Irrtum war ausgeschlossen. Der Kreis befand sich genau an der Stelle, auf die eine Linse eingestellt gewesen wäre: genau im Zentrum des Gesichts.

In Verbindung mit der Verkürzung hatten wir endlich einen schlüssigen Beweis dafür, daß das Gesicht des Mannes auf dem Grabtuch mit Hilfe einer Linse geschaffen worden war. Somit hatten wir auch den Grund dafür gefunden, daß Leonardo das Haar retuschieren mußte. Es lag nur teilweise an der Haarfarbe. Auf unserer Aufnahme war das Haar oben auf dem Kopf durch die Verkürzung ganz verschwunden, und obwohl unser Modell die Haare nach hinten gekämmt trug, waren die Ohren auf dem Foto nicht sichtbar, was zeigt, daß das gleiche mit dem Bild auf dem Grabtuch passiert sein mußte. Deshalb fügte Leonardo künstlich Haar hinzu; dabei verwandte er die gleiche Substanz, die er in der Kamera benutzt hatte, mußte aber einem unnatürlichen Haarverlauf folgen. Diese Retusche von Haar und Bart war relativ leicht auszuführen und paßte sich der Aufnahme sehr gut an (siehe Abbildung). Die beste Wirkung erzielten wir, indem wir die Mischung mit den Fingern auftrugen – ein Pinsel wurde meistens zu naß, und die Mischung drang zu tief in das Gewebe ein. Dann beschäftigten wir uns mit den Blutrinnsalen. Da sie so anatomisch genau sind, nahm man stets an, daß sie sehr schwierig zu fälschen seien. In Wirklichkeit war es erstaunlich einfach. Der Trick besteht darin, daß man sie *rückwärts* malen muß: Man plaziere einen Tropfen »Blut« auf das Tuch (wir benutzten künstliches Blut), dann nehme man einen Cocktailspieß und ziehe eine dünne Linie bis zur Wunde, aus der das »Blut« quellen soll.

Obwohl noch viele Fragen offen sind – die beiden wichtigsten: Welche Substanzen benutzte Leonardo und welche Schwierigkeiten mußte er bei der Herstellung der Collage überwinden? –, halten wir unsere Ergebnisse für beweiskräftig. Wir haben natürlich nicht die

Mittel, unsere Arbeit einer Kontrolluntersuchung mit Hilfe von
STURP-Daten zu unterziehen, und wir wissen nicht, was die spektrographische Analyse unseres Bildes ergeben würde.[32] Die STURP
stellte zum Beispiel spektrographische Unterschiede zwischen dem
Bild und den Brandstellen des Feuers von Chambéry fest. Sind noch
Reste der von Leonardo verwendeten Chemikalien auf dem Tuch zu
finden? Die STURP entdeckte auch eine gewisse Menge Eisen auf
dem Tuch, sowohl im Bildbereich als auch im bildlosen Teil des
Tuches. Das könnte von Bedeutung sein, denn einige Eisensalze können auf ähnliche Weise verwendet werden wie unsere Chromsalze.
Wir haben keine Möglichkeit, diesen Fragen nachzugehen.

Wir betonen noch einmal, daß unsere Experimente sowohl zeitlich als auch materiell äußerst eingeschränkt waren – wahrscheinlich
lachen die Profis über unsere amateurhaften Methoden. Doch wir
haben bewiesen, daß Giovannis Information zutrifft – im Gegensatz
zu vielen heißgeliebten Überzeugungen der Grabtuch-Fanatiker.
Die Hinweise unseres geheimnisvollen Giovanni waren für unsere
Arbeit äußerst wertvoll: Vielleicht fälschte Leonardo das Grabtuch
tatsächlich mit Hilfe unseres Verfahrens. Wir können jetzt nur noch
unsere Methode verfeinern, wobei es nützlich wäre, wenn sich
interessierte Helfer fänden (vielleicht Studenten, die daraus eine
Projektarbeit machen). Aber was wir bisher erreicht haben, genügt,
um unsere Theorie zu beweisen. Vor 1993 hatte niemand ein Bild
geschaffen, das so viele Eigenschaften des Grabtuches aufwies,
einschließlich seiner rätselhaften Anomalien.

Uns ist es gelungen.

9 VERSCHWÖRUNGEN UND SCHLUSSFOLGE-RUNGEN

»Zahlreich sind jene, die mit Täu-
schungen und fingierten Wundern
Handel treiben, indem sie die
unvernünftige Menge hinters Licht
führen. Und würde niemand ihre
Ausflüchte bloßstellen, so würden
sie sie allen aufdrängen.«

Leonardo da Vinci[1]

Das Bild auf dem Turiner Grabtuch stellt nicht Jesus dar, denn Jesus
wurde nicht geköpft. Statt dessen spricht vieles dafür, daß es sich um
ein Selbstbildnis Leonardos handelt.

Es hieß stets, das Grabtuch sei mit einzigartigen 3-D-Informatio-
nen ausgestattet. Doch dann ermittelten wir, daß diese 3-D-Infor-
mationen gar nicht vorhanden sind – ungeachtet jenes berühmten
VP-8-Bildes von Jackson und Jumper und der nach ihm geschaffenen
Plastik.

Zuerst führten wir diesen Umstand auf Andy Haveland-Robinsons
modernere Geräte zurück. Doch Andy wandte ein, daß die beiden
Wissenschaftler immerhin einen NASA-Computer zur Verfügung gehabt hätten, der durchaus seinen heutigen Geräten entsprach.

Jacksons und Jumpers Plastik gibt weder die ungewöhnliche
Größe des Mannes auf dem Grabtuch noch die Diskrepanz zwischen
Vorder- und Rückansicht wieder. Bezeichnenderweise sind beide
Wissenschaftler führende Mitglieder der Holy Shroud Guild in New
York. (John Jackson steht bei der Grabtuch-Gemeinde noch immer in
so hohem Ansehen, daß man der Theorie seiner Frau, das Grabtuch
sei das Tischtuch des Letzten Abendmahls, in jüngsten Publikatio-
nen der BSTS viel Beachtung schenkte. Allerdings mußten sogar die
Vertreter der BSTS zugeben, daß die Juden jener Zeit keine Tisch-
tücher kannten.)[2]

Aus Joe Nickells Buch *Inquest on the Shroud of Turin* erfahren wir,
daß – für Wissenschaftler ungewöhnlich – alle vierzig Mitarbeiter
der STURP bis auf einen, Walter McCrone, tief gläubig seien![3] Wir haben gehört, wie man ihn wegen seiner abweichenden Ansichten behandelte. Wieviel von dem, was wir für objektive Forschung hielten,
war durch die Scheuklappen des Glaubens entstellt? Die STURP-
Wissenschaftler trafen zwar bestimmt keine Absprache, die Tat-

sachen zu verfälschen, vielleicht nahmen sie jedoch die Indizien dafür, daß es sich unmöglich um ein Abbild Jesu handeln konnte, nicht ernst genug.

Da unsere Arbeit in der Öffentlichkeit bereits falsch dargestellt worden ist, wollen wir die wichtigsten Punkte unserer These rekapitulieren, bevor wir auf die tiefere Bedeutung unserer Ergebnisse eingehen. Wir beginnen mit den Gründen, die gegen die Echtheit des Grabtuches sprechen:

1. Ein Grabtuch mit einem wunderbaren Bild wird im Neuen Testament nicht erwähnt.

2. Die ersten Christen schweigen ebenfalls darüber.

3. Ein »heiliges Grabtuch« tauchte um 1350 ohne jede Herkunftsgeschichte auf; zu jener Zeit brachten angeblich echte Reliquien viel Geld ein.

4. Einige Züge des Bildes sind ungewöhnlich, zum Beispiel die über den Genitalien gefalteten Hände. Im Neuen Testament heißt es, die Jünger hätten wegen des nahenden Sabbats keine Zeit gehabt, den Körper aufzubahren. Wenn man die Hände eines Leichnams auf diese Weise kreuzt, müssen sie zusammengebunden werden. In einem solchen Fall wären jedoch Quetschungen an den Handgelenken, ähnlich den Geißelspuren, zu erkennen. Handelt es sich hingegen um eine Fälschung, die öffentlich ausgestellt werden sollte, mußten die Hände so angeordnet sein, da die Sitten der Zeit eine nackte Frontalansicht verboten.

5. Gegen alle Entstehungstheorien lassen sich schwerwiegende logische Einwände finden.

6. Die Proportionen von Gesicht und Körper entsprechen einander nicht.

7. Das Bild ist von vorn 203 und von hinten 208 Zentimeter hoch – beide Maße sind unnatürlich. Auch die Behauptungen, die Beine seien angewinkelt oder das Tuch habe sich über die Jahre verzerrt, befriedigen nicht. Wir wissen, daß das Tuch bei der Entstehung des Bildes flach gewesen sein muß. Es gibt keine Erklärung für die Übergröße, es sei denn, man hätte es, wie wir meinen, mit einem zusammengesetzten, projizierten Bild zu tun.

8. Das Gesicht ist vom restlichen Körper völlig getrennt, wie wir mit Hilfe der modernsten Computertechnologie demonstriert haben. Soweit uns bekannt ist, wurde Jesus weder vor noch nach seinem

Tod enthauptet. Also kann es sich bei der Darstellung auf dem Grabtuch nicht um sein Bild handeln.

9. Laut dem Radiokarbontest aus dem Jahre 1988 wurde das Tuch zwischen 1260 und 1390 gewoben. Bei allen Widersprüchen ist es dennoch unwahrscheinlich, daß – wie die Grabtuch-Lobby behauptet – ein Komplott zwischen den Wissenschaftlern und dem Vatikan geschmiedet wurde. Selbst wenn die Datierung mit Hilfe der Radiokarbonmethode völlig aus der Luft gegriffen wäre, deutet das Fehlen historischer Belege hinreichend auf einen raffinierten Schwindel hin.

10. Dr. Max Freis Pollenuntersuchung wurde nie von unabhängiger Seite geprüft. Frei hatte angeblich Pollenkörner von all jenen Orten entdeckt, an denen sich das Tuch Ian Wilson zufolge in den Jahrhunderten vor 1350 befand. Die STURP hingegen wies nur sehr wenige Pollen auf dem Tuch nach. Max Frei wurde von Ian Wilson auf seiner Reise in die Türkei begleitet, und seine Reisekosten wurden von David Rolfe übernommen. Frei suchte nur an den von Wilsons Theorie vorgegebenen Orten nach Pflanzen. Doch völlig unabhängig davon kann mit dieser Methode die Echtheit des Grabtuches keineswegs bewiesen werden. Die Kreuzfahrer brachten viele Ballen Tuch aus dem Nahen Osten ins mittelalterliche Europa, also könnte das Leinen des Fälschers ohne weiteres die Pollenkörner aufgewiesen haben, die Frei gefunden haben will.

11. Man hat behauptet, das Mandylion aus dem Konstantinopel vor 1350 sei das Grabtuch in viermal gefalteter Form gewesen (*tetrádiplon*), wobei man nur das Gesicht habe erkennen können. Es stimmt zwar, daß die Byzantiner einen Gegenstand besaßen, den sie *tetrádiplon* nannten, doch spricht der gesunde Menschenverstand aus mehreren Gründen dagegen, daß Mandylion und Grabtuch identisch waren. Erstens: Das Grabtuch ist zwar dünn, aber riesig. Hätte man nur das Gesicht sehen können, wäre es ein dickes Bündel gewesen. Man hätte eine geräumige Kiste und nicht nur einen Rahmen dafür benötigt. Die oberste Schicht wäre außerdem vergilbt, von einer Farbveränderung ist aber keine Rede. Wenn die Byzantiner wirklich im Besitz des Grabtuches Jesu mit den Abbildungen all seiner Wunden gewesen wären, weshalb hätten sie den größten Teil davon verstecken sollen? Es

gab zahlreiche Bilder mit dem Antlitz Jesu, aber niemand verfügte über den Beweis für seine Kreuzigung in voller Größe. Ian Wilson meint, daß die Byzantiner nicht gewußt hätten, worum es sich handelte; doch weshalb untersuchten sie das Tuch nicht näher? Und wenn sie wirklich dachten, es nur mit einem gemalten Gesicht zu tun zu haben, wieso nannten sie das Tuch dann »viermal doppelt gefaltet« – ein Ausdruck, der in der gesamten griechischen Literatur nur einmal vorkommt.

12. Wilson hält das gefaltete Grabtuch für den sagenumwobenen »Kopf« der Templer. Unseren Informationen über das Templeridol zufolge handelt es sich dabei um einen festen, dreidimensionalen Gegenstand: vermutlich ein einbalsamiertes, geköpftes Haupt. Es ist außerdem höchst unwahrscheinlich, daß die Templer eine Reliquie Jesu anbeteten. Sie verehrten den heiligen Johannes den Täufer, der enthauptet worden war.

13. Die sogenannten dreidimensionalen Informationen haben die Gläubigen stets in besondere Aufregung versetzt, weil sie die wunderbare Herkunft des Tuches endgültig zu beweisen schienen. Unsere Untersuchungen haben jedoch ergeben, daß das Grabtuch nur sehr schwach dreidimensional ist. Das VP-8-Bild ist eindeutig verdächtig. Die Maße des Mannes auf dem Grabtuch scheinen modifiziert worden zu sein, so daß sie das VP-8-Bild ergaben, wobei besonders das zu kurze Gesicht an den Hinterkopf angepaßt und das gesamte Bild auf eine akzeptable Größe verkleinert wurde. Jacksons und Jumpers wissenschaftliche Objektivität war vielleicht durch ihren katholischen Glauben und ihre Mitgliedschaft in der Holy Shroud Guild beeinträchtigt.

14. Der gelassene Gesichtsausdruck wird oft als Beispiel für die besondere Natur des Mannes angeführt. Da es sich um den Gottessohn handele, könnten die Naturgesetze durchaus beeinflußt, beschleunigt, verlangsamt oder völlig aufgehoben worden sein. Wir widersetzen uns der Vorstellung von Wundern nicht prinzipiell; man kann jedoch nicht einerseits mit Wundern argumentieren und sich andererseits auf jeden wissenschaftlichen oder angeblich wissenschaftlichen Beweis stürzen, um die eigene Position zu untermauern.

15. Man versucht häufig, mit Gemälden Jesu aus der Zeit vor 1350 zu beweisen, daß sie vom Grabtuch kopiert seien. Gewisse Züge des

Bildes haben tatsächlich eine lange Tradition – zum Beispiel die
Falten zwischen den Augenbrauen –, es trifft jedoch *nicht* zu, daß
diese Merkmale immer nur auf Jesus-Darstellungen zu finden
sind. Das »Stirnrunzeln« (Vignon-Zeichen) findet sich auch auf
vielen Ikonen. Wir gestehen den Gläubigen gern zu, daß sie keine
Ähnlichkeit zwischen dem Mann auf dem Grabtuch und Leonardo erkennen, doch dann müssen sie auch einräumen, daß die angebliche Ähnlichkeit zwischen frühen Christus-Bildern und dem
Grabtuch ebenso subjektiv ist. Außerdem könnte ein geschickter
Fälscher die Tradition durchaus berücksichtigt haben.

Erst nachdem das Turiner Grabtuch bekannt wurde, das heißt nach
1494, kam es zu einer Vereinheitlichung des Aussehens Jesu in der
Kunst. Leonardos Fälschung bewirkte unabsichtlich, daß Generationen gläubiger Menschen seinem Antlitz Ehre erwiesen und vor
ihm beteten.

Die Grabtuch-Lobby hat auf unsere Arbeit mit verschiedenen Einwänden reagiert. Hier die Antworten auf die häufigsten:

1. Das Bild auf dem Grabtuch entspreche keiner mittelalterlichen
   Kunstrichtung. Das trifft zu, denn wir haben es nicht mit einem
   Kunstwerk, sondern mit einer Fotografie zu tun.

2. Kein mittelalterlicher oder Renaissance-Fälscher sei fähig gewesen, das Turiner Grabtuch herzustellen. Es heißt häufig: »Wenn es
   eine Fälschung ist, dann eine sehr geschickte.« Diese Haltung verrät die Arroganz unseres Zeitalters; dabei wird außer acht gelassen, daß wir es in der Tat nicht mit einem durchschnittlichen
   Maler oder Wissenschaftler zu tun haben. Leonardo war nicht
   nur seiner Zeit, sondern auch seinen modernen Bewunderern
   und Verächtern geistig, wenn nicht sogar spirituell, um Lichtjahre
   voraus. (Ein britischer Kunstkritiker verriet seine ungewöhnliche
   Beschränktheit durch die Bemerkung, man übertreibe Leonardos
   Genialität, denn schließlich habe er Dinge erfunden, für die seine
   Zeit noch nicht reif gewesen sei!)

3. Hätte Leonardo das Grabtuch gefälscht, wäre dies in seinen
   Arbeitsheften vermerkt. Kein Mensch, der bereits aufgrund seines
   Vegetarismus mit einem Fuß auf dem Scheiterhaufen stand,
   würde schriftlich niederlegen, daß er beabsichtige, das Leichentuch des Gottessohnes zu fälschen. Außerdem sind viele der

Notizbücher Leonardos bekanntermaßen verschollen – eines, nachdem es von der Familie Savoyen aufgekauft worden war. In seinen Aufzeichnungen findet sich übrigens auch kein Hinweis darauf, daß er die *Mona Lisa* malte!

4. Das Tuch müsse echt sein, weil der abgebildete Mensch tatsächlich gekreuzigt wurde. Unsere Behauptung, Leonardo habe jemanden (ob tot oder lebendig) gekreuzigt, sei makaber und deshalb – seltsamerweise – nicht nachvollziehbar. Ian Wilson geht so weit zu behaupten, kein mittelalterlicher Fälscher hätte dergleichen gewagt, da Kreuzigungen von der Kirche verboten waren ... Wir haben es hier jedoch nicht nur mit eindeutiger »Ketzerei« zu tun, sondern mit Leonardo, für den der Zweck die Mittel stets rechtfertigte.

Unserer Ansicht nach ist uns in diesem Buch der Nachweis gelungen, daß Leonardo die Mittel, das Motiv und die Gelegenheit hatte, das Grabtuch zu fälschen.

Seine optischen und alchimistischen Kenntnisse gaben ihm die Mittel an die Hand. Mit Sicherheit war er genau zur richtigen Zeit am richtigen Ort. Seine ketzerischen Überzeugungen – nicht zuletzt seine Mitgliedschaft in der Prieuré – bildeten sein Motiv. Man könnte hinzufügen, daß seine Charakterstärke und seine rebellische Ader ihm die Kühnheit verliehen, diese größte Fälschung aller Zeiten zu vollbringen.

Wir wissen nun, daß das Grabtuch nicht das Leichentuch Jesu ist, sondern ein verblüffendes, großartiges Meisterwerk Leonardos. Wie lange er daran arbeitete, können wir nicht feststellen. Doch gemessen an den vielen Stunden, die wir benötigten, nur um ein mit seinen Methoden angefertigtes Porträt herzustellen, muß er unglaublich viel Zeit und Geduld investiert haben. Dazu kam die absolute Geheimhaltung: Man denke an die Konsequenzen, wenn er ertappt worden ware. Die Gläubigen wären empört gewesen, und was hätte die Kirche unternommen, wenn sie von seiner Technik erfahren hätte? Nur eine Generation nach Leonardo wurde Giovanni Battista della Porta der Zauberei beschuldigt, weil er mit Projektionen experimentierte. Warum fälschte Leonardo das Grabtuch all diesen Schwierigkeiten zum Trotz?

Es mag einen einfachen Grund gegeben haben: Laut Giovanni war der Auftrag vom Papst erteilt worden. Die Wahl sei allerdings nicht sofort auf Leonardo gefallen, sondern Michelangelo (1475–1564) habe den Auftrag abgelehnt. Möglicherweise weigerten sich auch andere Künstler, ein neues Grabtuch zu fälschen. Selbst in der aufgeklärten Welt der Renaissance dachte man zweimal nach, bevor man ein Bild des gekreuzigten Jesus schuf. Leonardo kannte solche Skrupel nicht. Im Gegenteil, er hatte gute Gründe für eine Tat, die für viele andere ein schweres Sakrileg gewesen wäre.

Wahrscheinlich stammte die Idee, sein eigenes Bild auf das Tuch zu bannen, von ihm selbst. Das war bei weitem nicht so gefährlich wie heutzutage, wo das Aussehen berühmter Menschen allgemein bekannt ist. In jenen Tagen wußten selbst in Leonardos Heimat nur wenige, wie er aussah. Außerdem war die Anonymität durch die Herstellungsart gesichert. Die Ähnlichkeit wird erst auf dem fotografischen Negativ ersichtlich.

Leonardo arbeitete mit Linsen und projizierte Bilder. Serge Bramly schreibt: »Nach der Lektüre seiner Arbeitshefte bleibt man dennoch wie geblendet zurück. Während seine Epoche in der Nachfolge der griechischen Philosophen beispielsweise annimmt, daß das Sehen mit Hilfe einer Art von Partikeln (*spezie*) entsteht, die das Auge abstrahlt, hat Leonardo begriffen, daß nicht das Auge etwas abstrahlt, sondern das Sonnenlicht empfängt ... Er ... stellt fest, daß das Auge ein umgekehrtes Bild abbildet. Er erkennt die Ursachen der Weitsichtigkeit und schlägt eine Art Kontaktlinse vor. Als erster stößt er auf das Prinzip des stereoskopischen Sehens – die Wahrnehmung des Reliefs ... Hundert Jahre vor Galilei scheint er das *Fernglas* erfunden zu haben. Er schreibt: ›Fertige Linsen an, um den Mond groß zu sehen.‹ Er stellte Linsen zusammen ...«[4]

Während der 1490er arbeitete Leonardo auch an einer geheimen »Maschine aus Spiegeln«, deren Zweck unbekannt ist; Spiegel konzentrieren jedoch das Licht und die Hitze, und er benötigte beides für seine Fotografie.

Er war mit großer Wahrscheinlichkeit Alchimist, und ihm standen viele Chemikalien zur Verfügung. Ganz gewiß fälschte er das Grabtuch nicht aus finanziellen Gründen. Was waren seine wahren Motive für dieses schwerwiegende Sakrileg?

Er scheint während der letzten neun Jahre seines Lebens Großmeister der Prieuré de Sion (oder eines ähnlichen Geheimordens mit

denselben Mitgliedern, Zielen und geheimen Plänen; siehe Kapitel 6)
gewesen zu sein. Zuvor dürfte er dort einen hohen Rang innegehabt
haben. Die für die Prieuré wichtigen Themen lassen sich leicht in seinen Bildern nachweisen.

In seiner Eigenschaft als Mitglied der Prieuré war er aber – zumindest in den Augen orthodoxer Christen – ein Ketzer. Die Prieuré
glaubte nämlich nicht, daß Jesus den Kreuzestod erlitten hatte, sondern daß er mit Maria Magdalena verheiratet war und Kinder hatte.
Maria Magdalena verkörpert die Tradition der ägyptischen Göttin
Isis, der ursprünglichen Schwarzen Madonna, deren Hohepriesterin
sie gewesen sein soll.[5] Unsere Nachforschungen haben erbracht,
daß Maria Magdalena die Schlüsselfigur in einer geheimen »Ketzer-
bewegung« ist.[6]

Die Verbindung zwischen der Prieuré und Maria Magdalena ist
bekannt, aber es gibt eine weitere ketzerische Seite der Prieuré, der
bisher weniger Aufmerksamkeit geschenkt worden ist. Giovanni
machte uns während unseres Treffens mit einer uns damals unver-
ständlichen Bemerkung hellhörig: »Warum heißen alle unsere Großmeister Johannes?« (Sein eigenes Pseudonym schien auch damit zu-
sammenzuhängen.)

Die Autoren des Buches *Der Heilige Gral und seine Erben* lassen sich
über die Tradition, daß die Großmeister der Prieuré immer Johann/
Johannes heißen, wie folgt aus: »Offenbar sollte diese Aufeinander-
folge ein an esoterischen und hermetischen Denkweisen orientier-
tes Papsttum implizieren, das auf Johannes zurückzuführen ist – im
Gegensatz (und vielleicht in bewußter Gegnerschaft) zu dem exo-
terischen Papsttum, das sich auf Petrus gründet.« Angesichts jenes
ersten Großmeisters aus dem zwölften Jahrhundert, des norman-
nischen Ritters Jean de Gisors, der den Namen Jean II. annahm, fragen
sie: »Wer war Johannes I.?« Sie schlagen Johannes den Täufer, Johannes den Evangelisten und den Priesterkönig Johannes vor – dann
lassen sie das Thema fallen.[7]

Sie fragen, ob das berüchtigte Idol der Templer vielleicht das
geköpfte Haupt Johannes des Täufers darstellte: »Manche Autoren
sind nämlich der Meinung, daß die Lehren der Täuferbewegung oder
der Mandäer zumindest partiell auch unter den Ordensmitgliedern
Anhänger gefunden hätten. Diese Sekten bezeichneten Jesus als
›falschen Propheten‹ und betrachteten statt dessen den Täufer als

den wahren Messias.«[8] Im Verlauf ihrer Aufenthalte im Nahen Osten knüpften die Templer ohne Zweifel Beziehungen zu den Johannes-Sekten an.

Viele Geheimgesellschaften, zum Beispiel die Freimaurer und die Malteserritter, haben aus für Außenstehende undurchschaubaren Gründen Johannes den Täufer verehrt. Wenn die Templer Anhänger des Johannes waren, würde verständlich, daß man ihnen die rituelle Verhöhnung des Kreuzes zur Last legte. Mit diesen symbolischen Handlungen bekundeten sie ihre Abkehr von einem, wie sie meinten, falschen Gott.

Es ist bemerkenswert, wie wichtig der heilige Johannes in diesem Zusammenhang ist: Leonardos Heimatstadt Florenz und die Kathedrale in Turin, in der das Grabtuch verwahrt wird, sind beide Johannes dem Täufer geweiht. Die einzige erhaltene Plastik, an der Leonardo beteiligt war, ist die Johannes-Statue aus dem Baptisterium in Florenz. Sie entstand in Zusammenarbeit mit Giovan Francesco Rustici, dem Geisterbeschwörer und Alchimisten. Leonardos letztes Gemälde stellt ebenfalls Johannes den Täufer dar, der mit gen Himmel gerichtetem Zeigefinger wie die Mona Lisa lächelt. Der zum Himmel erhobene Finger erscheint in Leonardos Werk immer wieder im Zusammenhang mit Johannes. Auf dem Bild *Anbetung der Könige* steht jemand bei den Wurzeln des sich auf einer kleinen Erhebung befindenden Johannisbrotbaumes – des Baumes des Johannes, Symbol des geopferten Blutes – und macht die gleiche Geste. Auf seinem berühmten Karton *Heilige Anna Selbdritt* warnt Anna auf diese Weise die Jungfrau. Der Jünger auf dem Wandgemälde *Das Abendmahl*, dessen Gesicht dem Jesu nahe ist, macht ebenfalls diese Geste. All diese Figuren sagen: »Denke an Johannes.«

Doch warum sollte man Johannes verehren, wenn dieser sich selbst nur als den Herold Jesu bezeichnete? Im Neuen Testament finden sich viele sehr bescheidene Äußerungen des Johannes. Allerdings ist der Satz »Der ist's, der nach mir kommen wird, welcher vor mir gewesen ist ...« wahrscheinlich von den Anhängern Jesu frei erfunden.[9] Die Rolle des Johannes beschränkt sich laut Neuem Testament aber nicht nur darauf, der geistliche Wegbereiter Jesu zu sein. In der Apostelgeschichte wird berichtet, wie Paulus als erster christlicher Missionar nach Korinth und Ephesus kommt.[10] Zu seiner Überraschung stehen dort bereits Kirchen, die Johannes dem Täufer geweiht sind. Die Epheser und Korinther hatten nie von der Prophezeiung gehört, daß Johannes nur ein Vorläufer Jesu sei.

A. N. Wilson schreibt im Anschluß an die Darstellung dieser Begebenheit in seinem Buch *Jesus* (1992): »Wenn die Religion Johannes des Täufers (und wir wissen, daß es sie gab) sich statt der Religion Jesu im Mittelmeerraum durchgesetzt hätte, wüßten wir vielleicht mehr über diese atemberaubende Gestalt. Sein Kult bestand bis mindestens in die Mitte der fünfziger Jahre fort, wie der Verfasser der Apostelgeschichte unabsichtlich verrät ... In Ephesus glaubte man, ›Der Weg‹ (wie die Religion der ersten Gläubigen hieß) bedeute, der ›Taufe des Johannes‹ zu folgen ... Wäre Paulus eine weniger starke Persönlichkeit gewesen ... oder hätte er seine Briefe nicht geschrieben, wäre es durchaus denkbar, daß ›die Taufe des Johannes‹ die alte Welt erobert hätte und nicht die Taufe Christi ... Der Kult hätte sich sogar dahin entwickeln können, daß heutige Anhänger der Religion an die Göttlichkeit des Johannes glauben würden. Dies sollte aber nicht geschehen.«[11]

Die Göttlichkeit des Johannes – oder seine fast göttliche Rolle in einer alten Priestertradition – wird bis auf den heutigen Tag von einigen wenig bekannten Sekten vertreten, zum Beispiel den Mandäern des modernen Irak mit ihrem *Johannesbuch* sowie den hermetischen Geheimgesellschaften der Templer, der Freimaurer und natürlich der Prieuré de Sion.

Im Mittelpunkt des spirituellen Interesses der Prieuré steht das weibliche Prinzip. Es findet seinen Ausdruck in der Verehrung der Maria Magdalena und in dem Kult der Schwarzen Madonna, der Göttin Isis. Wie verträgt sich das mit der besonderen Verehrung, die der Orden auch Johannes dem Täufer zuteil werden läßt? Besteht irgendein Zusammenhang zwischen ihm und dem Isis-Kult?

Auf den ersten Blick wirkt eine jüdische Verbindung mit der ägyptischen Muttergottheit sehr unwahrscheinlich. Laut Karl Luckert, einem amerikanischen Anthropologen, waren die Hebräer aber weder von Anfang an strenge Monotheisten, noch beteten sie ausschließlich einen männlichen Gott an.[12] Einige jüdische Gruppierungen schienen zudem bis ins erste Jahrhundert hinein an diesen alten Bräuchen festgehalten zu haben. Außerdem gab es abweichlerische Juden außerhalb Israels – hauptsächlich in Ägypten und Äthiopien –, die neben Jehowa eine Göttin anbeteten.[13] Das waren ohne Zweifel

die Auswirkungen des ägyptischen Göttinnen-Kultes, der besonders
während der Mischung der Kulturen unter der Herrschaft der Römer
großen Einfluß ausübte.

Wir haben nie die Frage gehört: »Wer taufte Johannes den Täufer?«
Dabei ist sie wichtiger, als man annehmen mag. Es gab zwar viele
Reinigungsriten bei den Juden, doch die Taufe selbst war unbekannt.
Sie ist jedoch in den Tempeln der Isis, unmittelbar jenseits der jüdi-
schen Grenze, zu finden.[14] Das Neue Testament berichtet von der
Flucht der Heiligen Familie nach Ägypten, und einer außerbiblischen
Tradition zufolge wurde sie von Johannes begleitet.

Wenn Maria Magdalena eine Priesterin der Isis war, wäre sie die
Vermittlerin zwischen dem Isis-Kult und der Mission von Johannes
und Jesus. Wie eng diese Verbindung war, ist schwer festzustellen,
sie würde aber erklären, daß europäische Häretiker Johannes und
Maria Magdalena anbeteten.

Die göttliche Priesterschaft Johannes des Täufers ist ein eifer-
süchtig gehütetes Geheimnis der Prieuré, allerdings nicht das einzige.

Immer wenn wir auf den Kult des Johannes stießen, ging er einher mit der Verehrung der Schwarzen Madonna und Maria Magdalenas, selbst bei den Tempelrittern. Ean Begg macht diese Zusammenhänge in seinem Buch *Die Unheilige Jungfrau* deutlich.[15]

Maria von Magdala (was »Ort der Taube« bedeutet) war eine reiche
Frau und laut der Kirche einst eine Prostituierte. Die gnostischen
Evangelien betonen, daß sie die »erste Jüngerin« Jesu war und er sie
auf die Lippen küßte.

Für die Prieuré und im Rahmen anderer Überlieferungen ist ihre
angebliche Hurerei eine gezielte Verleumdung. In den Augen der
Juden war jede Frau, die Interesse an einer heidnischen Religion
bekundete, eine Hure (was auch für moderne fundamentalistische
Juden und Christen zutrifft). Wenn Maria Magdalena eine Isis-Prie-
sterin war, würde dies erklären, weshalb sie immer noch eine etwas
anrüchige Aura umgibt. Man findet so gut wie keine Statue von ihr
in modernen Devotionalienhandlungen. Millionen Christen lehnen
selbst heute noch die Vorstellung ab, eine Frau könne Priesterin
sein. Man kann sich mühelos vorstellen, wie sie auf den Gedanken,
daß Frauen den Männern spirituell überlegen seien, reagieren würden. Johannes, Maria Magdalena und Isis ist das Symbol der Taube

gemeinsam – die auch ein Symbol der im Languedoc lebenden Katharer war.

Durch den Magdalenenkult lebte der Göttinnenkult in Europa weiter. Während Magdalena als vollständige Frau erscheint, ist die Jungfrau Maria entsexualisiert und machtlos. Es gab sogar eine Untergrundkirche der Maria Magdalena.[16] Deshalb behauptete sich in Europa der Kult der Schwarzen Madonna.

Die erhabenen gotischen Kathedralen waren ihr und dem großen Magisterium geweiht, der Alchimie der Seele, dem wichtigsten Bestandteil des Isis-Kultes. Maria Magdalena ist »rosamunda«, die Rose der Welt; wie Isis selbst ist sie die unverstümmelte Frau: Jungfrau, Mutter, Hure und weise Frau. Die Kirche wollte sie zerstören und ersetzte sie durch die geschlechtslose Jungfrau Maria. Doch die Macht der Magdalena verhinderte ihren Untergang, und die Menschen liebten sie zu sehr. Sie verehrten sie fortan in Gestalt der Schwarzen Madonna mit dem Jesuskind an der Brust. Wie Isis ist sie die *Notre dame de la lumière* der Prieuré und die wahre *Notre Dame* vieler scheinbar gewöhnlicher Kirchen auf der ganzen Welt, einschließlich der Kathedrale Notre-Dame de Paris, die über die Stadt der Liebe herrscht.

Die Prieuré und andere vergleichbare Gesellschaften haben dieses Wissen – den »verborgenen Strom«, der unter allen bekannten christlichen Kirchen fließt – unversehrt über die Jahrhunderte bewahrt. An vielen Orten überlebte der Kult der Maria Magdalena versteckt hinter dem Kult der Jungfrau Maria. Doch die Prieuré gab »denjenigen, die Augen haben zu sehen«, stets Hinweise. In der Architektur der großen gotischen Kathedralen, in Gemälden, in der Dichtung, in Schauspielen und sogar auf dem angeblich heiligen Grabtuch ist eine Fülle von Indizien vorhanden.

Es ist nicht zu vermeiden, daß viele Menschen all dies als Ausgeburt unserer Phantasie abtun werden – aber die geheime Überlieferung findet überall ihren Ausdruck: in den wulstigen, von Rosenknospen gekrönten Bögen und Fensterrosen der gotischen Kathedralen, in den Grallegenden (von denen eine den Heiligen Gral als ein geköpftes Haupt beschreibt), in alten Irrgärten und Labyrinthen, in den Legenden über die Bundeslade, in der Freimaurerei, in Cocteaus Wandgemälde in der Kirche Notre-Dame de France am Leicester Square in London, in den Verbindungen zwischen *Notre Dame* und Isis, in den Schwarzen Madonnen – und in den vielen

geheimen Mysterien, die sich, wenn die Zeit reif ist, der Öffentlichkeit offenbaren werden.

Auch auf dem am wenigsten bekannten und umstrittensten Werk
Leonardos – dem Turiner Grabtuch – gibt es Indizien für den verborgenen Strom. Der Kopf des Mannes auf dem Grabtuch ist vom
Körper getrennt. Wir haben die praktischen Gründe dafür hoffent-
lich überzeugend dargelegt. Wenn Leonardo sein eigenes Gesicht
einem fremden Körper aufsetzte, war eine Trennungslinie unvermeidlich. Die Collage kann aber auch symbolisch verstanden werden: Leonardos Bilderrätsel verkündet uns über die Jahrhunderte
hinweg, daß der Enthauptete über dem Gekreuzigten steht. Das Blut
fließt aus den Wunden, als sei der Mann lebendig: Hier teilt Leonardo
uns mit, daß Jesus nicht am Kreuz starb und niemanden erlöste –
weshalb der Künstler auch das Glas auf seinem Abendmahlstisch nur
mit dem kleinsten Schluck Wein versah.

Ein Problem bleibt dennoch ungelöst: Warum sollte Leonardo,
der kein Freund der Frauen war, eine Göttin verehren – noch dazu
eine, die unverhüllt die Heterosexualität repräsentiert? Vom psycho-
logischen Standpunkt aus ergibt das durchaus einen Sinn. Wir meinen, seine Suche nach der Wahrheit, seine Faszination von der Hermetik und den alchimistischen Geheimnissen trieb ihn der Prieuré in
die Arme, doch noch ein anderer Teil seiner Persönlichkeit fühlte sich
von deren Kult angesprochen. Während seiner Jugend vermißte er
seine Mutter Caterina schmerzlich. Er mußte mit ansehen, wie sich
seine Halbgeschwister ihrer Liebe erfreuten, wohingegen er allein
war. Isis ist die »Mutter und Liebhaberin aller«. In ihr fand er die
archetypische Mutter, in deren Liebe er sich sonnen konnte. Diese
Göttin war die einzige Frau, die ihn nie verlassen würde. Somit fand
Leonardo Trost bei der höchsten aller Frauen. Wie ein Troubadour
konnte er zudem wähnen, ihr Sklave zu sein, und die erhabenen
Gefühle höfischer Liebe aus sicherer Entfernung genießen. Sie war
seine Mutter und Geliebte.

Leonardos letztes Gemälde *Johannes der Täufer* wird von vielen
Kritikern abgelehnt, weil es zu mysteriös und weibisch sei. Das mag
natürlich ganz einfach daran liegen, daß ein homosexueller Jüngling,
der dem geschulten Blick des Meisters aufgefallen war, Modell stand.
Vielleicht hat Leonardo aber auch versucht, dem männlichen und
weiblichen Prinzip die Gestalt eines Gottes zu geben. Das von

Johannes über der Schulter getragene Kreuz muß keineswegs das christliche sein; bereits viele Jahrhunderte vor der Geburt von Johannes und Jesus war das Kreuz das Symbol des ägyptischen Gottes Osiris.

Leonardo ließ keine Gelegenheit ungenutzt, seine Werke mit seiner eigenen beunruhigenden Symbolik anzureichern, damit sie auf den Flügeln der Zeit zu denjenigen gelangten, die sie zu deuten wissen.

Im Oktober 1993 war ich (Lynn) Gast des amerikanischen Kunsthistorikers Professor Bill Homer und seiner Frau Christine bei einem Abendessen in der National Portrait Gallery in London. Im Laufe der Unterhaltung wurde ich gebeten, mich über unsere Arbeit an diesem Buch zu äußern. Es war nicht erstaunlich, daß mein Bericht ein Raunen bewirkte, aber es kamen erheblich weniger feindselige oder sogar kritische Bemerkungen, als man erwarten würde. Das Interesse war vielleicht deshalb so groß, weil man erkannt hatte, was ein Sammler in Worte faßte: »Wenn Sie recht haben, ist dieses Stück Tuch nicht nur die erste Fotografie der Welt, sondern auch ein Selbstporträt Leonardo da Vincis... Mein Gott, es ist buchstäblich das kostbarste Kunstwerk der Welt...«

Wir teilen diese Meinung und legen der Kirche ans Herz, sehr gut darauf aufzupassen, obwohl sie wahrscheinlich nicht auf uns hören wird. Es dreht sich nicht nur um einen bisher unentdeckten Leonardo, auch nicht nur um die erste Fotografie, sondern um erheblich mehr.

Grabtuch-Gläubige meinen, das Tuch trage eine geistliche Botschaft, es sei wie eine »Zeitbombe«, die dereinst in einer gottlosen Welt explodieren werde. In diesem Punkt stimmen wir ihnen zu. Doch die Botschaft wird nicht die sein, die sie hören wollen. Leonardo selbst betrachtete das Tuch als einen magischen Talisman, der, von den Samen seines eigenen Lebens durchdrungen, wie eine Flaschenbotschaft in das Meer der Zukunft geworfen wurde.

Für uns jedoch enthält das Grabtuch von Turin – das erhabenste Beispiel menschlicher Kreativität – die Samen der Zerstörung der alten Denkweisen und die Anfänge einer neuen Ära. Es bereitet kein magisches, mystisches oder paranormales Ereignis vor, auch nicht den plötzlichen Beginn eines Mystizismus à la New Age oder die wunderbare Wiederkunft des Herrn, bei der den versammelten Gläubigen ein kollektives Kopftätscheln zuteil wird ...

Leonardos Grabtuch (das ironischerweise von den Priestern der Kirche, die er so verachtete, sorgsam gehütet wird) ist eine Herausforderung des Glaubens, den es angeblich so einzigartig exemplifiziert. Das Tuch ist eine Hymne auf Johannes, es feiert das göttliche Priestertum des Täufers, des wahren Begründers der Liebesreligion der Göttin Isis. Es stellt die jahrhundertealte kirchliche Betonung der männlichen Macht in Frage, die sich in der Überlegenheit der Priester und der Unterdrückung der Frau äußert.

Viele Amateurkritiker werden dieses Buch streckenweise oder insgesamt ablehnen. Das ist ihr gutes Recht. Mögen sie die Existenz der Prieuré de Sion und ähnlicher Gesellschaften leugnen. Dieses Buch huldigt nicht dem Konformismus. Es wird auch denjenigen nicht gefallen, deren kunsthistorisches oder fotografisches Fachwissen betroffen ist. Wir müssen noch einmal betonen, daß wir dieses Buch nicht geschrieben haben, um andere zu schockieren. Wir waren allerdings überwältigt, als wir das Material zusammentrugen. Liebgewordene Überzeugungen wurden durch unsere Resultate zutiefst erschüttert. Nichts bestürzte uns jedoch mehr als die Leichtigkeit, mit der wir die Informationen fanden. Es war wie die Geschichte von des Kaisers neuen Kleidern. Nachdem wir unsere Vorurteile über Bord geworfen hatten, erstand sehr rasch ein neues Bild vor unseren Augen. Wie Jean Cocteau, Großmeister der Prieuré de Sion, einst schrieb: »Die Geschichte ist ein Bündnis zwischen der Wirklichkeit und der Lüge. Die Wirklichkeit der Geschichte wird zur Lüge. Die Unwirklichkeit der Fabel wird zur Wahrheit.«

Die Konsequenzen dieser Geschichte reichen weit über das Turiner Grabtuch hinaus. In den Zentren der europäischen Christenheit wird Maria Magdalena – in ihrer Eigenschaft als Vertreterin der Göttin und der Schwarzen Madonna – seit vielen Jahrhunderten verehrt. Die Religion des Johannes starb nicht, wie A. N. Wilson glaubt, weniger als ein Jahrhundert nach ihrer Entstehung aus – beide Kulte überlebten und reichten ihre Botschaft im »verborgenen Strom« weiter.

Wenn, wie wir meinen, die Kirche das Grabtuch einst in Auftrag gab, dann müssen die Mächte im Vatikan von seiner wahren Natur wissen.

Aus diesem Grund werden wir vielleicht sehr schnell hören, daß das Turiner Grabtuch gestohlen worden sei oder daß es sich mit opportuner Geschwindigkeit »auflöse«. Was immer ihm zustößt, es wird nicht länger vorhanden sein, um diejenigen zu stärken, die seine Kraft suchen. Selbst wenn man es – mit seinen erstaunlichen Ungereimtheiten und seiner ketzerischen Symbolik – noch einmal ausstellt, wird sein Zauber ein anderer sein. Ja, wir haben es mit einem Wunder zu tun, aber mit einem von Menschenhand bewirkten. Leonardo erhob sich nicht nur über die mittelmäßigen Geister seiner Zeit, sondern über die aller Zeiten. Er wollte »der erste sein, den Traum Wirklichkeit werden lassen«. Was immer man sonst von seinem Leichentuch halten mag, dieser besondere Traum ist Wirklichkeit geworden.

Generationen haben sich über das Turiner Grabtuch den Kopf zerbrochen. Ungeachtet dessen, was in Zukunft mit diesem Tuch geschehen wird, es ist – wie die Bundeslade – auserkoren für das Reich der Legende.

ANMERKUNGEN

EINFÜHRUNG

1 Wir hatten gewisse Schwierigkeiten, für dieses komplizierte und stellenweise auch sehr persönliche Buch die richtige Erzählform zu finden. Nach verschiedenen Versuchen haben wir uns für die erste Person entschieden. Wenn es wichtig ist, wer von uns beiden spricht, verwenden wir die Formel »ich (Lynn/Clive)«, in allen anderen Fällen steht »wir«.
Auf den unvermeidlichen Vorwurf der Parteilichkeit möchten wir schon hier entgegnen, daß wir uns nur deshalb so häufig auf Ian Wilson beziehen, weil dessen Bücher die bekanntesten zu unserem Thema sind. Wir hätten sein Werk kaum ignorieren können.

1 FRAGEN ÜBER FRAGEN

1 Während wir dieses Buch schrieben – Anfang 1994 – wurde das Grabtuch (in seinem silbernen Reliquiar) wegen Restaurierungsarbeiten an der Königlichen Kapelle in das Hauptschiff der Kathedrale verlegt. Es wird nun in einer modernen Glasvitrine von 3,40 Metern Breite, zwei Metern Höhe und drei Tonnen Gewicht aufbewahrt. Sicherheitsanlagen schützen es vor Übergriffen und Feuer. Es bleibt abzuwarten, ob der neue Aufbewahrungsort vorläufig ist, da es sich nach dem Umzug in kirchlichem und nicht in staatlichem Besitz befindet.

2 Die Informationen für dieses Kapitel sind verschiedenen Quellen entnommen; die wichtigsten sind Ian Wilson, *Eine Spur von Jesus*. Aus dem Englischen von Maria Branse. Freiburg im Breisgau 1980, und *The Evidence of the Shroud*. London 1986; John Heller, *Report on the Shroud of Turin*. Boston 1983; David Sox, *The Image on the Shroud*. London 1981, und Joe Nickell, *Inquest on the Shroud of Turin*. Buffalo, N.Y. 1987.
3 Die Wissenschaftler der STURP-Untersuchung von 1978 fanden an den Rändern der Brandlöcher Pechreste, die zufällig von Fackeln getropft sein könnten. L. A. Schwalbe und R. N. Rogers, »Physics and Chemistry of the Shroud of Turin. A Summary of the 1978 Investigation«. In: *Analytica Chimica Acta* 135 (1982).
4 Pias Bericht »Memoria sulla reproduzione fotografia della santissima Sindone« findet sich in *Sindon*. April 1960. Er ist auch nachzulesen in John Walsh, *Das Linnen*. Ins Deutsche übertragen von Hans Christian Bauer. Frankfurt am Main 1965, Kap. 2.
5 *Sindon*. April 1991
6 Vgl. z. B. die kurz nach Pias Entdeckung durchgeführten Versuche der beiden italienischen Künstler Carlo Cussetti und Enrico Reffo, abgebildet in Robert K. Wilcox, *Das Turiner Grabtuch*. Aus dem Amerikanischen von Klaus Machold. Düsseldorf, Wien 1978.
7 Es gibt noch viele andere Gründe

dafür, daß das Bild nicht gemalt sein kann. Z. B. ist es aus der Nähe so blaß, daß der Künstler nicht hätte erkennen können, was er malt. Ein weiterer Einwand wird von Joe Nickell in *Inquest on the Shroud of Turin*, S. 98, vorgetragen: Für ein Gemälde hätte der Künstler erst eine Skizze gemacht, die noch sichtbar sein müßte.

8 Giuseppe Enrie, *La Santa Sindone Rivelata dalla Fotografia*. Turin 1938. John Walsh gibt in Kapitel 10 von *Das Linnen* einen umfassenden Bericht.

9 Paul Vignon, *Le Saint Suaire de Turin devant la science, l'archéologie, l'histoire, l'iconographie, la logique*. Paris 1939.

10 Pierre Barbet, *Die Passion Jesu Christi in der Sicht des Chirurgen*. Ins Deutsche übertragen von Josef Herold. Karlsruhe 1953.

11 Der Kommissionsbericht ist veröffentlicht in *Rivista Diocesa Torinese*, Januar 1976. Detaillierte Angaben über Arbeit und Ergebnisse der Kommission finden sich in Ian Wilson, *Eine Spur von Jesus*. Teil 2.

12 Veröffentlicht bei Victor Gollancz kurz vor der Ausstellung. Eine durchgesehene und überarbeitete Ausgabe, welche die Ereignisse von 1978 berücksichtigt, erschien 1979 bei Penguin.

13 Produzent und Regisseur David Rolfe. Peter Brent und David Rolfe, *The Silent Witness. Das Buch zum Film*. London 1978.

14 Ibid., S. 9.

15 Die Ergebnisse der STURP-Untersuchungen wurden in verschiedenen wissenschaftlichen und technischen Zeitschriften veröffentlicht. Zusammenfassungen finden sich in Ian Wilson, *The Evidence of the Shroud*, und John Heller, *Report on the Shroud of Turin*. Wilsons Buch enthält eine vollständige Bibliographie der STURP-Veröffentlichungen.

16 Sox, op. cit., S. 21 f.

17 Ein Bericht über die Radiokarbondatierung und die Ereignisse, die da-

zu führten, erschien in *Fortean Times*. Nr. 51, S. 4–7.

18 Vgl. unterschiedliche Berichte in der englischen Presse vom 14. Oktober 1988. Die vollständigen Laborergebnisse erschienen in *Nature*, 16. Februar 1989, in einem von allen Wissenschaftlern unterzeichneten Artikel.

19 *The Independent*. 14. Oktober 1988.

20 Zitiert in *Fortean Times*. Nr. 51, S. 4.

21 Wilson, *Eine Spur von Jesus*, S. 94.

22 Wilson, *The Evidence of the Shroud*, S. 136.

23 Ian Wilson, *Holy Faces, Secret Places*. Toronto 1991, S. 255. Im *British Society for the Turin Shroud Newsletter* (Nr. 31, Mai 1992) zitiert Herausgeber Wilson Psalm 22,18 und vergleicht die Kontroverse nach der Radiokarbondatierung mit dem Streit bei der Verteilung der Kleider Jesu unter dem Kreuz.

24 Rodney Hoare, *A Piece of Cloth*. Wellingborough, Northamptonshire 1984, S. 19.

25 Brief vom 12. April 1993.

26 *La Contre-Réforme Catholique au XXe Siècle*. Nr. 238. April 1991.

27 Zitiert in Holger Kersten und Elmar Gruber, *Das Jesus-Komplott. Die Wahrheit über das Turiner Grabtuch*. München 1992, S. 384.

28 *BSTS Newsletter*. Nr. 35. September 1993, S. 18 ff.

29 Robert K. Wilcox, op. cit., S. 65–69; 100–119.

30 Max Frei, »Note a seguito dei primo studi sui prelievi di polvere aderente al lenzuolo della S. Sidone«. In: *Sindon*. April 1976. Ein englischsprachiger Bericht seiner Arbeit findet sich in »Nine Years of Paleological Studies on the Shroud«. In: *Shroud Spectrum International*. Nr. 3. 1982.

31 Dieses große Debakel der Pressegeschichte ereignete sich 1983, als der *Stern* die »Hitler-Tagebücher« für sechs Millionen Mark kaufte, nachdem drei Graphologen ihre Echtheit bestätigt hatten; einer der Gutachter

war Max Frei. Nach Erscheinen der
ersten Auszüge im *Stern* und in der
Sunday Times ergaben Schriftver-
gleiche, daß die »Tagebücher« eine
plumpe Fälschung waren. Frei hatte
die gefälschten Tagebücher mit
gefälschten handschriftlichen Proben
verglichen, obwohl echte sehr leicht
zugänglich gewesen wären. Vgl.
Robert Harris, *Selling Hitler*. London
1986, S. 181 f. und 195 f.

32 E. Jumper, A. Adler, J. Jackson,
S. Pillicori, J. Heller und J. Druzic,
»A comprehensive examination of the
various stains and images on the
Shroud of Turin«. In: *ACS Advances in
Chemistry*. Nr. 205. Archeological
Chemistry III. 1984, S. 447–476.

33 Zitiert in Sox, op. cit., S. 45.

34 Die VP-8-Bilder sind in Wilson,
The Evidence of the Shroud, wiedergegeben.

35 Man stößt oft auf die Behauptung,
daß sich unter den Blutflecken keine
Spuren der Körperabbildung feststellen ließen. Wenn das zuträfe,
hätten wir ein wichtiges Argument
für die Echtheit des Tuches, denn es
würde bedeuten, daß Tuch und
Körper Kontakt hatten und daß die
Abbildung des Körpers an den
Stellen, an denen das Blut im Wege
war, nicht erfolgen konnte. Kein
Fälscher würde mit den Blutflecken
anfangen und dann das Bild um sie
herummalen. Die Behauptung stimmt
jedoch nicht. Sie rührt von einem
Experiment her, mit dem der STURP-
Wissenschaftler Alan Adler die Echtheit des Blutes nachweisen wollte.
Er nahm eine einzige mit »Blut«
verschmierte Faser und versuchte,
die Blutproteine mit dem Enzym Pro-
tease aufzulösen, was gelang.
Somit gibt es ein Indiz dafür, daß wir
es mit Blut zu tun haben, aber keinen
Beweis. Adler stellte dann fest,
daß die Faser frei von der Färbung
des Körperbildes war. Heller und
Adler, »Blood on the Shroud of Turin«.
In: *Applied Optics*. Bd. 19. Nr. 12. Juni

1980. Es ist jedoch völlig inakzeptabel, von diesem Versuch an einer
einzigen Faser – ein Leinenfaden
besteht aus mehr als hundert – darauf zu schließen, daß sich nirgendwo
unter den Blutflecken ein Bild
befindet. Wir haben bereits erwähnt,
daß selbst im Bereich des Bildes
viele Fasern nicht eingefärbt sind.
Ray Rogers von der STURP bezeichnete in einem Vortrag vor der
BSTS im Juni 1980 die Frage, ob
die Blutflecken das Bild decken,
als noch ungeklärt.

36 Für Einzelheiten zu dieser Kontro-
verse vgl. Nickell, op. cit., Kap. 12;
Wilson, *The Evidence of the Shroud*,
S. 91–97; Sox, *The Image on the Shroud*.
Kap. 9.

37 Barbet, op. cit., Kap. 5.

38 Ibid., S. 112.

39 Ibid., Kap. 3.

40 Hoare, op. cit., Kap. 6.

41 Barbet, op. cit., S. 21.

42 Zusammenfassung in Wilson, *Eine
Spur von Jesus*, S. 41–44.

43 Eine Praxis, die sich merkwürdiger
Beliebtheit erfreute und bei der
ausgeprägter Masochismus und
religiöse Inbrunst miteinander ver-
schmolzen.

44 Hoare, op. cit., S. 96.

45 Vgl. Kap. 7.

46 Francis Filas, *The Dating of the Shroud
of Turin from Coins of Pontius Pilate*.
Arizona 1982.

47 Sox, op. cit., S. 26 f.

2 DAS URTEIL DER GESCHICHTE

1 Herbert Thurston, »The Turin Shroud
and the Verdict of History«.
In: *The Month*. Januar/Februar 1903.

2 Vgl. beispielsweise Ian Wilson,
Holy Faces, Secret Places. Kap. 14.

3 Die ausführlichste Übersicht über die
Geschichte des Turiner Grabtuches
findet sich in Ian Wilson, *Eine Spur
von Jesus*. Klassische Untersuchungen
der Dokumente, die sich auf das
Grabtuch beziehen, sind Ulysses

Chevalier, *Etude Critique sur l'origine du Saint Suaire de Lirey-Chambéry-Turin.* Paris 1900, und die Artikel Herbert Thurstons in *The Month.* Siehe Kap. 2, Anm. 1.

4 Der Brief befindet sich in der Bibliothèque Nationale, Paris, Collection de Champagne, v 154, f. 138. Eine vollständige Übersetzung ins Englische von Herbert Thurston erschien in *The Month,* 1903. Sie ist in Ian Wilson, *Eine Spur von Jesus,* und Sox, *The Image on the Shroud,* abgedruckt.

5 Wilson, *Eine Spur von Jesus,* S. 99.

6 Ibid. Der lateinische Text lautet folgendermaßen: *Et tandem, solerti diligencia precedente et informacione super hoc facta, finaliter reperit fraudem et quomodo pannus ille artificialiter depictus fuerat, et probatum fuit etiam per artificem qui illum depinxerat, ipsum humano ope factum, non miraculose confectum vel concessum.* (Schließlich, nach fleißiger Umfrage und Prüfung, entdeckte er die Fälschung und wie das genannte Tuch mit Schlauheit und List gemalt worden war, wofür die Wahrheit von dem Künstler, der es gemalt hatte, bestätigt wurde, nämlich daß es ein Werk menschlicher Kunst war und nicht durch ein Wunder bewirkt oder verliehen.)

7 op. cit., S. 15. Zitat aus Edward A. Wuenschel, *Self-Portrait of Christ.* New York 1957.

8 Archiv des Département Aube. Regal G822.

9 Auch 1357 wird im Reliquieninventar Lireys kein Grabtuch erwähnt. Archiv des Département Aube. Urkunden von Lirey. 96.

10 Trotzdem bestehen einige Mitglieder der französischen Grabtuch-Gilde CIELT darauf, daß die Existenz des Grabtuches bereits 1353, im Gründungsjahr der Kirche von Lirey, verbürgt gewesen sei. Man ist der Ansicht, vier oder fünf Jahre seien von entscheidender Bedeutung.

11 Siehe Wilson, *The Evidence of the Shroud.* Dort findet sich eine Fotografie des Medaillons.

12 Wilson, *Eine Spur von Jesus,* S. 241.

13 Christopher Cope, *Phoenix Frustrated.* London 1986, S. 157.

14 Zitiert in Nickell, *Inquest on the Shroud of Turin,* S. 23.

15 Cope, op. cit., S. 157.

16 Hippolyte Chopin trug als erster diese Theorie vor; siehe Chevalier, op. cit. Eine modernere Version stammt von Geoffrey Crawley. In: *The British Journal of Photography.* März 1967.

17 John Tyrer, *BSTS Newsletter.* Dezember 1988. Tyrer war sehr schnell bei der Sache, denn sein Brief an den *Newsletter* datiert vom 20. Oktober 1988, gerade eine Woche nach der Bekanntgabe der Resultate der Radiokarbondatierung.

18 John A. T. Robinson, »The Shroud and the New Testament«. In: *Face to Face with the Turin Shroud.* Oxford 1978, S. 69.

19 Man vermutet, daß das Evangelium nach Johannes als letztes der vier Evangelien aufgezeichnet wurde; es erhebt als einziges den Anspruch, von einem Augenzeugen zu stammen – von Johannes selbst, dem »Lieblingsjünger des Herrn«. Wegen seiner vielen Einzelheiten, seiner Vertrautheit mit Jerusalem sowie mit dem Brauchtum zur Zeit Jesu glaubt man, daß es tatsächlich von einem Augenzeugen des Wirkens Jesu verfaßt worden sei. Vgl. C. H. Dodd, *Historical Tradition in the Fourth Gospel.* Cambridge 1963.

20 Robert Eisler, *Die messianische Unabhängigkeitsbewegung vom Auftreten des Täufers bis zum Untergang Jakobs des Gerechten, nach der neuerschlossenen Eroberung von Jerusalem des Flavius Josephus und den christlichen Quellen.* 2 Bde. Heidelberg 1929–1930.

21 Die gründlichste Studie ist die von Maurus Green, »Enshrouded in Silence«. In: *Ampleforth Journal.* Bd. 74, 1969.

22 Robert de Clari, *La Conquête de Constantinople*. Paris 1956.

23 Geoffroi de Villehardouin, *La Conquête de Constantinople*. Paris 1924.

24 Siehe Wilson, *Eine Spur von Jesus*. Teil 4.

25 Evagrius Scholasticus, *Historiae ecclesiasticae*. Lovanium 1569. IV 27.

26 Übersetzt in *The Anti-Nicene Fathers*. Bd. VIII. Hg. Roberts und Donaldson. Michigan 1951.

27 Antrittsvorlesung von Averil Cameron, »The Sceptic and the Shroud«. April 1980. Broschüre des King's College, London. Unseren Dank an Alan Wills, der uns ein Exemplar besorgte.

28 Wilson, *Holy Faces, Secret Places*, S. 213.

29 Zitiert in Wilson, *Eine Spur von Jesus*, S. 189 f.

30 Ibid., S. 171.

31 Philip M. J. McNair, »The Shroud and History. Fantasy, Fake or Fact?« In: *Face to Face with the Turin Shroud*, S. 37.

32 Brent und Rolfe, op. cit., S. 67.

33 Joe Nickell, *Inquest on the Shroud of Turin*, zitiert den Mikropaläontologen Steven Schafersman (»Ich finde Max Freis Schlußfolgerungen unglaublich«) und Richard Eyde, Botaniker des Smithsonian Institute.

34 Schwalbe und Rogers, op. cit.

35 Zu einer orthodoxen Darstellung der Templergeschichte siehe Peter Partner, *The Murdered Magicians*, Oxford 1981, der auch auf die spätere Mythologisierung des Ordens durch die Okkultisten eingeht. Historisches Material – jedoch mit ganz anderen Schlußfolgerungen über das Schicksal des Ordens nach seiner Zerschlagung – findet sich in *Die Wächter des heiligen Siegels*. Aus dem Englischen von Gertrud Lehnert, Matthias Vogel und Frank Witzel. Bergisch Gladbach 1992; Michael Baigent und Richard Leigh, *Der Tempel und die Loge*. Aus dem Englischen von Bernd Rullkötter. Bergisch Gladbach

1991; John J. Robinson, *Born in Blood*. London 1990.

36 Vgl. M. Barber, *The Trial of the Templars*. Cambridge 1978.

37 Wilson, *Eine Spur von Jesus*. Kap. 19.

38 Noel Currer-Briggs, *The Shroud and the Grail*. London 1987.

39 Ibid., Kap. 5 und 6.

40 Paul Vignon, *Le Saint Suaire de Turin*. Vgl. auch John Walsh, *Das Linnen*, S. 128–131, und Ian Wilson, *Eine Spur von Jesus*, S. 116–121.

41 Das »V« auf der Stirn deutet auch insofern nicht auf einen Einfluß der byzantinischen Tradition hin, als es sich nicht nur auf Jesus beschränkt. Jede Sammlung byzantinischer Ikonen zeigt auf den ersten Blick, daß es sich auch auf den Heiligenstirnen und sogar der Stirn der Jungfrau Maria findet.

42 Vgl. Wilson, *The Evidence of the Shroud*, S. 107–110.

43 Wilson, *Holy Faces, Secret Places*. Kap. 12.

44 Abb. VII in Cope, op. cit.

45 Ian Dickinson, »Recent Discoveries on the Turin Shroud«. Vortrag vor der British Society for the Turin Shroud. 27. Mai 1992.

46 Ian Wilson, *Holy Faces, Secret Places*, enthält eine ausführliche Studie über das Schweißtuch der Veronika.

3 THEORIEN

1 Schwalbe und Rogers, op. cit.

2 Hoare, op. cit., S. 139.

3 Zum Gedankenbild siehe Lynn Picknett, *Macmillan Encyclopedia of the Paranormal*. London 1990, S. 79 f. Bei einem klassischen Beispiel für dieses Phänomen spielt Leonardo da Vincis *Letztes Abendmahl* eine Rolle – siehe Deckblatt zu John Mitchell und Robert J. M. Rickard, *Phenomena. A Book of Wonders*. London 1977.

4 César Tort, »The Turin Shroud. A Case of Retrocognitive Thoughtography?« In: *Journal of the Society for Psychic Research*. Bd. 56. Nr. 818. Januar 1990,

S. 71. Tort zog seine Theorie vor kurzem im *Journal of the SPR*, Bd. 59, Nr. 834, Januar 1994, zurück. Wir danken Guy Lyon Playfair, der uns auf Torts Arbeit aufmerksam machte.

5 Vgl. Wilson, *Eine Spur von Jesus*. Kap. 24. Die Theorie wurde bereits 1931 von P. W. O'Gorman aufgestellt.

6 Wir möchten Keith Prince für seinen beträchtlichen Beitrag zu diesem Abschnitt danken.

7 Zum Beispiel Ian Wilson, *Eine Spur von Jesus*, S. 275 f.

8 Vignon, op. cit.

9 Hoare, op. cit., Kap. 5.

10 Für Hoare beweist das Grabtuch, daß die Auferstehung in Wirklichkeit nur ein Erwachen aus dem Koma gewesen und Jesus deshalb nur Mensch und kein Gott sei. Merkwürdigerweise sieht Hoare darin keinen Widerspruch zu seinem anglikanischen Glauben. Außerdem habe das Tuch unter einem besonderen Schutz gestanden, damit das zwanzigste Jahrhundert diese »Botschaft« erfahre und die Versöhnung von Christen, Juden und Mohammedanern herbeigeführt werden könne. *The Testimony of the Shroud*, S. 122.

11 Die Ähnlichkeit des Farbtons von Körper und Haaren ist unzweifelhaft verdächtig, und wir werden später ausführlicher darauf eingehen.

12 Ian Wilson, »Riddle of the Dead Man's Hand«. In: *Observer Magazine*. 31. Januar 1988; vgl. auch *Fortean Times*. Nr. 51, S. 7.

13 Jean Volckringer, *Le problème des empreintes devant la science*. Paris 1942. Fotografien der Volckringer-Bilder sind zu finden in Wilson, *The Evidence of the Shroud*, S. 98.

14 Allan Mills, »The Russell Effect«. Vortrag vor der British Society for the Turin Shroud am 23. Oktober 1991.

15 Walter C. McCrone, »Authenticity of Medieval Document Tested by Small-Particle Analysis«. In: *Analytical Chemistry*. 59. 1987, S. 829–833.

16 Ein aufschlußreicher Bericht über die Kontroverse ist in *Strange Magazine* erschienen: Michael T. Shoemaker, »Debunking the Debunkers. The Vinland Map«. Nr. 3 (1988), S. 22.

17 Zitiert in Shoemakers Artikel (siehe Anm. 16).

18 Sox, op. cit., S. 22.

19 McCrones Ergebnisse wurden in drei Artikeln veröffentlicht: »Light-Microscopical Study of the Turin Shroud«. In: *The Microscope*. Bde. 28 und 29 (1980–1981). Die beiden ersten Artikel waren in Zusammenarbeit mit C. Skirius entstanden. Der volle Text von McCrones zweitem Bericht an die STURP (der abgelehnt wurde) findet sich in Sox, *The Image on the Shroud*.

20 Ian Wilson, *The Evidence of the Shroud*, S. 63.

21 Einzelheiten zu dieser höchst technischen Debatte – die sich zum großen Teil in privaten Briefen und internen Mitteilungen der STURP abspielte – finden sich in Sox, *The Image on the Shroud*.

22 R. A. Morris, L. A. Schwalbe und J. R. London, »X-Ray Fluorescence Investigation of the Shroud of Turin«. In: *X-Ray Spectrometry*. Bd. 9. Nr. 2 (1980).

23 J. H. Heller und A. D. Adler, »A Chemical Investigation of the Shroud of Turin«. In: *Journal of the Canadian Society of Forensic Science*. Bd. 14. Nr. 3 (1981).

24 J. H. Heller und A. D. Adler, »Blood on the Shroud of Turin«. In: *Applied Optics*. Bd. 19 (August 1980).

25 Vgl. Sox, op. cit., S. 35.

26 Veröffentlicht in dem ersten der drei Artikel in *Microscope*. (Siehe auch Anm. 19.)

27 Sox, op. cit., S. 39.

28 Wilson, *The Evidence of the Shroud*, S. 87 f.

29 Nickell, op. cit., Kap. 9.

30 Vgl. Sox, S. 88, und César Tort, Brief in *Journal of the Society for Psychical Research*. Bd. 56. Nr. 820 (Juli 1990), S. 249.

31 Tort, ibid., S. 250.
32 Zum Beispiel Ian Wilson in *Eine Spur von Jesus.*
33 Hoare, op. cit., S. 73.
34 Freelands Arbeit ist unveröffentlicht, wird aber ausführlich in Sox, *The Image on the Shroud*, zitiert.
35 Man hat noch andere Einwände gegen die Geißelwunden erhoben. Joe Nickell, *Inquest on the Shroud of Turin*, S. 60, ist der Meinung, daß nicht genug Blut vorhanden sei. Anthony Harris erhebt den gleichen Einwand in *The Sacred Virgin and the Holy Whore.* London 1988, und weist auch darauf hin, daß sich die Verletzungen nicht überlappen, als seien sie sorgfältig nach ästhetischen Überlegungen angeordnet worden.
36 Zitiert in Sox, op. cit., S. 106.

4 KORRESPONDENTEN

1 Zitiert in Ian Wilson, *Holy Faces, Secret Places*, S. 33.
2 Henry Lincoln, Michael Baigent, Richard Leigh, *Das Vermächtnis des Messias.* Aus dem Englischen von Bernd Rullkötter. Bergisch Gladbach 1987, S. 252.
3 Henry Lincoln, Michael Baigent, Richard Leigh, *Der Heilige Gral und seine Erben.* Aus dem Englischen von Hans Erik Hausner. Bergisch Gladbach 1984
4 »The Lost Treasure of Jerusalem« (1972), »The Priest, the Painter and the Devil« (1974) und »The Shadow of the Templars« (1979). Alle drei Filme wurden im *Chronicle*-Programm der BBC ausgestrahlt
5 Eine Zusammenfassung findet sich in *Der Heilige Gral und seine Erben*, S. 325–328.
6 Elaine Pagels, *Versuchung durch Erkenntnis.* Aus dem Amerikanischen von Angelika Schweikhardt. Frankfurt am Main 1981, S. 110.
7 Eine vollständige Liste aller angeblichen Großmeister findet sich im Anhang von *Der Heilige Gral und seine Erben.* Zu Leonardo da Vinci vgl. S. 383.
8 Diese Urkundensammlung aus der Bibliothèque Nationale de Paris stellt die wichtigste Quelle für Lincoln, Baigent und Leigh über die Geschichte und die Auffassungen der Prieuré dar.
9 Robert Anton Wilson, »The Priory of Sion«. In: *Gnosis Magazine.* 1988.
10 Lincoln, Baigent, Leigh, *Der Heilige Gral und seine Erben*, S. 160.
11 Brief von Wilson an Clive Prince vom 5. Juni 1991.
12 Telefongespräch zwischen Lynn Picknett und Ian Dickinson im Januar 1994.
13 Kersten und Gruber, *Das Jesus-Komplott*, S. 87.

5 EIN ITALIENISCHER FAUST

1 Pierre Barbet, *Die Passion Jesu Christi in der Sicht des Chirurgen*, S. 248.
2 Brent und Rolfe, op. cit., S. 78.
3 Wilson, *The Evidence of the Shroud*, S. 82.
4 Currer-Briggs, op. cit., S. 31.
5 Kersten und Gruber, op. cit., S. 30.
6 Siehe Kap. 5, Wilson, *The Evidence of the Shroud*, zu einer Erörterung der Thesen Gabriellis.
7 Anthony Harris, *The Sacred Virgin and the Holy Whore.* Kap. 3.
8 Augusto Marinoni, »Das Fahrrad«. Anhang in: L. Reti (Hg.), *Leonardo. Künstler, Forscher, Magier.* Aus dem Italienischen von Heinz Riedt. Frankfurt am Main 1974.
9 Martin Quigley jun., *Magic Shadows.* Washington DC 1948, S. 32.
10 Zitiert in Serge Bramly, *Leonardo. The Artist and the Man.* London 1992, S. 443.
11 Lincoln, Baigent, Leigh, op. cit., S. 170.
12 Die Geschichte der Rosenkreuzer-Manifeste und die anschließende Ausbreitung der Bewegung ist Gegenstand des Buches von Frances

Yates, *The Rosicrucian Enlightenment*. London 1972, in dem auch eine vollständige Übersetzung der Manifeste enthalten ist. Eine weitere ausgezeichnete Abhandlung über die Rosenkreuzer ist Richard Cavendish, *A History of Magic*. London 1987.

13 Johann Valentin Andreä, der gemeinhin als der Verfasser der Manifeste gilt, war auch für die Gründung der »Christlichen Bruderschaften« verantwortlich, eines Bundes von Geheimgesellschaften, der durch die Inquisition bedrohtes Wissen retten wollte. Diese Vereinigungen sollen zum Logensystem der Freimaurer geworden sein oder es doch zumindest beeinflußt haben. Die Prieuré de Sion behauptet, Andreä sei ihr siebzehnter Großmeister gewesen. Vgl. Lincoln, Baigent, Leigh, op. cit., S. 105 f., 114 ff., 386

14 Siehe C. J. S. Thompson, *The Lure and Romance of Alchemy*. New York 1990. Kap. XXII.

15 Prieuré-Dokumente behaupten, die Gesellschaft habe den Namen »Ordre de la Rose-Croix Veritas« seit dem zwölften Jahrhundert getragen – vgl. *Der Heilige Gral und seine Erben*, S. 99.

16 Vgl. Illustration. Man findet dieses Bild in mehreren Büchern über die Rosenkreuzer und die Kabbala (zum Beispiel in Lewis Spence, *Encyclopedia of the Occult*), es erschien aber ursprünglich 1593 in einem Werk mit dem Titel *Antiquitatum Judaicarum Libri IX* von B. Arius Montanus. Wir schulden Gareth Medway Dank für diese Information.

17 Frances Yates, *Giordano Bruno and the Hermetic Tradition*. London 1964, S. 435.

18 Die Bedeutung der okkulten Ideenwelt für die Renaissance wird in einem Großteil der Werke von Frances Yates erörtert. Die wichtigsten finden sich in der Bibliographie.

19 Frances Yates, *The Art of Memory*. London 1966, S. 224.

20 Frances Yates, *The Occult Philosophy in the Elizabethan Age*. London 1979, S. 40 f.

21 In *The Art of Memory*, Kap. 17, erörtert Yates, wie das okkulte Gedankengut die Entwicklung der wissenschaftlichen Methodik befruchtete.

22 Yates, *The Art of Memory*, op. cit., S. 153; 309 ff.

23 Yates, *The Occult Philosophy in the Elizabethan Age*, S. 14 f.

24 Siehe Gershom Scholem, *Jüdische Mystik in ihren Hauptströmungen*. Frankfurt am Main 1967.

25 Neben Frances Yates' Werk siehe J. H. Blau, *The Christian Interpretation of the Cabala in the Renaissance*. New York 1944.

26 Yates, *The Art of Memory*, S. 37 f.

27 Dieser Prozeß wird sehr klar dargestellt in *The Occult in the Elizabethan Age*, einem Werk, das die Entwicklung der neoplatonisch-hermetisch-kabbalistischen Tradition von ihren Ursprüngen bis zu ihrem Einfluß auf das elisabethanische England verfolgt.

28 Frances Yates, *Giordano Bruno and the Hermetic Tradition*, S. 76 f.

29 Frances Yates, *The Occult Philosophy in the Elizabethan Age*, S. 187.

30 Frances Yates, *Giordano Bruno and the Hermetic Tradition*. Kap. IV und V.

31 Judith Hook, *Lorenzo de' Medici*. London 1984, S. 11.

32 Ibid., S. 12.

33 Siehe die Bibliographie zu Quellen über Leonardos Leben und Werk.

34 Martin Kemp, *Leonardo da Vinci*. London 1981, S. 63.

35 Leonardo schrieb, er wolle nicht zulassen, daß sein Körper ein »Grab für andere Tiere, eine Herberge für Tote …«, eine Hülle für Verwesung« werde. Zitiert in Serge Bramly, *Leonardo da Vinci*. Deutsch von Helmut Mennicken. Reinbek bei Hamburg 1993, S. 286.

36 Peter de Rosa, *Gottes erste Diener. Die dunkle Seite des Papsttums*. München 1989, zitiert Fälle von

Folterungen, weil die Angeklagten kein Schweinefleisch essen wollten!

37 Bramly, op. cit., S. 25.

38 Ibid., S. 28.

39 Abgesehen von seiner Zusammenarbeit mit Rustici war Leonardo auch lange mit Tomaso Masini befreundet, der sich den Namen Zoroastro de Peretola zugelegt hatte. Mit Masini reiste er 1482 von Florenz nach Mailand. Ab 1493 gehörte Masini zu Leonardos Haushalt und war noch 1503, zur Zeit von Leonardos Rückkehr nach Florenz, sein Mitarbeiter. Leonardos Beschützer und Gönner in Rom während der Jahre 1513 bis 1515 war der Alchimist Giuliano de' Medici (der Sohn Lorenzos und der Bruder von Papst Leo X.).

40 Bramly, op. cit., S. 414.

41 Peter Friend, *John Dee*. London 1972.

42 Bramly, op. cit., S. 387.

43 Der französische Historiker Michelet, zitiert in Bramly, op. cit., S. 40.

44 Bramly, op. cit., S. 40.

45 Die Sekte der Katharer existierte noch in Norditalien, lange nachdem sie in Frankreich ausgelöscht worden war. Vgl. Walter Birks und R. A. Gilbert, *The Treasure of Montségur*. Wellingborough 1987, S. 73–76.

46 Bramly, op. cit., S. 66.

47 Maurice Rowden, *Leonardo da Vinci*. London 1975, S. 28.

48 Es gibt eine Notiz Leonardos mit dem Wortlaut »Gespräch über das Meer mit dem Mann aus Genua«, von der viel Aufhebens gemacht wurde, weil man vermutete, daß Kolumbus etliches von Leonardo gelernt habe! Obwohl sich die beiden in den 1480ern in Padua kennenlernten und trotz der Freundschaft Leonardos mit dem jungen Amerigo Vespucci, ist es unwahrscheinlich, daß er an der Entdeckung der Neuen Welt mitwirkte.

49 Giorgio Vasari, *Die Lebensbeschreibungen der berühmtesten Architekten, Bildhauer und Maler*. Übersetzt von Georg Gronau. Straßburg 1906, S.25.

50 Ibid., S. 25.

51 Lincoln, Baigent, Leigh, *Der Heilige Gral und seine Erben*, S. 120.

52 Leonardo da Vinci, *Codex Atlanticus*. Ambrosiana, Mailand. 159.

53 Auf der vorher nicht sichtbaren Seite der Blätter im *Codex Atlanticus*, die bis 1965 auf die Seiten des Codex geklebt waren.

54 Bramly, op. cit., S. 157 f.

55 Lillian Schwartz, »Leonardos Mona Lisa«. In: *Art and Antiques*. Januar 1987, S. 50.

56 *The Times*. Dezember 1992.

57 Vgl. Stuart Holroyd/Neil Powell, *Mysteries of Magic*. London 1991, S. 239.

58 Ibid., S. 144.

59 Ibid., S. 143.

60 Jean Julien Fulcanelli, *Le Mystère des Cathédrales*. Paris 1957.

61 Vgl. die Illustration auf S. 878 von Kenneth Rayner Johnson, »The Image of Perfection«. In: *The Unexplained*. Nr. 45.

62 Vgl. Graham Hancock, *Die Wächter des heiligen Siegels. Aus dem Englischen von Gertrud Lehnert, Matthias Vogel und Frank Witzel. Bergisch Gladbach 1992. Abb. 13.

63 Emile-Jules Grillot de Givry, *Le musée des sorciers, mages et alchimistes*. Paris 1980.

64 Leonardo da Vinci, Manuskript in der Royal Collection, Windsor, Nr. 19054v; zitiert in Richter (Hg.), *The Notebooks of Leonardo da Vinci*.

65 Stuart Holroyd/Neil Powell, *Mysteries of Magic*, S. 162.

66 De Givry, op. cit., S. 384.

67 C. J. S. Thompson, op. cit., S. 10.

68 Ibid., S. 31–35.

69 Ean Begg, *Die Unheilige Jungfrau. Im Einverständnis mit dem Autor leicht gekürzte und bearbeitete Ausgabe, aus dem Englischen übersetzt von Sylvia Luetjohann. Bad Münstereifel, Trilla 1987, S. 84.

70 Ibid., S. 26.

71 Richard Leigh und Michael Baigent in *The Unexplained*. »Virgins with

a Pagan Past«. Nr. 3, S. 617; »The Goddess behind the Mask«. Nr. 5, S. 114;
»Guardians of the Living Earth«.
Nr. 7, S. 154.
72 Begg, op. cit., S. 207.
73 Ibid., S. 38.
74 Hancock, op. cit., S. 68.
75 Lincoln, Baigent, Leigh, op. cit.,
S. 107.
76 Begg, op. cit., S. 38 f.
77 Stan Gooch, »Murder by Moonlight«.
In: The Unexplained. Nr. 95, S. 1906.
78 David Wood, Genesis. Tunbridge
Wells, Kent 1985, S. 218.
79 Lincoln, Baigent, Leigh, op. cit.,
S. 148.
80 Bramly, op. cit., S. 31.
81 Leonardo da Vinci, Royal Collection,
Windsor, Nr. 19054v.

6 DIE GRABTUCH-MAFIA

1 In seinem Vorwort zu Face to Face
with the Turin Shroud, S. 13.
2 Die Identifikation mit dem Lirey-
Turiner Grabtuch findet sich in
M. Perret, »Essai sur L'Histoire du
Saint Suaire du XIVe au XVIe Siècle«.
In: Mémoires de l'Académie des sciences,
belles lettres et arts de Savoie. IV. 1960.
3 Siehe Noel Currer-Briggs, The Shroud
and the Grail. London 1987. Dort ist
ein Gemälde des Grabtuches von
Besançon abgebildet. In den 1930ern
behauptete Monseigneur Arthur
Stapylton Barnes, das Grabtuch sei
tatsächlich in der Kathedrale von
Besançon verwahrt worden, bevor
es die Charnays erworben hätten,
und die Kopie von Besançon sei um
diese Zeit entstanden. Diese Theorie
ist ein reines Phantasiegebilde, aus
dem Wunsch geboren, dem Grabtuch
eine bis vor Lirey zurückreichende
Geschichte zu geben. Das Grabtuch
von Besançon war eine Kopie aus
dem sechzehnten Jahrhundert –
siehe Wilson, Eine Spur von Jesus,
S. 24.
4 Z. B. Joe Nickell, Inquest on the Shroud
of Turin, S. 12.

5 Zitiert in Thomas Humber, The Sacred
Shroud. New York 1978, S. 120.
6 Ian Wilson, »Mystery of the Missing
Mandylion«. In: BSTS Newsletter.
Nr. 36. Januar 1994, S. 13–17.
7 Ian Wilson, The Evidence of the Shroud,
S. 70.
8 Siehe z. B. die Zeittafel in Wilsons
Eine Spur von Jesus, Anhang A, in der
alle Ausstellungen aufgeführt sind.
Wir haben weder in der Sachliteratur
noch in den historischen Quellen
Hinweise auf öffentliche oder private
Ausstellungen während dieser Zeit
gefunden.
9 Archiv des Département der Côte-
d'Or. Nr. B 8440.
10 Wilson, Eine Spur von Jesus, S. 243.
11 Ibid., S. 289.
12 Das Dokument taucht auf in Che-
valiers Étude critique. Im Bericht von
Sixtus heißt es schlicht, das Grabtuch sei von der Familie Savoyen
»mit großer Ehrfurcht bewahrt«
worden.
13 Der folgende Katalog ist aus mehreren Quellen zusammengestellt,
vor allem Peter de Rosa, Gottes erste
Diener, und The Popes. Hg. von Eric
John. Tunbridge Wells, Kent 1964.
14 Zitiert in de Rosa, op. cit., S. 128.
15 Colin Wilson, A Criminal History of
Mankind. London 1984, S. 345.
16 Ian Wilson, Eine Spur von Jesus, S. 245.
17 Judith Hook, op. cit.
18 Maurice Rowden, Leonardo da Vinci,
S. 206.
19 Codex Leicester (Holkham Hall,
Norfolk), 10v, und Codex Atlanticus,
87v. Vgl. auch The Notebooks of
Leonardo da Vinci, S. 333.
20 Ladislao Reti (Hg.), Leonardo. Künstler,
Forscher, Magier, S. 58 f. Anthony
Harris erwähnt den Vorfall auch in
The Sacred Virgin and the Holy Whore.
21 Sox, op. cit., S. 31.
22 Ian Wilson, The Evidence of the Shroud,
S. 70.
23 Frank Smyth, »Is this the Face of
Christ?« In: The Unexplained. Nr. 18.
24 Die Schreibweise »Charnay« hat

sich eingebürgert, es sind jedoch
verschiedene Varianten belegt.
25 Wilson, *Eine Spur von Jesus*, S. 224.
26 Ibid., S. 210.
27 Ibid., Kap. 18.
28 Vgl. Barbet, op. cit., und Peter Partner,
op. cit., Kap. 3 und 4.
29 Noel Currer-Briggs, op. cit.,
S. 90 f.
30 Kersten und Gruber, op. cit., S. 248.
31 Das Tafelgemälde von Templecombe,
das Wilson den Templern zuordnet,
findet sich in Ian Wilson, *Eine Spur
von Jesus*, S. 209.
32 Noel Currer-Briggs, op. cit., Kap. 1.
33 Möglicherweise war sogar Jacques
de Molay selbst (dessen Stammbaum
bei den Historikern umstritten ist)
mit den beiden Familien Charnay
und Vergy verwandt, denn er war
der Sohn des Henri de Vergy, des
Urgroßvaters der Frau von Geoffroi
de Charnay. Siehe Currer-Briggs,
op. cit., S. 111.
34 Currer-Briggs, op. cit., S. 114.
35 Ibid., S. 150.
36 Geoffroi de Villehardouin, op. cit.,
berichtet über den Vierten Kreuzzug
aus der Sicht eines Teilnehmers.
37 Vgl. M. R. B. Shaws Einführung zu
Chronicles of the Crusades, S. 12 f.
38 Lincoln, Baigent, Leigh, op. cit.,
S. 108.
39 Die historische Darstellung der An-
fangszeit des Templerordens beruht
auf Wilhelm von Tyrus' *A History
of Deeds Done Beyond the Sea*, die
zwischen 1175 und 1185 entstand.
40 Lincoln, Baigent, Leigh, op. cit., S. 77.
41 Graham Hancock, op. cit., Kap. 5.
42 Lincoln, Baigent, Leigh, op. cit., S. 77.
43 Ibid., S. 79 f.
44 Ibid., S. 79 f.
45 Currer-Briggs, op. cit., S. 135.
46 Ibid., S. 152.
47 Ibid., S. 176.
48 Ibid., S. 34.
49 Lincoln, Baigent, Leigh, op. cit.,
S. 281.
50 Siehe Tafel 4 der Genealogien in
Der Heilige Gral und seine Erben, die

auf Veröffentlichungen von Prieuré-
Dokumenten im Jahre 1956 in Genf
zurückgehen.
51 Das Königreich Burgund erstreckte
sich über das heutige Frankreich, die
Schweiz und Norditalien.
52 Christopher Cope, op. cit., S. 35–46.
53 Ibid., S. 103.
54 Ibid., S. 152 f.
55 Lincoln, Baigent, Leigh, op. cit.,
S. 120.
56 Ibid., S. 126–130.
57 Siehe den Eintrag »Innozenz VIII.«
in Eric John (Hg.), *The Popes*, op. cit.
58 Die Katharer oder Albigenser waren
die einflußreichste »Ketzersekte« des
zwölften und dreizehnten Jahrhunderts im Südwesten Frankreichs;
sie praktizierten die Gleichberechtigung der Geschlechter, waren
Vegetarier und stellten zahlreiche
Dogmen der Kirche in Frage. (Z. B.
glaubten sie an eine Art Reinkar-
nation.) Der Papst rief zu einem
Kreuzzug gegen sie auf, und um 1244
waren fast alle ausgelöscht. (Siehe
J. Sumption, *The Albigensian Crusade*.
London 1978, und Walter Birks und
A. Gilbert, *The Treasure of Montségur*.
Wellingborough 1987.)
59 Archive Nationale. JJ77. Nr. 395.

7 WIR NEHMEN MASS

1 Wir sprachen auch mit Lillian
Schwartz über den Computer-Bild-
vergleich, als sie London im Sommer
1993 besuchte. Bei einem Abendessen mit ihr, ihrem Mann Jack und
unserem Kollegen Tony Pritchett – er
arbeitete früher zusammen mit
Lillian Schwartz in den Bell Laboratories in Amerika – skizzierten wir
unsere Theorie und zeigten ihr Bilder
des Grabtuches und Leonardos. Als
Verehrerin Leonardos war sie von
der Idee gefesselt, doch sie meinte
ebenfalls, daß ein Vergleich angesichts der wenigen verfügbaren Porträts wahrscheinlich unmöglich sei.
2 Bramly, op. cit., S. 9.

3 Kenneth Clark, zitiert in Bramly, op. cit., S. 10.
4 Brief an Clive Prince, 12. April 1991.
5 Während der Diskussion nach einem Vortrag von Lynn Picknett zum Thema »Did Leonardo da Vinci Fake the Turin Shroud?« im London Earth Mysteries Circle, 9. April 1991.
6 Isabel Piczek, »The Turin Shroud. Why It Cannot Be A Painting«. Vortrag vor der BSTS, 23. November 1992.
7 Zitiert in Ian Wilson, The Evidence of the Shroud, S. 30f.
8 Nickell, op. cit., S. 109.
9 Thomas Humber, The Fifth Gospel. New York 1974, S. 29.
10 Rodney Hoare, op. cit., S. 75.
11 Peter de Rosa, op. cit., S. 7.
12 Es hat den Anschein, als hätten sich die Hände während der Belichtung bewegt. Die unproportionierte Länge des rechten Armes (der Arm, dessen Hand teilweise von der anderen Hand verdeckt wird) stellt die Sindonologen schon seit langem vor Probleme. Sie ist, wie eine Untersuchung erweist, auf die unnatürlich langen Finger zurückzuführen. Da Leonardo viele Stunden lang belichten mußte, könnte ein Verrutschen des Armes die Verlängerung der Finger zur Folge gehabt haben, besonders wenn sich der Ellenbogen von der »Kamera« wegbewegte.
13 Nickell, op. cit., S. 86.
14 Don Devan, John Jackson und Eric Jumper, »Computer Related Investigations of the Holy Shroud«; John Jackson, Eric Mottern und Kenneth Stevenson, »The Three Dimensional Image on Jesus' Burial Cloth«. In: Proceedings of the 1977 United States Conference of Research on the Shroud of Turin. Hg. von Kenneth E. Stevenson. Holy Shroud Guild, New York 1977.
15 Kersten und Gruber, op. cit., S. 355.
16 Nickell, op. cit., S. 88–92.
17 Wilson, Eine Spur von Jesus, S. 254.
18 Wilson, The Evidence of the Shroud, S. 47ff.

19 Zitiert in David Sox, The Image on the Shroud, S. 106f.
20 Leo Vala, Amateur Photographer. März 1967. Valas Skulptur, die in Robert K. Wilcox' Buch Das Turiner Grabtuch abgebildet ist, zeigt sehr deutlich den unnatürlichen Haarverlauf und die verkürzte Stirn.

8 POSITIVE ENTWICKLUNGEN

1 Bibliothek des Institut de France (Manuskript A), zitiert in Ladislao Reti (Hg.), Leonardo.
2 Codex Leicester, 22, zitiert in Bramly, op. cit., S. 312.
3 Vgl. Richter, op. cit., S. 107–116.
4 Manuskript C, Bibliothek des Institut de France, zitiert in Bramly, op. cit., S. 259.
5 Josef Maria Eder, Geschichte der Photographie. Halle, Saale 1932.
6 Rowden, op. cit., S. 105.
7 »The Spirit of the Shroud«. In: The Times. 14. Oktober 1988.
8 Brent und Rolfe, op. cit., S. 130–134.
9 In einem Traktat mit dem Titel Perspectiva Communis.
10 Siehe Eder, op. cit.
11 Codex Atlanticus, Vol. D. Folio 8. Siehe Richter, op. cit., S. 113.
12 Manuskript D, Bibliothek des Institut de France. Siehe Richter, op. cit., S. 115.
13 Vgl. Eder, op. cit.
14 Martin Quigley jun., Magic Shadows. Washington DC 1948.
15 Rowden, op. cit.
16 Die nachfolgenden Informationen zur frühen Fotografie sind verschiedenen Quellen entnommen. Siehe Bibliographie.
17 Brief an Clive Prince, 10. Oktober 1991.
18 Plinius d. Ä., Naturgeschichte XXXIII, 55, 3. Erörtert in Eder, Geschichte der Photographie, op. cit., S. 8.
19 Eder, op. cit.
20 Ibid., S. 42.
21 C. B. Neblette, Photography. Its Materials and Processes. Sechste Auflage. New York 1962, S. 1.

22 Leslie Stroebel und Richard Zakia
(Hg.), *The Focal Encyclopaedia of
Photography*. London 1993.
23 Eder, op. cit., S. 112.
24 *Forster Codex I*. Victoria & Albert
Museum. 44v.
25 Vgl. Bramly, op. cit., S. 312.
26 Der erste auf diesem Prinzip be-
ruhende patentierte Prozeß war der
des Schotten Mungo Ponton, 1839.
Es gab viele Variationen des Grund-
prozesses. Die Methode führte
zur Entwicklung der fotomechani-
schen Vergrößerung, da man sie
zur Herstellung von fotografischen
Druckplatten einsetzen konnte.
27 Die Akazie ist ein heiliger Baum der
Prieuré de Sion.
28 Gelatine reagiert auf ultraviolettes
Licht ohne Hinzufügung von lichtempfindlichen Substanzen. Die Reaktion ist jedoch vermutlich sehr
viel langsamer (wir haben sie nicht
experimentell nachgeprüft), so daß
die Belichtungszeit zu lang wäre.
29 *The Kirk-Othmer Encyclopedia of
Chemical Terminology*. Hg. von Martin
Gragson. New York 1985, S. 277.
30 *Codex Atlanticus*. 313v. Siehe Serge
Bramly, op. cit., S. 429. Leonardo gibt
Teile des Rezepts an, zu dem Eiweiß,
Klebstoff und verschiedene natürliche Farbstoffe gehören.
31 Basierend auf den technischen
Angaben des Herstellers. Genaue
Berechnungen sind schwierig
wegen der vielen Variablen.
32 Dadurch können die Elemente in
einem Objekt bestimmt werden,
indem man die Wellenlänge spezi-
fischer Energien mißt, die von
ihm reflektiert werden (Licht, Röntgenstrahlen etc.).

9 VERSCHWÖRUNGEN UND SCHLUSS-
FOLGERUNGEN

1 Manuskript F im Institut de France, 5v.
2 »Was the Shroud the Tablecloth of
the Last Supper?« In: *BSTS Newsletter*.
Nr. 35 (September 1993), S. 9.
3 Nickell, op. cit., S. 115 f.
4 Bramly, op. cit., S. 311 ff.
5 Ean Begg, op. cit., S. 89 f.
6 Ibid., S. 123–127.
7 Lincoln, Baigent und Leigh,
Der Heilige Gral und seine Erben,
S. 148 f.
8 Ibid., S. 64.
9 Z. B. Geza Vermes in seiner klassischen Studie *Jesus the Jew*. London
1973, S. 31: »Die Evangelisten
wollten … den Eindruck von Freundschaft und gegenseitiger Wertschät-
zung vermitteln, doch stellt sich ein
Gefühl von Oberflächlichkeit ein …
und läßt Rivalitäten zwischen den
beiden Gruppen erahnen.«
10 Apostelgeschichte 19, 1–5.
11 A. N. Wilson, *Jesus*. London 1992.
12 Karl W. Luckert, *Egypt Light and
Hebrew Fire*. New York 1988.
13 Vgl. Geoffrey Ashe, *The Virgin*. Arkana
1976.
14 Vgl. Stichwort »Isis«. In: *Man, Myth &
Magic*. 1971.
15 Ean Begg, op. cit., S. 82–87.
16 Ibid. S. 121–127.

AUSWAHLBIBLIOGRAPHIE

Baigent, Michael/Richard Leigh: Der Tempel und die Loge. Aus dem Englischen von Bernd Rullkötter. Bergisch Gladbach 1991.

Barbet, Pierre: Die Passion Jesu Christi in der Sicht des Chirurgen. Ins Deutsche übertragen von Josef Herold. Karlsruhe 1953.

Begg, Ean: Die Unheilige Jungfrau. Aus dem Englischen von Sylvia Luetjohann. Bad Münstereifel, Trilla 1987.

Blau, J. H.: The Christian Interpretation of the Cabala in the Renaissance. New York 1944.

Boussel, Patrice: Leonardo da Vinci. Richmond, Surrey 1992.

Bramly, Serge: Leonardo. The Artist and the Man. London 1992.

Bramly, Serge: Leonardo da Vinci. Deutsch von Helmut Mennicken. Reinbek bei Hamburg 1993.

Brent, Peter/David Rolfe: The Silent Witness. London 1978.

Brucker, Gene A.: Renaissance Florence. Chichester 1969.

Burman, Edward: The Templars. Knights of God. Wellingborough, Northamptonshire 1986.

Cameron, Averil: The Sceptic and the Shroud. London 1980.

Cavendish, Richard: A History of Magic. London 1987.

Chevalier, Ulysses: Étude critique sur l'origine du Saint Suaire de Lirey-Chambéry-Turin. Paris 1900.

Clari, Robert de: La Conquête de Constantinople. Paris 1956.

Clark, Kenneth: Leonardo da Vinci.

Aus dem Englischen übertragen von Thomas Puttfarken. Reinbek bei Hamburg 1969.

Coe, Brian/Mark Haworth-Booth: A Guide to Early Photographic Processes. London 1983.

Cope, Christopher: Phoenix Frustrated. The Lost Kingdom of Burgundy. London 1986.

Currer-Briggs, Noel: The Shroud and the Grail. London 1987.

Doerner, Max: The Materials of the Artist and Their Use in Painting with Notes of the Techniques of the Old Masters. San Diego 1969.

Eder, Josef Maria: Geschichte der Photographie. Halle, Saale 1932.

Fulcanelli, Jean Julien: Le Mystère des Cathédrales. Paris 1957.

Haeffner, Mark: The Dictionary of Alchemy. Wellingborough, Northamptonshire 1991.

Hancock, Graham: Die Wächter des heiligen Siegels. Aus dem Englischen von Gertrud Lehnert, Matthias Vogel und Frank Witzel. Bergisch Gladbach 1992.

Harris, Anthony: The Sacred Virgin and the Holy Whore. London 1988.

Harris, Robert: Selling Hitler. London 1986.

Heller, John: Report on the Turin Shroud. Boston 1983.

Hoare, Rodney: The Testimony of the Shroud. London 1978.

Hoare, Rodney: A Piece of Cloth. Wellingborough, Northamptonshire 1984.

Hoare, Rodney: The Turin Shroud is Genuine. London 1994.

Holroyd, Stuart/Neil Powell: Mysteries of Magic. London 1991.

Hook, Judith: Lorenzo de' Medici. London 1984.

Howard, Michael: The Occult Conspiracy. London 1989.

Howarth, Stephen: The Knights Templar. London 1982.

Humber, Thomas: The Fifth Gospel. New York 1974.

Jennings, Peter (Hg.): Face to Face with the Turin Shroud. Lincoln, Richmond 1978.

John, Eric (Hg.): The Popes. Tunbridge Wells, Kent 1964.

Joinville, Jean Sire de: Histoire de Saint Louis. Paris 1874.

Katz, Robert: The Fall of the House of Savoy. London 1972.

Kemp, Martin: Leonardo da Vinci. London 1981.

Kersten, Holger/Elmar Gruber: Das Jesus-Komplott. Die Wahrheit über das Turiner Grabtuch. München 1992.

Knight, Gareth: The Rose Cross and the Goddess. Wellingborough, Northamptonshire 1985.

Kosar, Jaromir: Light-Sensitive Systems. New York 1965.

Leonardo da Vinci: Tagebücher und Aufzeichnungen. Leipzig o. J.

Lincoln, Henry/Michael Baigent/Richard Leigh: Der Heilige Gral und seine Erben. Aus dem Englischen von Hans Erik Hausner. Bergisch Gladbach 1984.

Mayer, Hans Eberhard: Geschichte der Kreuzzüge. Stuttgart 1956.

Neblette, C. B.: Photography. Its Materials and Processes. Sechste Auflage, New York 1962.

Nickell, Joe: Inquest on the Shroud of Turin. Buffalo, N.Y. 1987.

Partner, Peter: The Murdered Magicians. The Templars and Their Myth. Oxford 1981.

Picknett, Lynn (Hg.): Macmillan Encyclopedia of the Paranormal. London 1990.

Quigley jun., Martin: Magic Shadows. Washington DC 1948.

Reti, Ladislao (Hg.): Leonardo. Künstler, Forscher, Magier. Aus dem Italienischen von Heinz Riedt. Frankfurt am Main 1974.

Rinaldi, Peter M.: The Man in the Shroud. London 1974.

Robinson, John J.: Born in Blood. London 1990.

Rosa, Peter de: Gottes erste Diener. Aus dem Englischen von Mara Huber. München 1989.

Rowden, Maurice: Leonardo da Vinci. London 1975.

Seward, Desmond: Prince of the Renaissance. The Life of François I. London 1973.

Siren, Osvald: Leonardo da Vinci. The Artist and the Man. Oxford 1916.

Sox, H. David: The Image on the Shroud. London 1981.

Stevenson, Kenneth E./Gary R. Habermas: Verdict on the Shroud. San Francisco 1981.

Stroebel, Leslie/ Richard Zakia (Hg.): The Focal Encyclopaedia of Photography. London 1993.

Thompson, C. J. S.: The Lure and Romance of Alchemy. New York 1990.

Treece, Henry: The Crusaders. London 1962.

Upton-Ward, J. M.: The Rule of the Templars. Woodbridge 1992.

Vasari, Giorgio: Die Lebensbeschreibungen der berühmtesten Architekten, Bildhauer und Maler. Übersetzt von Georg Gronau. Straßburg 1906.

Vignon, Paul: Le Saint Suaire de Turin devant la science, l'archéologie, l'histoire, l'iconographie, la logique. Paris 1939.

Villehardouin, Geoffroi de: La Conquête de Constantinople. Paris 1924.

Waite, A. E.: The Brotherhood of the Rosy Cross. London 1924.

Walsh, John: Das Linnen. Ins Deutsche übertragen von Hans Christian Bauer. Frankfurt am Main 1965.

Wilcox, Robert K.: Das Turiner Grabtuch. Aus dem Amerikanischen von Klaus Machold. Düsseldorf, Wien 1978.

Wilson, A. N.: Jesus. London 1992.

Wilson, Ian: Eine Spur von Jesus. Aus dem Englischen von Maria Branse. Freiburg im Breisgau 1980.

Wilson, Ian: The Evidence of the Shroud. London 1986.

Wilson, Ian: Holy Faces, Secret Places. Toronto 1991.

Yates, Frances: Giordano Bruno and the Hermetic Tradition. London 1964.

Yates, Frances: The Art of Memory. London 1966.

Yates, Frances: The Rosicrucian Enlightenment. London 1972.

Yates, Frances: The Occult Philosophy in the Elizabethan Age. London 1979.

REGISTER